Sprayed Concrete Lined Tunnels
(Second Edition)

喷射混凝土衬砌隧道
（第2版）

［英］阿伦·托马斯（Alun Thomas） 著

冯 环 译

严金秀 审

人民交通出版社
北京

Alun Thomas:Sprayed Concrete Lined Tunnels 2nd Edition
ISBN: 978-0-367-20975-9

Copyright© 2020 by Taylor & Francis Group, LLC. Authorized translation from English language edition published by CRC Press, part of Taylor & Francis Group LLC; All rights reserved. China Communications Press is authorized to publish and distribute exclusively the Chinese (Simplified Characters) language edition. This edition is authorized for sale throughout Mainland of China. No part of the publication may be reproduced or distributed by any means, or stored in a database or retrieval system, without the prior written permission of the publisher.

本书中文简体翻译版授权由人民交通出版社独家出版并限在中国大陆地区销售。未经出版者书面许可，不得以任何方式复制或发行本书的任何部分。

本书封面贴有Taylor & Francis公司防伪标签，无标签者不得销售。

著作权合同登记号：图字01-2024-1936

图书在版编目（CIP）数据

喷射混凝土衬砌隧道 /（英）阿伦·托马斯（Alun Thomas）著；冯环译. — 2版. — 北京：人民交通出版社股份有限公司，2024.4

ISBN 978-7-114-19260-9

Ⅰ.①喷… Ⅱ.①阿…②冯… Ⅲ.①喷射混凝土—隧道工程—设计②喷射混凝土—隧道施工 Ⅳ.①U452.2 ②U455.48

中国国家版本馆CIP数据核字（2024）第025980号

Penshe Hunningtu Chenqi Suidao

书　　名：	喷射混凝土衬砌隧道（第2版）
著　作　者：	［英］阿伦·托马斯（Alun Thomas）
译　　者：	冯环
责任编辑：	张　晓
责任校对：	赵媛媛　宋佳时
责任印制：	刘高彤
出版发行：	人民交通出版社
地　　址：	（100011）北京市朝阳区安定门外外馆斜街3号
网　　址：	http://www.ccpcl.com.cn
销售电话：	（010）59757973
总　经　销：	人民交通出版社发行部
经　　销：	各地新华书店
印　　刷：	北京印匠彩色印刷有限公司
开　　本：	720×960　1/16
印　　张：	16.5
字　　数：	285千
版　　次：	2024年4月　第2版
印　　次：	2024年4月　第2版　第1次印刷
书　　号：	ISBN 978-7-114-19260-9
定　　价：	98.00元

（有印刷、装订质量问题的图书，由本社负责调换）

作者简介
AUTHOR INTRODUCTION

阿伦·托马斯（Alun Thomas）

隧道设计工程师，All2plan 咨询公司的创始人。1994 年毕业于剑桥大学，随后任职于几家大型设计公司，并在项目现场为承包商工作过一段时间。对不同类型的隧道施工有着丰富的实践经验，包括从沉管到管片衬砌、从封闭式 TBM 到压缩空气下的人工开挖等各类工法；是喷射混凝土衬砌（SCL/NATM）隧道及数值建模方面的专家，在南安普顿大学完成了上述领域的博士学位；长期致力于创新技术——永久喷射混凝土、纤维增强、GFRP 锚杆以及喷涂防水膜等的应用推广。

参与了英国近期多个重大隧道工程，如朱比利线延长线（Jubilee Line Extension）、希思罗机场快线（Heathrow Express）、泰晤士河环形主水道（Thameswater Ring Main）、希思罗机场 5 号航站楼（Terminal 5）、维多利亚站升级改造（Victoria Station Upgrade）以及伊丽莎白线（Elizabeth Line，即横贯铁路"Crossrail"），并广泛参与国际隧道工程的设计与施工。作为多个行业组织的活跃成员，曾参与英国隧道协会、国际隧道协会和 ITAtech 技术委员会相关指南的编制工作。

中文版序
PREFACE TO CHINESE VERSION

　　随着全球城市化进程的加速推进，建设可持续城市的需求日益强烈，隧道工程因其绿色低碳的特性已成为可持续基础设施的重要组成部分。而喷射混凝土作为主要的衬砌材料与支护措施，其技术的发展在可持续隧道的设计与施工中发挥着至关重要的作用。

　　相较于传统的复合衬砌，在适宜的围岩条件下，将喷射混凝土作为永久衬砌，是一种更加高效的解决方案。首先，喷射混凝土具有优异的力学性能，能够有效地增强隧道的结构稳定性。其次，由于喷射混凝土的施工方式灵活、效率高，可以适应各种复杂地质条件和隧道形状，从而加快工程进度，降低施工成本。此外，喷射混凝土与喷涂防水的结合，能够更好地解决喷射混凝土的渗水问题，提高隧道防水性能。

　　《喷射混凝土衬砌隧道》（第2版）反映了本领域国际研究成果和进展，系统全面地介绍了喷射混凝土在隧道衬砌中的应用原理、设计方法、施工技术及管理等各个方面。我们翻译此书，旨在介绍国外新理念和新技术，推动喷射混凝土衬砌在我国得到更好的推广应用，助力隧道工程提质增效，实现向高质量发展的转变。

　　在本书翻译及出版过程中，温书亿协助翻译了图表和附录，人民交通出版社编辑对译文做了认真细致的校对加工，林传年博士审读译稿并修正了相关术语，在此一并表示感谢。对于译本中存在的任何错误和不足，我们欢迎读者提出宝贵意见和建议，以便再版时进一步修改完善。

严金秀

中国中铁国际隧道和地下空间研究咨询中心主任

中铁科学研究院有限公司首席专家

2024 年

原书序
PREFACE OF ORIGINAL BOOK

本书旨在向不了解喷射混凝土衬砌（Sprayed Concrete Lined, SCL）隧道的读者介绍其相关知识，同时也可供经验丰富的隧道专业人员作为参考指南。本书涵盖了硬岩、块状围岩以及软弱围岩的土木工程领域各种用途的隧道。前文所述的块状围岩是指以块体运动作为主要特性的岩石；而软弱围岩又被称为土或软岩，表现为连续体而非离散岩石块体。由于隧道施工方法在很大程度上受制于隧道主要地质，而施工方法本身又会对设计方法造成影响。因此，本书在进入设计相关章节前，先对施工方法进行了探讨。喷射混凝土衬砌隧道相较于其他类型的隧道，更需要交互考虑工法和设计这两方面因素。这是一个反复验证的过程。

工程学到底是一门艺术还是一门科学？对此，人们意见不一。工程师本能地想要对世界做出科学精准的描述，但在自然界却总是难以实现。渐渐地，他们认识到，一种基于直觉的、半经验主义的方法往往会更加行之有效。因此，本书并不是"烹饪书"，也不会有"答案"印在某一页上。然而，作者希望本书包含了足够的信息，可用于指导工程师开展工作，并最终找到合适的解决方案。鉴于篇幅有限，本书在必要处列出了标准规范文本或其他现有出版物供读者进一步参阅。

阿伦·托马斯（Alun Thomas）
2019 年

免责声明
DISCLAIMER

虽然出版商与作者已尽力检查内容的完整性和质量，但对于因应用本书所载信息而造成的任何损失，出版商或作者均不承担任何责任。凡注明参数值的内容，相关数值仅供参考。读者应独立核验所用喷射混凝土的性能，因为其可能与本书提及的各种配合比混凝土存在极大差异。

本书提供的材料范围广泛，适用性强。尽管在出版过程中所有相关人员都尽力做到严格认真，但仍可能出现一些排印或编辑错误，如果是实质性错误，恳请读者告知反馈。对于书中所载任何整体或部分的信息，出版社和作者都有免除法律责任的权利。对属于具备执业资格的专业人员业务范围内的工作，建议读者在采取任何措施或做出任何解释前，应先咨询具有执业资格的相关专业人士。

致 谢
ACKNOWLEDGEMENTS

作者谨向下列人士和机构致以诚挚的谢意，感谢他们提供帮助和（或）惠允在本书中转载部分数据和图片。

Omer Aydan 教授	David Powell 博士
Nick Barton 博士	Sezaki 博士
Stefan Bernard 博士	Ernando Saraiva
Wai-Fah Chen 教授	Hing-Yang Wong
Edvard Dahl	ACI
Ross Dimmock	BAA plc
Yining Ding 博士	BASF
Johann Golser 博士	D2 Consult
Eystein Grimstad 博士	Landsvirkjun & Johann Kröyer
Esther Casson（原姓 Halahan）	Normet
Christian Hellmich 博士	Morgan Est
Matous Hilar 博士	Mott MacDonald Ltd
Benoit Jones 博士	J. Ross Publishing, Inc.
Franz Klinar	SZDC
Wolfgang Kusterle 教授	Thameswater
Mike Murray	Tunnelling Association of Canada

作者还想对一起工作过的同事及让作者受益的所有人表示衷心的感谢。特别要感谢 Chris Clayton 教授在初始研究阶段予以的指导，以及 Mott MacDonald 公司隧道部的各位同仁。尤其是 David Powell 博士，感谢他帮助作者在职业生涯中树立了鼓舞人心的愿景并给予支持；还有 Tony Rock，感谢他努力向作者灌输了对工程学的严谨态度并启发开拓了作者的横向思维方式。

缩略语
ABBREVIATIONS

符号和缩略语注释表

符号和缩略语	英文	中文
α	utilisation factor = stress/strength or deviatoric stress/yield strength	利用因子 = 应力/强度或偏应力/屈服强度
acc.	according to	根据
agg.	aggregate	骨料
ACI	American Concrete Institute	美国混凝土协会
B	relaxation time in Kelvin creep model – see 5.6.2	开尔文蠕变模型中的松弛时间（见第5.6.2节）
BIM	Building Information Modelling	建筑信息模型
BTS	British Tunnelling Society	英国隧道协会
bwc	by weight of cement, other binders and microsilica	按水泥、其他胶结料和硅灰的重量计算
ξ	degree of hydration, except in equation 4.1 where it is the "skin factor"	水化程度；在式(4.1)中为"表皮系数"
c/c	centre to centre	中对中
CCM	convergence confinement method	收敛约束法
C/D	cover (depth from ground surface to tunnel axis)/tunnel diameter	埋深（从地面到隧道轴线的深度）/隧道直径
CSL	composite shell lining	复合式单层衬砌
C_u	undrained shear strength	不排水抗剪强度
D	tunnel diameter	隧道直径
DCA	degree of composite action	复合作用程度
DSL	double shell lining	双层衬砌
δ_v	vertical deformation	竖向变形
ε	strain	应变
ε_{dev}	deviatoric strain	偏应变

续上表

符号和缩略语	英文	中文
E	Young's modulus of elasticity	杨氏弹性模量
E_a/R	activation energy = 4000 K–see 5.7	活化能（见5.7节）
E_{dyn}	dynamic elastic modulus	动弹性模量
E_{max}	maximum value of the elastic modulus	弹性模量的最大值
E_0	initial tangent modulus	初始切线模量
E_{tan}	tangent elastic modulus	切线弹性模量
eCO_2	embodied carbon dioxide content	隐含碳量
e_{ij}	deviatoric strain	偏应变
$\dot{e}_{ij} = \sqrt{2 \cdot \dot{J}_2'}$	deviatoric strain rate	偏应变率
est.	estimated	估计
f_c	strength–f_{cu} or f_{cyl}	强度（f_{cu}或f_{cyl}）
$f_{fck,fl}$	characteristic peak flexural tensile strength	弯拉强度特征峰值
f_{cu}	uniaxial compressive cube strength	立方体单轴抗压强度
f_{cyl}	uniaxial compressive strength (from tests on cylinders)	单轴抗压强度（来自芯样试验）
FLAC	FLAC3D & FLAC (2D) finite difference program by Itasca	由Itasca开发的FLAC3D与FLAC（2D）有限差分程序
FOB	full overburden pressure	全覆土层压力
FRS	fibre reinforced shotcrete (sprayed concrete)	纤维增强喷射混凝土
f_{R1}	residual flexural strength at crack mouth opening displacement of 0.5 mm (fib 2010)	裂缝宽度为0.5mm时的残余弯曲强度（fib 2010）
f_{R3}	residual flexural strength at crack mouth opening displacement of 2.5 mm (fib 2010)	裂缝宽度为2.5mm时的残余弯曲强度（fib 2010）
G	elastic shear modulus	弹性剪切模量
G_{vh}	independent shear modulus	独立剪切模量
GFRP	glass fibre reinforced plastic/polymer	玻璃纤维增强的塑料/聚合物
GGBS	granulated ground blast furnace slag	粒化高炉矿渣
γ	density	密度
γ_f	partial factor of safety for loads (see BS8110)	荷载的部分安全系数（见BS8110）

续上表

符号和缩略语	英文	中文
γ_m	partial factor of safety for materials (see BS8110)	材料的部分安全系数（见 BS8110）
h	depth below groundwater level	地下水位以下深度
HEX	Heathrow Express project	希思罗机场快线项目
HME	hypothetical modulus of elasticity	假设的弹性模量
HSE	UK Health & Safety Executive	英国卫生安全局
ICE	UK Institution of Civil Engineers	英国土木工程师学会
ITA	International Tunnelling Association	国际隧道协会
JLE	Jubilee Line Extension project	朱比利延长线项目
J_2	second deviatoric invariant of principal stresses	主应力的第二个偏应力不变量
J_2	$(1/6) \cdot [(\sigma_\sigma - \sigma_\sigma)^2 + (\sigma_\sigma - \sigma_\sigma)^2 + (\sigma_\sigma - \sigma_\sigma)^2]$	$(1/6) \cdot [(\sigma_\sigma - \sigma_\sigma)^2 + (\sigma_\sigma - \sigma_\sigma)^2 + (\sigma_\sigma - \sigma_\sigma)^2]$
k	permeability	渗透系数
K	elastic bulk modulus	弹性体模量
K_0	ratio of horizontal effective stress to vertical effective stress	水平有效应力与垂直有效应力的比值
long.	longitudinal	纵向
λ	stress relaxation factor	应力松弛因子
max.	maximum	最大值
η	viscosity, except in equation 2.1 where it is a constant	黏度；在式(2.1)中为一个常数
NATM	New Austrian Tunnelling Method	新奥法
OCR	overconsolidation ratio	超固结比
OPC	ordinary Portland cement	普通硅酸盐水泥
p	mean total stress	平均总应力
p'	mean effective stress	平均有效压力
PCL	partial composite lining	部分复合衬砌
PFA	pulverised fly ash	粉煤灰
PSCL	permanent sprayed concrete lining	永久喷射混凝土衬砌
pts	points	要点
Q	water flow	流量

续上表

符号和缩略语	英文	中文
r	tunnel radius (e.g. equation 4.1)	隧道半径［在式(4.1)中］
r	deviatoric stress = $2 \cdot (J_2)^{0.5}$	偏应力 = $2 \cdot (J_2)^{0.5}$
R	tunnel radius	隧道半径
R	universal constant for ideal gas - see E_a/R above	理想气体的通用常数（见前述E_a/R）
RH	relative humidity	相对湿度
σ	stress (compression is taken to be negative)	应力（压力取负值）
σ_v	vertical stress	竖向应力
σ_1，σ_2，σ_3	principal stresses	主应力
SAWM	spray applied waterproofing membrane	喷涂防水膜
SCL	sprayed concrete lined/lining	喷射混凝土衬砌
SFRS	steel fibre reinforced shotcrete (sprayed concrete)	钢纤维喷射混凝土
SSL	single shell lining	单层衬砌
str	strength	强度
θ	Lode angle (or angle of similarity) where $\cos\theta = \frac{2\sigma_1-\sigma_2-\sigma_3}{2\sqrt{3J_2}}$ corresponds to the tensile meridian and $\theta = 60°$ corresponds to the compressive meridian	洛德角
t	time or age, except in equations 4.1 and 6.1 where is denotes thickness	时间或龄期；在式(4.1)和式(6.1)中表示厚度
TSL	thin spray-on liner or thin structural liner	薄喷射衬砌或薄结构衬砌
ν, υ	Poisson's ratio	泊松比
V	ultrasonic longitudinal wave velocity	超声波纵波速度
w/c	water/cement ratio	水灰比
w.r.t.	with respect to	关于
2D	two dimensional	二维
3D	three dimensional	三维

下标注释表

下标	英文	中文
A_1	in the first principal stress/strain direction	在第一主应力/应变方向上
A_c	compressive	抗压
A_g	related to the ground	与地层有关
A_h,A_{hh}	in the horizontal plane/direction	在水平平面/方向上
A_{ij}	in principal stress/strain directions where i and j can be 1,2 or 3	在主应力/应变方向上,i和j可以是1、2或3
A_0	initial value (e.g.: value of modulus at strain is zero)	初始值（例如：应变为零时的模量值）
A_t	time-dependent value	随时间变化的值
$A_{\tan}$	tangential (e.g.: tangential elastic modulus)	切线方向的（例如：切向弹性模量）
A_u	undrained (in context of geotechnical parameters)	不排水（在岩土参数中）
A_v	in the vertical plane/direction	在竖直平面/方向
A_{xx}	in the direction of x-axis	在x轴方向
A_{yy}	in the direction of y-axis	在y轴方向
A_{zz}	in the direction of z-axis	在z轴方向
A_{28}	value at an age of 28 day	28d 龄期值

目 录
CONTENTS

第 1 章 什么是喷射混凝土衬砌（SCL）隧道? ·················· 1
  1.1 喷射混凝土——早期阶段 ································· 2
  1.2 为什么采用喷射混凝土衬砌? ··························· 3
  1.3 喷射混凝土衬砌隧道工法的发展 ······················· 4
  1.4 安全与喷射混凝土衬砌隧道施工 ······················· 7

第 2 章 喷射混凝土 ··· 9
  2.1 成分与配合比设计 ··· 9
      2.1.1 水泥 ·· 11
      2.1.2 水泥替代品 ······································ 11
      2.1.3 水 ··· 12
      2.1.4 砂和骨料 ·· 12
      2.1.5 速凝剂 ··· 13
      2.1.6 外加剂 ··· 14
      2.1.7 硅灰 ·· 14
      2.1.8 配合比设计 ······································ 14
      2.1.9 环境可持续性 ··································· 15
  2.2 材料性能与特性 ··· 17
      2.2.1 抗压强度 ·· 18
      2.2.2 抗拉强度 ·· 25
      2.2.3 其他荷载模式下的强度 ······················ 29
      2.2.4 压缩状态下的应力-应变关系 ············· 31
      2.2.5 拉伸状态下的应力-应变关系 ············· 36
      2.2.6 收缩和温度效应 ······························· 38

2.2.7 徐变⋯⋯⋯⋯⋯⋯⋯⋯⋯⋯⋯⋯⋯⋯⋯⋯⋯44
2.2.8 性能随环境条件的变化⋯⋯⋯⋯⋯⋯⋯48
2.2.9 耐久性、施工缺陷与维护⋯⋯⋯⋯⋯⋯49

第3章 施工方法⋯⋯⋯⋯⋯⋯⋯⋯⋯⋯⋯⋯ 55

3.1 软弱围岩⋯⋯⋯⋯⋯⋯⋯⋯⋯⋯⋯⋯⋯⋯⋯⋯56
 3.1.1 开挖方法⋯⋯⋯⋯⋯⋯⋯⋯⋯⋯⋯⋯⋯56
 3.1.2 支护与开挖工序⋯⋯⋯⋯⋯⋯⋯⋯⋯⋯57
 3.1.3 特殊工况⋯⋯⋯⋯⋯⋯⋯⋯⋯⋯⋯⋯⋯59
3.2 块状围岩⋯⋯⋯⋯⋯⋯⋯⋯⋯⋯⋯⋯⋯⋯⋯⋯60
 3.2.1 开挖方法⋯⋯⋯⋯⋯⋯⋯⋯⋯⋯⋯⋯⋯61
 3.2.2 支护和开挖工序⋯⋯⋯⋯⋯⋯⋯⋯⋯⋯62
 3.2.3 特殊工况⋯⋯⋯⋯⋯⋯⋯⋯⋯⋯⋯⋯⋯62
3.3 硬岩⋯⋯⋯⋯⋯⋯⋯⋯⋯⋯⋯⋯⋯⋯⋯⋯⋯⋯64
 3.3.1 开挖方法⋯⋯⋯⋯⋯⋯⋯⋯⋯⋯⋯⋯⋯64
 3.3.2 支护和开挖工序⋯⋯⋯⋯⋯⋯⋯⋯⋯⋯65
 3.3.3 特殊工况⋯⋯⋯⋯⋯⋯⋯⋯⋯⋯⋯⋯⋯66
3.4 现代喷射混凝土⋯⋯⋯⋯⋯⋯⋯⋯⋯⋯⋯⋯⋯66
 3.4.1 干喷混凝土⋯⋯⋯⋯⋯⋯⋯⋯⋯⋯⋯⋯67
 3.4.2 湿喷混凝土⋯⋯⋯⋯⋯⋯⋯⋯⋯⋯⋯⋯68
 3.4.3 泵送⋯⋯⋯⋯⋯⋯⋯⋯⋯⋯⋯⋯⋯⋯⋯70
 3.4.4 喷射⋯⋯⋯⋯⋯⋯⋯⋯⋯⋯⋯⋯⋯⋯⋯70

第4章 设计方法⋯⋯⋯⋯⋯⋯⋯⋯⋯⋯⋯⋯ 77

4.1 总体设计⋯⋯⋯⋯⋯⋯⋯⋯⋯⋯⋯⋯⋯⋯⋯⋯77
 4.1.1 观测与预测⋯⋯⋯⋯⋯⋯⋯⋯⋯⋯⋯⋯77
 4.1.2 基于风险的设计⋯⋯⋯⋯⋯⋯⋯⋯⋯⋯79
 4.1.3 一般荷载⋯⋯⋯⋯⋯⋯⋯⋯⋯⋯⋯⋯⋯79
4.2 喷射混凝土衬砌设计的基本原理⋯⋯⋯⋯⋯⋯79
 4.2.1 围岩荷载⋯⋯⋯⋯⋯⋯⋯⋯⋯⋯⋯⋯⋯81
 4.2.2 开挖和支护工序⋯⋯⋯⋯⋯⋯⋯⋯⋯⋯83
 4.2.3 水与防水⋯⋯⋯⋯⋯⋯⋯⋯⋯⋯⋯⋯⋯84
 4.2.4 永久喷射混凝土⋯⋯⋯⋯⋯⋯⋯⋯⋯⋯90
 4.2.5 纤维喷射混凝土（FRS）的设计⋯⋯⋯92

4.3 衬砌类型 ·· 93
    4.3.1 双层衬砌（DSL）································ 95
    4.3.2 复合衬砌（CSL）································ 96
    4.3.3 局部复合衬砌（PCL）··························· 97
    4.3.4 单层衬砌——单次衬砌 ··························· 98
4.4 设计工具 ·· 101
    4.4.1 经验法 ·· 101
    4.4.2 解析法 ·· 102
    4.4.3 数值模拟 ··· 102
    4.4.4 物理模拟法 ······································ 105
4.5 遵守规范 ·· 105
4.6 设计与施工间的衔接 ··································· 108

第 5 章 喷射混凝土模拟 ·································· **109**

5.1 线弹性模型 ··· 110
5.2 假想弹性模量（HME）································ 113
5.3 非线性应力-应变特性 ·································· 114
    5.3.1 非线弹性模型 ··································· 114
    5.3.2 塑性模型 ··· 117
5.4 抗拉强度 ·· 121
    5.4.1 无筋喷射混凝土 ································ 121
    5.4.2 钢筋喷射混凝土 ································ 122
5.5 收缩 ·· 123
5.6 徐变模型 ·· 124
    5.6.1 流变模型 ··· 124
    5.6.2 广义开尔文模型 ································ 126
    5.6.3 伯格斯模型 ······································ 133
    5.6.4 黏塑性模型 ······································ 134
    5.6.5 流速模型 ··· 134
    5.6.6 其他徐变模型 ··································· 135
5.7 老化 ·· 138
5.8 施工工序 ·· 141
5.9 施工缺陷 ·· 146
5.10 小结 ··· 147

第6章　详细设计 ··· **151**

6.1 软弱围岩隧道设计 ································ 151
  6.1.1 喷射混凝土的关键特性 ····················· 151
  6.1.2 确定喷射混凝土上的荷载 ················· 152
  6.1.3 衬砌设计 ······································ 152

6.2 块状围岩隧道设计 ································ 153
  6.2.1 喷射混凝土的关键特性 ····················· 153
  6.2.2 确定喷射混凝土上的荷载 ················· 155
  6.2.3 衬砌设计 ······································ 155

6.3 硬岩隧道设计 ······································ 156
  6.3.1 衬砌设计 ······································ 157

6.4 竖井 ·· 158

6.5 交叉段 ··· 159
  6.5.1 喷射混凝土的关键特性 ····················· 159
  6.5.2 确定喷射混凝土上的荷载 ················· 159
  6.5.3 总体布置和施工工序 ······················· 160
  6.5.4 衬砌设计 ······································ 161

6.6 邻近隧道 ·· 163

6.7 洞口 ·· 164

6.8 特殊情况 ·· 164
  6.8.1 抗震设计 ······································ 164
  6.8.2 挤压性围岩 ··································· 166
  6.8.3 膨胀性围岩 ··································· 166
  6.8.4 徐变性围岩 ··································· 167
  6.8.5 岩爆 ·· 168
  6.8.6 补偿注浆 ······································ 168
  6.8.7 压缩空气隧道施工 ·························· 169
  6.8.8 冻结围岩和寒冷天气 ······················· 170
  6.8.9 高温围岩和高温天气 ······················· 171
  6.8.10 耐火性 ······································· 171

6.9 规范 ·· 172

6.10 细节设计 ··· 174
  6.10.1 钢筋加固 ···································· 174
  6.10.2 施工缝处的结构连续性 ·················· 174

    6.10.3 施工缝处的防水 ································· 175

第 7 章　施工管理 ·· **177**

 7.1 安全、职业健康与环境 ································ 177
   7.1.1 喷射混凝土衬砌隧道施工概览 ················· 177
   7.1.2 材料 ·· 178
   7.1.3 应用与设备 ·· 178
   7.1.4 环境影响 ·· 179
 7.2 质量控制 ·· 179
   7.2.1 施工前试验和人员资质 ··························· 179
   7.2.2 施工期间试验 ······································· 180
 7.3 监控量测 ·· 184
   7.3.1 量测工具 ·· 185
   7.3.2 触发值 ··· 189
 7.4 现场设计代表 ·· 191
 7.5 每日审查例会 ·· 192

附录 ·· **195**

 附录 A 喷射混凝土力学性能随时间的演化 ············ 195
 附录 B 喷射混凝土的非线弹性本构模型 ··············· 198
 附录 C 喷射混凝土的塑性模型 ··························· 199
 附录 D 喷射混凝土徐变模型 ····························· 202
 附录 E Thomas（2003）论文中的符号说明 ············ 206
 附录 F 喷射混凝土的热-化-力本构模型 ················ 210
 附录 G 奥地利指南中的试验频率 ······················· 211

参考文献 ·· **213**

第 1 章

什么是喷射混凝土衬砌（SCL）隧道？

考虑到本书的书名，这似乎是第一个应当回答的问题。喷射混凝土衬砌隧道，指的是一种用喷射混凝土作为衬砌的隧道。然而，这个笼统的定义并没有界定此类隧道是怎样设计的，以及是在什么类型的围岩中修建或具备何种功能。该定义仅说明了所用衬砌的类型。

现代喷射混凝土衬砌隧道施工将在第 1.3 节展开详细的介绍。图 1.1 和图 1.2 所示分别为大直径软弱围岩浅埋隧道的典型开挖工序图和横断面图。开挖工序的安排受隧道几何尺寸、围岩稳定性和施工设备影响。在浅埋隧道中，为控制围岩变形，很重要的一点是让仰拱尽可能地靠近掌子面。不过，设计者在开挖工序的实际安排上有相当大的选择自由度。

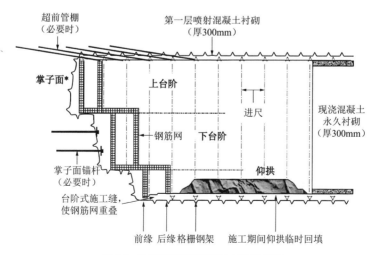

图 1.1 软弱围岩喷射混凝土衬砌纵断面

注：*采用喷射混凝土封闭。

在每道开挖工序完成出渣后,就可将喷射混凝土喷射在露出的围岩表面上。此类衬砌通常是由数层喷射混凝土构筑而成的,在各层混凝土之间利用钢筋网加固。此外,也可在混凝土中加入短纤维,以提高其抗拉强度。在当前工序的这段衬砌完成后,即进行下一工序的开挖作业,并按此流程有序推进,最终形成一个封闭的隧道衬砌。通常情况下,喷射混凝土衬砌不构成永久结构的一部分,后期将施作另一层衬砌(图1.1)。

在硬岩隧道中,喷射混凝土需与锚杆协同,一起用作围岩支护(图1.3)。因此,喷射混凝土将成为支护结构的一个重要组成部分,且通常作为永久支护(Grov, 2011)。至于软弱围岩隧道,支护的程度和时机以及开挖工序均受到围岩稳定性的制约。

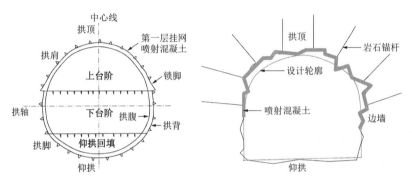

图1.2 软弱围岩喷射混凝土衬砌隧道横断面

图1.3 硬岩喷射混凝土衬砌隧道横断面

对于采用喷射混凝土衬砌的隧道,还存在大量的其他相关术语:在欧洲,最有名的是新奥法(the New Austrian Tunnelling Method,NATM),即新奥地利隧道施工法;在北美,经常用到的则是顺序开挖法(Sequential Excavation Method, SEM);而在其他地方,并没有特别强调将喷射混凝土的使用作为一项特殊因素,例如硬岩隧道工程。在本书中,喷射混凝土衬砌这一术语将始终作为一个描述性术语来使用。由此,它为我们打开了一扇大门,让我们得以窥见喷射混凝土在现代隧道工程中多种多样的用途。

1.1 喷射混凝土——早期阶段

通常认为,喷射混凝土是由Carl Ethan Akeley在1907年发明,他采用干拌喷射砂浆为恐龙骨头喷涂耐久涂层。然而在德国,August Wolfsholz早在1892年就开始研发用于隧道岩石支护的喷射水泥砂浆设备(Strubreiter, 1998),并且

Carl Weber 在 1919 年还获得了一项喷射混凝土工法专利（Atzwanger，1999）。虽然在 20 世纪上半叶，喷射混凝土已被一些工程项目用来修复混凝土结构或用于岩石支护，现代主义建筑师 Le Corbusier 甚至在他的一个项目中试用过，但直到 20 世纪 50 年代，这种材料和工法被 Ladislaus von Rabcewicz 用于委内瑞拉和奥地利的一系列具有开创性的工程之后，才第一次引起了人们的重视（Rabcewicz，1969）。喷射混凝土和喷射砂浆具有多种多样的用途，包括建筑、防火乃至 3D 打印。本书仅关注其在隧道工程中的相关用途。

早期采用喷射混凝土并不是一种高质量产品。各种具有侵蚀性的速凝剂被大量添加到喷射混凝土中，以使其能够黏结在围岩上，从而达到较大的喷射厚度。但喷射过程中产生的大量粉尘以及速凝剂具有腐蚀性，导致相关作业环境对人的健康十分有害。并且，尽管使用了速凝剂，仍会有大量的喷射混凝土黏结不牢，掉落在隧道底板成为废料，即所谓的"回弹"。此外，喷射材料极易受到喷射作业人员操作的影响，因为喷射作业人员控制着材料的喷射方式（这决定了压实度）以及含水率。由于这个因素，再加上诸如"水玻璃"等速凝剂造成的材料劣化，使得喷射混凝土的长期强度远低于传统浇筑混凝土，且材料质量更不稳定。

因此，自 20 世纪 70 年代以来，相关研究的重点主要集中在速凝剂、外加剂（如何在不影响长期强度的情况下，添加较少量的此类昂贵外加剂，而获得较高的早期强度；如何减少灰尘和回弹）以及喷射设备（如何提高喷射质量、控制好喷射量和自动化程度）方面。此后，随着早期的相关问题得到解决，且喷射混凝土设计方法和用法也有所发展，除了强度和刚度外，人们还对喷射混凝土的耐久性和力学性能展开了研究。而现在，采用永久喷射混凝土衬砌则已呈现日益增长的趋势。

1.2 为什么采用喷射混凝土衬砌？

要了解喷射混凝土隧道衬砌的起源和优点，首先必须了解隧道施工的基本原理。

（1）隧道施工是一个岩土-结构三维相互作用的过程。

（2）围岩与衬砌构成的复合结构所承受的荷载来自原位应力和地下水压力。

（3）围岩变形不可避免，必须加以控制，确保安全并使其达到一个新的平衡状态。

（4）未支护的围岩有一个有限的"自稳时间"。

（5）通常情况下，围岩强度取决于围岩变形量。

（6）衬砌荷载取决于允许的变形量，以及围岩应力重分布（拱效应）可能达到的程度。

（7）隧道施工的要领在于尽可能采用围岩的自身强度抵抗荷载，从而最大限度地减少结构承受的荷载量。

自从开始修建隧道以来，经验丰富的隧道施工人员已经对这些基本原理有了清楚或模糊的认识。然而，这些原理最终成为关注的焦点，则有赖于隧道工程师开创性的工作。比如工程师 Rabcewicz 发展了一种隧道施工理念，也就是现在被推广应用的"新奥法"（NATM）。Rabcewicz 在其关于岩石隧道的早期著作（1969）中提出喷射混凝土是一种非常适合用于隧道施工的材料，原因如下：

- 喷射混凝土是一种结构材料，可作为永久衬砌。
- 喷射混凝土的材料特性（初期软弱，并在荷载作用下会发生徐变，但早期阶段能承受较大应变）与隧道衬砌施作的目的相符——隧道衬砌允许围岩变形（由此也允许围岩中的应力重分布）。
- 其材料特性（尤其是刚度和强度会随时间增长的特性）还与控制围岩变形的需求相符，而变形控制是为了确保围岩的应变软化不会导致破坏失稳。
- 喷射混凝土衬砌可根据需要随时施作形成，且可按任何所需的形状施作。因此，隧道的几何形状和衬砌施作时间均可按需调整，以适应大量不同的围岩条件。喷射混凝土也可与其他形式的支护相结合，如锚杆和钢拱架。

此外，有人也许还注意到，与隧道掘进机（Tunnel Boring Machine，TBM）相比，喷射混凝土的主要设备所需的进场时间和成本更少。并且，同样的设备既可用于隧道施工，也可用于竖井施工。喷射混凝土衬砌隧道的施工形式灵活自由，相较于采用传统工法，可更快速、更节省地修建断面与尺寸变化不一的隧道以及隧道交叉段。

1.3　喷射混凝土衬砌隧道工法的发展

喷射混凝土最初是被用作硬岩隧道的临时（和永久）支护。然而，上述原则也同样适用于软岩和软土。20 世纪 70 年代，在法兰克福和慕尼黑等城市的地铁项目中，就已成功修建了软弱围岩浅埋喷射混凝土衬砌隧道。

图 1.4 以英国为例，勾勒了喷射混凝土衬砌隧道的兴起过程。这种技术是在

相对较晚的时候才传到英国，并且仅在最近的❶25年内才获得广泛应用。起初，人们对喷射混凝土衬砌隧道推崇备至。然而，随着1994年多座喷射混凝土衬砌隧道接连坍塌，这种工法受到了高度的关注。持怀疑态度的人在当时激烈地断言，喷射混凝土衬砌隧道工法不能也不该用于浅埋软弱围岩段（Kovari，1994）。

图1.4 英国喷射混凝土衬砌隧道工程发展情况

此后英国卫生安全局（Health and Safety Executive，HSE，1996）和英国土木工程师学会（Institution of Civil Engineers，ICE，1996）编制的各类相关报告证实，喷射混凝土衬砌隧道可以安全地应用于软弱围岩修建中。并且，报告还对如何在设计和施工阶段确保隧道安全提供了指导。当然，报告也指出了这种工法的缺点：

- 喷射混凝土喷射作业人员对衬砌质量有很大影响，因此这种工法容易受不良的操作技艺影响，这种影响对某些几何形状的衬砌来说尤其明显。
- 在施工过程中，必须对衬砌和围岩的状态进行监测，以验证两者的状态

---

❶ 编辑注：译文中提及的"最近""目前"等均指原版书写作、出版时间，即2019年前后。

是否符合设计预期。同时，必须运用强有力的施工管理流程，定期审核监测数据，以确保异常状态均能被识别并及时采取有效应对措施。
- 很难在喷射混凝土衬砌中安装监测仪器并对监测结果进行判释（Golser等人，1989；Mair，1998；Clayton等人，2002）。
- 很难超前预测喷射混凝土衬砌隧道变形情况。

具体针对在软弱围岩中的应用，这种工法的缺点还包括：

- 尽可能减少变形将变得至关重要。否则，围岩的应变软化和塑性屈服会很快导致坍塌。并且，复杂的开挖工序还会导致隧道仰拱封闭（由此形成闭环）延迟，而这种延迟有可能引起过大变形。
- 在浅埋隧道中，从隧道开始发生失稳破坏到完全坍塌的时间间隔可能极短，因此施工过程中需要采取更加严格的控制措施。

其更为普遍的缺点还包括：喷射混凝土衬砌隧道掘进速度要慢于 TBM 隧道施工，因此对于固定断面的长隧道（指长度超过 500m 到数公里的隧道，视具体围岩条件而定）来说，采用喷射混凝土衬砌并不经济。此外，与管片衬砌隧道相比，喷射混凝土衬砌隧道在施工过程中的质量控制所需检测标准更高。

在 HSE 和 ICE 的报告发布之后，陆续出现了大量新编制的指南，所涉主题包括喷射作业人员认证（Austin 等，2000；Lehto 与 Harbron，2011）、监控量测（HSE，1996）和风险管理（BTS/ABI，2003）等。而欧洲特种建筑化学品和混凝土系统联合会（European Federation for Specialist Construction Chemicals and Concrete Systems，EFNARC）目前还在实施一项获得国际隧道协会（International Tunnelling and Underground Space Association，ITA）支持的喷射作业人员认证计划。英国隧道行业现已将上述文件的大部分内容纳入其标准规范中。自从希思罗机场隧道发生塌方以来，在各种软弱围岩条件下已成功修建了超过 50 万 m^3 的浅埋喷射混凝土衬砌隧道。英国的重大项目，如希思罗机场行李转运隧道（Heathrow Baggage Transfer Tunnel）（Grose 与 Eddie，1996）、海峡隧道铁路连接线北唐斯隧道（CTRL North Downs Tunnel）（Watson 等人，1999）和横贯铁路（Crossrail）（Smith，2016）等，已经证实了这种工法相较于传统工法可以带来的巨大好处，尤其是在节省时间和成本方面。

因此，喷射混凝土在英国隧道工程中的声誉已经恢复，并且对于某些类型的工程，喷射混凝土衬砌已经取代了传统工法。例如，对于在伦敦黏土中修建的竖井和短隧道，喷射混凝土衬砌是首选工法，同时它也是伦敦横贯铁路项目中 5 个矿山法车站的合适之选。更重要的是，横贯铁路还将喷射混凝土作为这些车站大部分区域的永久衬砌（Dimmock，2011）。这种发展模式也同样体现在许多其他国家的工程实践中。然而，由于喷射混凝土的复杂特性，喷射混凝土衬砌隧道仍被认为设计难度大。这种不确定性，再加上有过备受关注的失败案例，导致喷射混凝土衬砌隧道施工会被认为存在风险。但事实上，喷射混凝土衬砌隧道施工工法并不比其他任何工法风险大，相关风险也可被清楚识别并有效管控。

1.4 安全与喷射混凝土衬砌隧道施工

安全是一个应该被全面看待的问题。不论是一场险情、一种长期疾病，还是一次造成伤亡的隧道坍塌事故，人们往往发现其根本原因在于发生了一系列过失，而通常设计方和施工团队原本均可采取相关措施来避免此类事故。现代安全管理方法强调，参与项目的每一个人都有责任确保自己和他人的安全。项目的全寿命周期（直至项目停用、拆除阶段）都应被考虑在内，并应认识到职业健康与直接安全和环境保护同等重要。

喷射混凝土衬砌隧道施工应得到和其他任何施工活动一样的对待。其灾害源自所用的材料（如用作速凝剂的化学品）、应用（如高速喷射混凝土或隧道整体稳定性）以及相关成品（如从衬砌表面突出的钢纤维）。而灾害的影响最好要通过风险评估来认识。喷射混凝土产生的灾害应置于其他施工活动及其灾害的背景下进行评估，因为有时这些灾害会相互影响。关于包括喷射混凝土应用安全在内的隧道安全的一般性建议，可参见 ITA 的出版物（例如 WG5 Safe Working in Tunnelling，ITA，2004；Guidelines for Good Occupational Health and Safety Practice in Tunnel Construction，ITA，2008）。此外，读者还应确定了解当地相关安全法规对喷射混凝土衬砌隧道施工的具体规定。

如上所述，施工安全不仅仅是施工团队需要应对的问题，设计方和业主也应发挥非常重要的作用。基于风险的设计将在第 4.1.2.节进行探讨。而关于希思罗机场隧道事故的各种报告（ICE，1996；HSE，1996；HSE，2000）对所有从事喷射混凝土衬砌隧道施工的人员来说都是具有启发性的参阅资料，这些报告探讨了涉及众多领域的种种过失如何共同导致了这一特殊事故的发生。由于大多数灾害都出现在施工阶段，本书在关于施工管理的部分将详细探讨安全问题（参见第 7.1 节）。

喷射混凝土

2.1 成分与配合比设计

"喷射混凝土是在压力下通过气动软管或管道输送,并以高速喷射到相应位置且瞬时压密的混凝土"(DIN 18551-1992)。其常规特性与普通混凝土相同,但喷射混凝土衬砌隧道的施工方法以及喷射混凝土的施作方法,要求喷射混凝土相较于采用传统方式施作的混凝土,须具有不同的成分,且材料也须具备不同的特性。喷射混凝土由水、水泥、骨料和各种外加剂组成。在术语命名方面,喷射混凝土(Sprayed Concrete)也被称作"喷混"(Shotcrete),而"喷浆"(Gunite)则通常指喷射砂浆,即仅含有细骨料或砂的混合料。

喷射混凝土的成分构成是专门制定的,目的是让喷射混凝土具备以下特性:

- 可被输送至喷嘴处并尽可能易于喷射。
- 可黏结于开挖面上,在强度发展阶段支撑自身重量及围岩荷载。
- 可达到中长期所需的强度和耐久性。

表 2.1 包含了高质量喷射混凝土和同等强度现浇混凝土的成分对比情况。依次查看每种成分,我们可以注意到:

- 喷射混凝土的水灰比更高,这是为了让混合料易于泵送和喷射。
- 通常使用普通硅酸盐水泥,且同时使用粉煤灰(Pulverised Fly Ash,PFA)之类的水泥替代物,但有时也会使用特殊水泥。
- 采用"过砂"配合比,以此改善易泵性(Norris,1999)(图 2.1)。
- 最大骨料粒径通常限制在 10mm 或 12mm。
- 通过使用外加剂加速水化反应(关于增加速凝剂掺量对强度提升的影响

详见图 2.2）。
- 与普通混凝土一样，喷射混凝土可通过添加增塑剂和稳定剂来改善和易性。
- 其他成分可能包括硅灰或纤维。添加硅灰是为了提高瞬时黏结力（从而减少所需速凝剂掺量）并增加长期密度（从而提高强度和耐久性）；而添加纤维则是为了增大结构强度或控制开裂。

表 2.1 典型配合比设计

项目	高质量湿喷混凝土（Darby 与 Leggett，1997）	现浇混凝土（Neville，1995）
强度等级	C40	C40
水灰比	0.43	0.40
水泥（包括粉煤灰等）含量	430kg/m³	375kg/m³
速凝剂	4%~8%	—
减水剂	1.6%bwc	1.5%
稳定剂	0.7%bwc	—
硅灰含量	60kg/m³	—
最大骨料粒径	10mm	30mm
骨料粒径 < 0.6mm 含量	30%~55%	32%

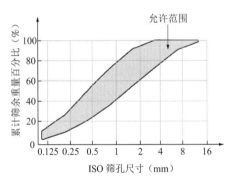

图 2.1 喷射混凝土典型级配曲线
（BTS，2010）

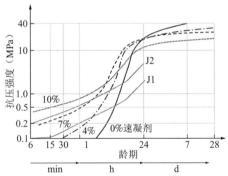

图 2.2 取决于速凝剂掺量的早期强度增长情况以及最小强度的 ÖBV J 曲线
（根据 Kusterle，1992）

喷射混凝土中的每种成分本身就是一个大的课题，关于大多数混凝土成分的更多信息可在权威的混凝土技术标准教科书中找到（例如 Byfors，1980；Neville，1995）。而与本书相关的部分，即这些成分对喷射混凝土力学性能的影响，则在第 2.2 节中做了简要论述。关于喷射混凝土成分的更多详细信息，可参见国际隧道协会的前沿技术动态评论（ITA，1993，2010）以及其他相关文献（例如 Austin 与 Robins，1995；Brite Euram，1998；Brooks，1999；Melbye，2005；ACI 506.2，2013；ACI 506R-16，2016）。此外，某些地区的混凝土配合比设计由于可用成分的限制还形成了独有的特点。

最后，值得一提的是，喷射混凝土技术仍是一个正在不断发展变化的领域，创新时有发生。由于喷射混凝土技术应用要求苛刻，人们对提升应用效率寄予较高的期望，因此我们期待在这一诉求的驱动下，今后会有新的材料运用于这一领域。例如，纳米技术已让我们看到了在喷射混凝土中使用氧化石墨烯的可能性（Papanikolaou 等人，2018）。

2.1.1 水泥

对于湿喷混凝土，通常使用普通硅酸盐水泥（Ordinary Portland Cement，OPC）——单独使用或与水泥替代品混合使用，即 CEM I、II或III型水泥。同时，还会加入速凝剂以加快水化速度，由此也就不需要"快速硬化水泥"。然而，除了水泥与速凝剂的适应性之外，水泥的化学组成也非常重要。例如，若速凝成分铝酸三钙的比例异常偏低，那么水泥就可能反应过慢，从而无法用于喷射混凝土中。因此，精细的配合比设计以及施工前试验均至关重要（参见第 7.1.1 节）。

干喷混凝土通常也使用普通硅酸盐水泥（OPC）。不过，为减少对速凝剂的需求，已研发出多种新型水泥，即所谓的"喷射水泥"，用于干喷工艺（Testor，1997；Lukas 等人，1998）。如果从水泥中去除石膏（水合硫酸钙），水化反应的速度就会大幅增快。通常情况下，石膏反应时会在水泥颗粒中的铝酸三钙表面形成一层硫铝酸钙（钙矾石）薄膜。而去除石膏后，铝酸三钙将会立即自由反应，直接形成水合铝酸钙（Neville，1995；Atzwanger，1999）。这一反应过程速度极快，因此大多数新型水泥只能与烘干的骨料一起使用，否则在输送软管中就可能发生水化反应，无需添加速凝剂。而最新研发的"喷射水泥"也可与自然湿度的骨料一起使用。虽然因为不必使用速凝剂而降低了成本，但在准备和储存水泥与骨料方面会产生额外成本。

另外，硫铝酸钙（Calcium Sulphoaluminate，CSA）水泥可用于极速硬化混凝土（Mills 等人，2018），通常为干喷形式。虽然这些产品的碳足迹更具吸引力，但仍需进一步研究以创造出具有经济竞争力的混合料。

2.1.2 水泥替代品

粉煤灰（PFA）和粒化高炉矿渣（Ground Granulated Blast Furnace Slag，GGBS）

会以常规方式添加到喷射混凝土混合料中用作水泥替代品,但粒化高炉矿渣(GGBS)不能采用其在普通混凝土中的用量。由于粒化高炉矿渣颗粒呈棱角状,所以只能用来替代35%的水泥(Brite Euram,1998),混合料超过这个限量,泵送就会出现问题;并且,粒化高炉矿渣的反应速度相对较慢。而偏高岭土(Metakaolin)则是最近正在研究的另一种潜在水泥替代品(Bezard 与 Otten,2018)。但由于这些材料的反应速度要慢于水泥,其对混凝土耐久特性(Yun 等人,2014)、密度以及强度的有益贡献只有经过更长时期(即大于28d 龄期)养护后才能看到。此外,水泥替代品也有助于减少烧结(Thumann 等人,2014;Bezard 与 Otten,2018),这是因为游离石灰较少(见第4.2.3 节)。一般来说,根据百分比,对比被替代水泥效果,这些替代品的效果(尤其是偏高岭土和硅灰)可能超出人们的预期(Thumann 等人,2014)。这些水泥替代品以及矿物聚合物(碱活化铝硅酸盐)更普遍地被看作减少喷射混凝土碳足迹的一种手段(参见第2.1.8 节)。目前,针对反应较慢的胶结料,人们正在开始关注相关速凝剂的研发(Rudberg 与 Beck,2014;Myrdal 与 Tong,2018)。

此外,所有源自工业副产品的水泥替代品都面临供应量充足与否的问题。这些胶结料并非各地都有供应,而如果胶结料是源自煤燃烧等不利于环境保护的工艺,则有可能甚至出现日益稀缺的情况。

2.1.3 水

喷射混凝土使用的是普通水。与普通混凝土一样,水灰比对混凝土强度有很大影响。理想情况下,水灰比应小于0.45。对于湿喷混凝土,与普通混凝土一样,是在拌和期间加水;而对于干喷混凝土,则是在隧道内喷射期间加水。湿喷和干喷工艺将在第3.4 节做更详细的论述。

2.1.4 砂和骨料

砂和骨料构成了喷射混凝土的主体。混凝土的使用要求对骨料石的选择起到决定性作用。泵送和喷射工艺则对混合料有着苛刻要求。平缓的级配曲线至关重要,因而卵石骨料比碎石骨料更受欢迎。如上所述,在喷射混凝土混合料中,通常会有更多的细颗粒。混合料中掺入过大粒径石料(即粒径大于10mm),是造成喷射期间出现堵管的常见原因。而堵管则会导致工期延误以及造成混凝土浪费。因此,建议进行精细的配合比设计和严格的拌和控制。

骨料中的水分会增加混合料中的水分,这将影响混凝土强度等性能。有时需采取特殊措施来控制骨料含水率。

2.1.5 速凝剂

几乎所有的喷射混凝土混合料都需要速凝剂来加速水化,以达到所需早期强度(Myrdal,2011),可参见 2.1.1 节。在过去,速凝剂是喷射混凝土面临的主要问题之一。虽然使用速凝剂能达到较高的早期强度,但相关化学品,比如基于铝酸盐的品种,通常具有很强的腐蚀性,因此会对施工人员构成危险。有时水化产物也不稳定,喷射混凝土强度实际上会随时间的推移而下降,特别是在采用水玻璃(改性硅酸钠)的情况下。

而现代速凝剂则不存在上述问题。现代速凝剂通常基于铝盐化合物(如硫酸盐、氢氧化物和羟基硫酸盐)(DiNoia 与 Sandberg,2004;Myrdal,2011)。这类速凝剂被归为"非腐蚀性"速凝剂,因此使用起来更加安全。同时,它们也是"无碱"的,即当量 Na_2O 含量小于 1%,这就降低了混凝土的碱-硅反应的风险。对于湿喷混凝土,速凝剂是在喷射过程中以液体形态添加在喷嘴处。而对于干喷混凝土,虽然也采用相同的添加方式,但如果用到袋装混合料,速凝剂还能以粉状形态按固定掺量添加。现代速凝剂唯一的缺点是,它们不像过去的碱性速凝剂那样反应快速(表 2.2)。现代速凝剂的常规掺量为水泥重量的 5%~10%。

表 2.2 速凝水泥可接受的凝结时间(Melbye,2005)

项目	碱性速凝剂	无碱速凝剂
初凝时间	< 60s	< 300s
终凝时间	< 240s	< 600s

现今市场上还有一些产品是胶凝剂,而非加速水化过程的化学品。胶凝剂与速凝剂这两种产品不应混淆。虽然胶凝剂有助于混凝土黏结在基面上,但如果采用胶凝剂,就无法喷射较厚的混凝土层,因为胶凝剂没有足够的强度来支撑混凝土的自重。这也就意味着,在混凝土开始产生水化反应之前,胶凝剂无法承受来自围岩的任何荷载。由于这是一个专业的领域,建议最好向速凝剂生产商咨询如何使用其产品才能取得最佳效果。此外,还需进行试验室试验和(或)现场试验,以检测速凝剂性能。

值得一提的是,泡沫混凝土(也被称为"多孔混凝土")可以不添加速凝剂直接用于喷射。喷射期间的压实作用将驱散泡沫混凝土中的空气,从而产生足够的黏结力使混凝土固定在原位,但由于没有受速凝剂影响,混凝土仍保持了一定柔软度,因此可对其进行雕刻和修整。Yun 等人(2018)介绍了利用此项技术在隧道洞口制作雕塑的创新用法。

2.1.6 外加剂

为满足设计强度（短期和长期）、较长的活化期、易泵性和易喷射性等相互冲突的要求，还需添加各种外加剂。

减水剂（木质素硫酸盐）和高效减水剂（萘/三聚氰胺或改性聚羧酸酯）在不增加水灰比的情况下（除了减水剂本身所含的水），可提升混凝土的和易性。

缓凝剂可减缓水化速率，从而延长混凝土硬化期。对于喷射混凝土而言，如果缓凝剂与速凝剂一起使用，早期强度发育就会减缓，在实际应用中将很难达到合格的早期强度。而活化剂则可用来消除缓凝剂的抑制作用。除缓凝剂外，也可使用"稳定剂"或"水化控制剂"，这两种外加剂的作用原理与缓凝剂不同，区别在于它们可以阻止水化。相较于缓凝剂，此类外加剂明显能更长久地阻止水化过程发生，而且如果结合使用速凝剂，也不会减缓喷射混凝土早期强度发育。某些生产商称，其产品可将湿喷混凝土的硬化期从常规的 1.5h 延长至 72h（Melbye，2005）。

外加剂的相互作用取决于具体的配合比，有时配合比不当会产生意想不到的不良后果。例如，Niederegger 与 Thomaseth（2006）就探讨过某些减水剂致使混凝土黏性过大的问题，而这又将导致混凝土早期强度变化不定。由于这是一个专业的领域，建议最好向外加剂生产商咨询如何使用其产品才能取得最佳效果。此外，还需进行试验室试验和（或）现场试验，以检测外加剂性能。

2.1.7 硅灰

硅灰具有很多优点，相关应用将在第 2.2.1 和 2.2.9 节论述。

2.1.8 配合比设计

对于混凝土的配合比设计，Neville（1995）在其著作中有过详细论述。而喷射混凝土配合比设计的主要不同，则在于增加了涉及早期强度和易喷性的有关标准。但这并不意味着对喷射混凝土而言，选定满足设计和施工标准要求的配合比是一个很容易的过程。只要混凝土中某种成分发生了细微的变化，就会对整个混合料的性能产生很大影响。因此，尽管在实践中，工程师经常会依赖于一种经验主义的方法，套用久经验证的配合比设计，但如果认为适用于某个项目的配合比也同样适用于另一个采用不同水泥、骨料或其他成分的项目，那就把问题看得过于简单了。配合比设计研究是以试验室以及现场试验结果为指导的，关键是要给施工前的相关试验留出足够时间，以便在隧道开始掘进前就能得到一个合适的配合比以供使用（参见第 7.2.1 节）。

2.1.9 环境可持续性

混凝土衬砌是导致隧道对环境产生影响的最大因素之一。而喷射混凝土的高水泥含量以及所添加的外加剂，使这一因素更加突出。但另一方面，喷射混凝土衬砌的钢筋含量通常低于其他钢筋混凝土结构，尤其是在使用纤维的情况下。图 2.3 显示了喷射混凝土每种成分的隐含碳量（eCO_2）所占比重。

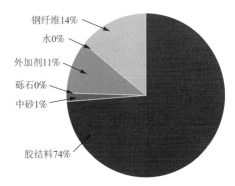

图 2.3　喷射混凝土衬砌中各成分隐含碳量

当然，隐含碳只是衡量环境影响的其中一项指标。生命周期评估则提供了一种更加全面的环境影响评估方法（Kodymova 等人，2017）。不过，隐含碳始终是相对容易评估的一项指标，并且有越来越多的项目已经开始计算项目的碳足迹。而在完成影响评估后，显然下一步措施自然就是着力减少影响。

可采取的各类减少影响的措施包括：

- 尽量减小运输距离；
- 使用再生骨料；
- 提高再生钢比例；
- 使用水泥替代品（见第 2.1.2 节）；
- 采用永久喷射混凝土设计，这将比传统"双层衬砌"设计更薄，也就是说这将避免临时衬砌带来的浪费（见第 4.2.4 节）；
- 用粗合成纤维代替钢纤维（如果适用）。

需顺带一提的是，如果使用粗合成纤维，就要对隧道回弹和出渣进行筛分，以避免塑料纤维对地层或水道造成污染（Crehan 等人，2018）。

表 2.3 列出了用于对比各种设计方法碳足迹的主要参数。此项对比所选取的是一座大直径（11.5m）硬岩隧道，该隧道采用了排水设计概念——水压力将通过仰拱排水设施得到释放，但仰拱上仍设有一层防水层。此项对比仅涉及隧道衬砌，因为进行对比的所有方案均采用了相同的开挖方法。而在永久喷射混凝土衬砌（PSCL）方案中并未考虑减小隧道尺寸的可能性。

表 2.3　隐含碳量（eCO_2）计算的关键参数

项目	硬岩永久喷射混凝土衬砌（钢纤维）	硬岩永久喷射混凝土衬砌（粗合成纤维）	硬岩双层衬砌
第一层混凝土厚度（mm）	80	80	80
第一层纤维/钢筋（mm）	40	8	40
增强类型	钢纤维	粗合成纤维	钢纤维
找平层厚度（mm）	40	40	0
防水类型	喷涂防水膜	喷涂防水膜	PVC 防水板
第二层混凝土厚度（mm）	80	80	300
第二层钢纤维/钢筋（mm）	40	8	97
增强类型	钢纤维	粗合成纤维	钢筋

图 2.4 显示，永久喷射混凝土衬砌（PSCL）方案在衬砌碳足迹方面可以减少 50%以上。这种情况下，喷涂防水膜（Sprayed Applied Waterproofing Membrane，SAWM）的优势并不在于材料本身，因其每吨的隐含碳量仅略低于防水板和土工布，而在于喷涂防水膜的黏结特性可容许第二层混凝土喷射在其表面。因此，混凝土和钢材的节省量非常显著。尽管喷射混凝土每立方米的隐含碳量要高于浇筑混凝土（如前所述），但永久喷射混凝土衬砌方案的隐含碳量却要低于传统双层衬砌。同样地，虽然钢纤维的隐含碳量要高于普通钢筋，但是永久喷射混凝土衬砌的第二层衬砌中纤维重量要远低于现浇二次衬砌中的钢筋重量。

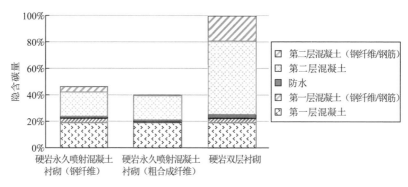

图 2.4　硬岩隧道不同设计方案的隐含碳量（两遍衬砌的标准用语——双层衬砌 DSL）

如果在软岩和软土隧道中进行类似的对比，则隐含碳量的差异不会像在硬岩隧道中那么明显，因为所需喷射混凝土第二层衬砌的厚度要更厚。但尽管如此，在软岩和软土隧道中采用永久喷射混凝土衬砌的设计方法，仍可分别减少 25%和 10%的碳足迹。显而易见，此类对比中的数值基于每个不同隧道项目的具体特点会有所变化。

最后，喷射混凝土衬砌隧道在未来将面临的另一个环境挑战，是骨料供应量的变化。级配曲线中适于喷射的自然生成沉积的骨料将变得越来越稀少，混合料将不得不使用混合骨料（Yun 等人，2011）。这不仅将增加骨料成本，还将增加骨料隐含碳量。然而，此类隐含碳量的增加对总体碳足迹的影响可忽略不计。

2.2 材料性能与特性

如果要将喷射混凝土视作一种建筑材料，我们不妨先提出以下一系列的基本问题。

- 喷射混凝土强度如何？
- 喷射混凝土是脆性还是延性的？
- 其性能或特性是否会随时间变化？
- 其性能是否会随压力、温度或其他环境条件变化？

以下章节将尝试解答这些问题以及更多相关的问题。为引入本节主题，表 2.4 列出了表 2.1 中采用典型配合比的喷射混凝土和同等强度浇筑混凝土的材料性能。尽管这种喷射混凝土的性能接近喷射混凝土典型值的上限，但在重大工程项目中使用此类较高性能喷射混凝土作为标准材料正在成为一种趋势（Brooks，1999；Smith，2016）。图 2.2 显示了相较于未添加速凝剂的混合料，喷射混凝土一天之内不同龄期的强度情况。

表 2.4 喷射混凝土和浇筑混凝土的典型性能

性能	高性能喷射混凝土	现浇混凝土
1d 抗压强度（MPa）	20	6（est.）
28d 抗压强度（MPa）	59	44
28d 弹性模量（GPa）	34	31（est.）
28d 泊松比 ν	0.48～0.18[a]	0.15～0.22
28d 抗拉强度（MPa）	> 2（est.）[b]	3.8（est.）
初凝时间（min）	3～5[c]	45～145（est.）
100d 收缩比（％）	0.1～0.12	0.03～0.08
160d 徐变（％/MPa）	0.01～0.06	0.008
密度（kg/m³）	2140～2235	2200～2600

续上表

性能	高性能喷射混凝土	现浇混凝土
总孔隙率（%）	15~20^d	15~19
渗透系数（m/s）	10^{-11}~10^{-12}	10^{-11}~10^{-12}
平均透水性	<25mm	<25mm
28d 微裂缝（m）	1300	—
热膨胀系数（K^{-1}）	8.25×10^{-6}~15×10^{-6e}	10×10^{-6f}
坍落度（mm）	180~220^g	50

注：a. Kuwajima，1999；
  b. Kuwajima，1999；
  c. 详见表 2.2；
  d. Blasen，1998 以及 Lukas 等人，1998；
  e. Kuwajima，1999 以及 Pottler，1990；
  f. Eurocode 2 (2004) Cl. 3.1.3；
  g. BASF，2012。

在接下来的章节中，将探讨喷射混凝土材料性能随龄期变化的情况。随后，还将探讨喷射混凝土特性随时间变化的情况。可细分为两类：与应力无关的变化（由收缩和温度效应导致的参见第 2.2.6 节）和与应力有关的变化（由徐变导致的参见第 2.2.7 节）。关于材料耐久性方面的性能随龄期变化的情况将在第 2.2.9 节讨论。

2.2.1 抗压强度

1）理论和机理

强度通常是工程师在选择一种新材料时首先要查验的参数。与所有材料一样，混凝土的强度既受材料中的裂隙和缺陷的制约，也受主要成分的固有强度及其相互作用的制约。就混凝土而言，其主要成分是水化水泥浆和骨料。

水化水泥浆的典型抗压强度（经压实后的极密实水泥浆）可达 300~500MPa，而通常用作骨料的岩石抗压强度则在 130~280MPa（Neville，1995）。当混凝土开始水化后，强度也会随之增加，参见附录 A "龄期强度增长预测公式"。❶早期抗压强度对于隧道安全至关重要，可通过各种方法进行测定，参见第 7.2.2 节。Gibson 与 Bernard（2011）介绍了一种使用超声波测定抗压强度的方法，并发现这种方法在测定 72h 内介于 1~10MPa 的抗压强度时效果较好。具体公式为：

$$f_{\text{cyl}} = \frac{e^{V/500}}{80} \tag{2.1}$$

---

❶ 注意：这些公式通常低估了极早龄期强度，所以可能需要手动修改强度（例如，龄期不足 6h 的强度）。

式中：f_{cyl}——单轴抗压强度（MPa）；

V——超声纵波速度。

缺陷是指空隙或孔隙，以及微裂纹和宏观裂缝（均由收缩与荷载作用造成）。混凝土的总孔隙率通常在 15%～20%（表 2.5）。孔隙包括胶凝孔隙（介于单个晶体与胶体颗粒之间；大小为 10^{-7}～10^{-9}m）和毛细孔隙（大小为 10^{-4}～10^{-7}m），这些孔隙在水化作用后仍然存在，并且多余的水会部分填充孔隙。此外，还包括气孔（大小为 10^{-2}～10^{-4}m），气孔的形成可能出于有意（夹带气孔）或偶然（因压实度不足造成）。喷射混凝土的孔隙率往往处于混凝土孔隙率范围的高值区（Kusterle，1992；Lukas 等人，1998；Blasen，1998；Oberdörfer，1996；Myren 与 Bjontegaard，2014），参见表 2.5，而最大孔隙率一般出现在湿喷混凝土中。Holter 与 Geving（2016）发现，湿喷混凝土的吸水孔隙率（毛细孔隙和胶凝孔隙的总和）约为 20%，该数值接近于标准方法的建议值，仅高出 1% 左右。另据 Myren 与 Bjontegaard（2014）的报告，纤维喷射混凝土（FRS）的吸水孔隙率则在 17%～19%。Blasen（1998）研究发现，当湿喷混凝土、干喷混凝土（含湿骨料的喷射水泥）和普通浇筑混凝土在水灰比均为 0.55 的情况下，湿喷混凝土的孔隙率要比浇筑混凝土高 16%，而干喷混凝土的孔隙率则仅高出 8.7%。因此，湿喷混凝土达到的强度可能低于同等水灰比的干喷混凝土。

表 2.5 孔隙组成

孔隙类型	孔隙直径	拌和类型	占总体积百分比（%）
胶结料	< 0.1μm	干拌和湿拌	3%～4% est.[a]
毛细孔隙	0.1～10μm	—	15%～19%[a]
		湿拌	13%～17%[b]
		干拌和湿拌	17.5%[c]
吸入的气孔和偶然孔隙	> 10μm 与 0.001～0.1m	湿拌	0.9%～4.5%[a]
		干拌和湿拌	3.7%[b]
总孔隙率	—	湿拌	17%～22%[a]
		干拌	18%～20%[a]
		干拌和湿拌	21.1%[b]
		湿拌	20.5%

注：a. Kusterle，1992；
   b. Cornejo-Malm，1995；
   c. Blasen，1998（从 337 个样本中所得的平均值）。

混凝土的受压破坏，是由单轴或双轴压力下的开裂和多轴应力下的破碎所决定（Neville，1995；Chen，1982）。当荷载超过硬化混凝土最大抗压强度约30%时，由水化和干燥收缩造成的既有微裂纹就会开始发育（Feenstra 与 de Borst，1993）。这些微裂纹主要位于骨料与硬化水泥浆的界面处。随着微裂纹尺寸增大，抵抗外加荷载的有效面积将相应减小，由此局部应力增长速度将快于额定荷载应力（Neville，1995）。这就导致了受压状态下混凝土的应变硬化，以及应力-应变关系呈曲线状（图2.5），即切线模量随应变增大而减少。显然，混凝土中的初始孔隙率越高，初始局部应力也就越高。当作用应力高于最大抗压强度的约70%时，水泥内将出现开裂，并且微裂纹开始连接起来（Rokahr 与 Lux，1987）。而在达到最大抗压强度后，随着微裂纹在狭窄区域局部汇聚，宏观裂缝将形成，并且混凝土可承受的荷载将减小（Feenstra 与 de Borst，1993）。

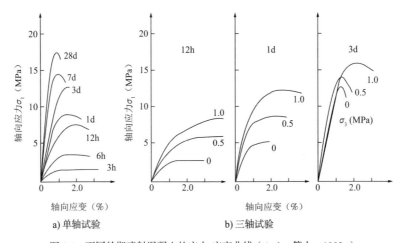

图 2.5　不同龄期喷射混凝土的应力-应变曲线（Aydan 等人，1992a）

在三轴压应力下，开裂可能受侧向应力抑制，而如果围压较高，破坏模式将表现为破碎。因此，三轴压缩荷载下的最大压应力要远高于单轴或双轴强度（Chen，1982；Neville，1995）。然而，在隧道衬砌中，由于衬砌径向应力远低于切向和纵向应力，其应力状态也就主要是双轴的（Meschke，1996）。在压缩状态下，当$\sigma_2/\sigma_1 = 1.0$时，双轴强度仅比单轴强度大16%，而当$\sigma_2/\sigma_1 = 0.5$时，双轴强度要比单轴强度大25%（Chen，1982），参见图2.6。在纯压缩和纯拉伸之间的中间应力状态下，拉应力的存在将降低可达到的最大压应力（Chen，1982）。在双轴应力情况下，通常假设最大压应力将从单轴值（当拉应力为0时）线性降低至0（当拉应力等于最大单轴拉应力时），参见图2.6。

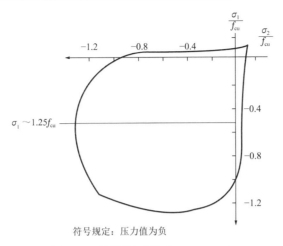

符号规定：压力值为负

图 2.6 双轴强度包络线（Chen，1982）

总的来说，混凝土强度一方面取决于主要成分（硬化水泥浆和骨料）的强度，另一方面则取决于试样的密度。混凝土强度之所以会随龄期增大，是因为在水化过程持续进行时硬化水泥浆的量会随龄期增加，且孔隙数量会随龄期减少，而不是因为微观组分的力学性能发生了任何实际变化（Ulm 与 Coussy，1995）。这种随时间推移出现的强度增长，将导致强度大幅超出规定的强度等级（例如表 2.4 所示的情况），但这不仅没有必要，甚至还可能会成为一个缺点。因为这将导致钢纤维混凝土出现脆化现象，参见第 2.2.2 节。在微观层面上，局部应力取决于固体材料承受应力的有效面积（如果忽略孔隙水压力的任何影响），而裂缝的增长则取决于跟局部应力相比，硬化水泥浆和骨料之间的相对黏结强度。根据这一关于混凝土在压缩荷载下的力学特性的简化理论，我们可得出以下结论：如要提高混凝土强度，就应将水化作用发挥到最大，将孔隙率降至最低，同时也应加强硬化水泥浆和骨料的相互作用。

2）材料特性的影响因素

现代规范通常要求临时喷射混凝土 28d 抗压强度不低于 20MPa（Brooks，1999），永久混凝土 28d 抗压强度不低于 30MPa，如 ÖBV（2013）对 C35/C45 混凝土所作的规定。而实际项目根据具体需求甚至可能提出更高的强度标准。同时，喷射混凝土在喷射完成后还必须立即具有足够的黏结力，使其得以黏附在围岩上并支撑来自围岩以及爆破等其他方面的荷载。因此，与普通混凝土相比，喷射混凝土的配合比设计必须使混凝土达到相对较高的早期抗压强度（图 2.2），并满足相关长期强度标准。此外，混合料还必须满足比普通混凝土更严苛的和易性与易泵性方面的标准。在这些相互冲突的标准中，早期强度（决定了可形成的喷层厚度以及隧道上台阶的安全性）和易泵性标准历来占主导地位，但由此产生的代价则是对长期强度有所妥协（Kusterle，1992；Darby 与 Leggett，1997）。

3）速凝剂

加速水化反应将会提升喷射混凝土的早期强度（图 2.2），参见第 2.1.1 节和第 2.1.5 节。按照传统做法，较高的早期强度是通过在喷嘴处向混合料添加速凝剂来实现的。但这种做法有几个缺点：首先，加速水化反应会促使更多、更小的水化硅酸钙晶体生长；而较慢的水化反应则可容许较大的晶体生长，这将带来更高的长期强度（Fischnaller，1992；Atzwanger，1999）。❶其次，许多早期的速凝剂含碱量很高，对隧道内工人的健康危害极大。某些速凝剂，如水玻璃（硅酸钠），不仅会导致较低的 28d 强度，而且由于其不稳定性，其强度实际上还会随龄期的增长而下降（Kusterle，1992）。由于对较低的长期强度以及健康和安全问题的担忧，人们开始采用新型速凝剂，也就是常说的"无碱"或"低碱"速凝剂（Brooks，1999）。有了这些新产品以及其他新型外加剂，喷射混凝土抗压强度的增长就能得到相当精准的控制，并可对其进行调整，以适应具体项目的特殊需求。如果还同时使用硅灰等外加剂，则能更好地满足较高早期强度与较高长期强度这两个相互冲突的强度要求（表 2.4）。

4）水泥及水泥替代品

通常使用普通硅酸盐水泥。在干喷工艺中可使用"喷射水泥"和硫铝酸钙水泥（Calcium Sulphoaluminate Cement），参见第 2.1.1 节。

5）水灰比

水灰比越低，水化后留下的孔隙就越少，因而混凝土强度也就越高。水泥完全水化所需的水灰比大约为 0.23。然而，受易泵性方面要求的影响，湿喷混凝土所采用的水灰比要高于浇筑混凝土。在干喷工艺中，水灰比由喷射作业人员控制。通常情况下，干喷混凝土水灰比平均值为 0.3～0.55，湿喷混凝土水灰比平均值为 0.4～0.65（ITA，1993）。

6）级配曲线和骨料

相较于浇筑混凝土大约 20mm 的骨料最大粒径，喷射混凝土骨料最大粒径通常被限定在 10～12mm。虽然混凝土强度会随骨料最大粒径的增大而增大，但骨料越大，在回弹中的损耗就越多（Kusterle，1992；Brite Euram，1998；Austin 等人，1998）。总的来说，喷射混凝土的级配曲线偏于较细的一端（图 2.1），其目的是便于泵送（Norris，1999）。良好的骨料级配曲线对于实现良好的易泵性

---

❶ Neville（1995）中更加详细地探讨了水泥水化及其化学作用。

至关重要。碎砾石和圆砾石均可用作骨料。有些试验结果表明，砾石的类型对喷射混凝土质量影响不大（Springenschmid 等人，1998）。不过，不同施工现场的反馈表明，除级配曲线外，有时骨料的类型也可能对喷射混凝土产生较大影响。由此，应使用级配曲线平滑的骨料，且应避免使用有棱角的颗粒，因为这类颗粒更难以泵送。如有需要，砂或骨料也可采用棱角状的，但两者中必须有一种为圆角。

7）硅灰

添加硅灰有两个主要优点。一方面，硅灰能提高喷射混凝土的黏结力，从而可减少速凝剂掺量或可施作更厚的喷射混凝土层。而较高的黏结力还可减少粉尘和回弹（Brite Euram，1998）。另一方面，硅灰是一种活性很强的火山灰质孔隙填料，可提高长期密度，这对混凝土的强度和耐久性有利。总的来说，硅灰可以提高喷射混凝土质量，改善其耐久性和力学性能（Kusterle，1992；Norris，1999）。硅灰的主要缺点则是需水量大，需要用到更多的减水剂或更多的水，或同时需要更多的减水剂与水（Norris，1999；Brooks，1999）。事实上，有人认为就干喷混凝土而言，这种额外添加的水可能有利于减少粉尘和回弹以及提升易泵性（Austin 等人，1998）。NCA（2011）建议的硅灰掺量在4%~10%bwc（水泥胶结料重量比）。

8）纤维

关于添加钢纤维是否会改变喷射混凝土抗压强度这一问题，存在着相互矛盾的论断。Vandewalle（1996）认为钢纤维几乎没有任何益处，而 Brite Euram（1998）却认为钢纤维能使抗压强度提高10%~35%。此外，人们发现聚丙烯纤维也可提升混凝土强度，只不过这种纤维同时还会增大需水量，因此总体上没有明显帮助（Brite Euram，1998）。一般来说，人们认为纤维对抗压强度起不到任何有益的作用。

9）其他外加剂和掺合料

减水剂、稳定剂和其他外加剂虽然单个来看可能不会对喷射混凝土的力学性能产生有害影响，但我们必须时刻注意，速凝剂与外加剂的各类组合可能产生不良结果，如强度的显著降低等（Brite Euram，1998）。而现场施工前的适应性试验，则可用来识别这类不良组合。

10）各向异性

混凝土并非天然具有各向异性，在喷射混凝土中见到的各向异性是其施作方式带来的结果。现已发现在垂直于喷射方向的平面上，抗压强度要高出10%~25%（Cornejo-Malm，1995；Huber，1991；Fischnaller，1992；Bhewa 等人，2018）。❶然而，其他人的报告中并没有发现强度随着试验方向发生变化（Purrer，

---

❶ Bhewa 等人（2018）指出，随着龄期的增加，强度差异也越来越大，从10%（28d）上升至20%左右（90d）。

1990；Brite Euram，1998）。乍看之下，垂直于喷射方向出现较高强度似乎是矛盾的，因为射流是喷射混凝土唯一的压实途径。这种"较软反应"可能源自喷射混凝土层之间密实度较低的界面上的压实作用（Aldrian，1991）。强度试验一般针对喷射方向上的强度，因为通常是从喷射试板或衬砌本身钻芯取样，而主压应力则在与此（喷射方向）垂直的平面上（Golser 与 Kienberger，1997；Probst，1999）。因此，采用芯样的强度值可视为保守做法。钢纤维喷射混凝土在压缩和拉伸状态下的特性均呈现明显的各向异性（参见第 2.2.2 节）。通常情况下，喷射混凝土的各向异性（甚至钢筋网层或纤维的加劲作用）会被忽略。

11）温度

Cervera 等人（1999a）提出了一个极限抗压峰值应力的折减系数，以反映养护过程中（恒定）环境高温效应。折减系数 $k^{iso} = [(100 - T^{iso})/(100 - 20)]^{nT}$，式中 $nT = 0.25\sim0.4$，T^{iso} 则是水化过程中的（恒定）温度。这一系数显示了类似于 Seith（1995）通过试验发现的折减，例如与在 16℃下养护相比，在 60℃下养护，强度将折减 25%。

总之，如果施作得当，喷射混凝土可达到较高的早期强度和长期强度（表 2.4）。强度增长曲线的确切形状将取决于喷射混凝土的配合比和外加剂。由于对早期强度的增长颇感兴趣，有几位学者已提出了可将抗压强度与龄期联系起来的各种公式 [例如 Aldrian，1991；Chang，1994；Alkhiami，1995；Yin，1996（根据 Weber，1979）；Pöttler，1990；Meschke，1996]，参见图 2.7 和附录 A。

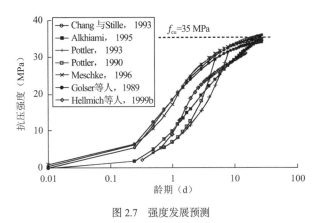

图 2.7　强度发展预测

虽然相关预测在一般情况下可能与实际数据完好匹配，但这类预测容易低估极早龄期（即 < 6h）强度。目前，已建立了其他更为复杂的方法，将混凝土老化因素考虑到数值分析中（参见第 5 章）。

2.2.2 抗拉强度

本节内容涉及素喷射混凝土与钢筋喷射混凝土的抗拉强度。

1）理论和机理

与压缩状态相比，在拉伸状态下，裂缝更能对混凝土特性起到制约作用。在达到最大单轴拉伸应力的60%及以上时，几乎没有新的微裂纹产生，因此混凝土特性呈线弹性（Chen，1982）。拉伸状态下裂缝稳定扩展期比压缩状态下的要短。在达到最大单轴拉伸应力的约75%时，裂缝会开始进入不稳定扩展期，一些裂缝将迅速增长，直至发生破坏。目前，拉伸断裂的确切原因尚不清楚，但一般认为是源于硬化水泥浆本身的缺陷以及浆体与骨料界面处的缺陷，而非源于空隙和孔隙，尽管这两个特征有助于形成应力集中（Neville，1995）。

一般情况下，混凝土的抗拉强度会在设计中忽略，原因是强度值较低，通常仅有抗压强度的十分之一。并且，一旦达到最大值，就会出现脆性破坏。为抵消这种脆性破坏，需要在混凝土中加入抗拉钢筋。而喷射混凝土隧道衬砌加筋则通常采用钢筋网、钢纤维或粗合成纤维，不过业界也对其他可用作纤维的材料进行了试验，如（软）聚丙烯纤维（Brite Euram，1998）、玄武岩纤维（Sandbakk 等人，2018）、玻璃纤维增强聚合物（Ansell 等人，2014；Sandbakk 等人，2018），乃至大麻纤维（Morgan 等人，2017）。

当钢筋混凝土承受拉应力时，混凝土依旧会出现裂缝。不过，未开裂的混凝土与钢筋之间的黏结力能在荷载增大时，使拉伸荷载从开裂的混凝土逐渐转移到钢筋上（图2.8）。但钢筋混凝土仍将继续表现为一种复合材料，因此它对荷载的反应相较于单独的钢筋或混凝土要更加刚化。这种现象被称为"拉伸强化"（Feenstra 与 de Borst，1993）。

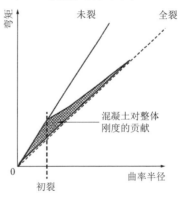

图 2.8　钢筋混凝土的拉伸强化

2）纤维增强

尽管纤维与混凝土基质之间有着更为复杂的相互作用，纤维增强也同样能取得类似效果。混凝土纤维增强本身就是一个很大的课题，如想了解更详细的信息可查阅其他资料（如 EN 14889-1；EN 14889-2；Thomas，2014；ITAtech，2016），参见表2.6 纤维的典型性能。简而言之，纤维能桥接张开的裂缝，从而横跨裂缝继续传递拉力。通常，会以某种方式对纤维进行变形加工，目的是提升裂缝张开时纤维的抗力，避免纤维被从混凝土中拔出。纤维原料采用高等级钢（典型屈服强度在 1000MPa 左右），由此就使破坏的发生呈现为一个"延性"过程，期间单个纤维将会被拔出混凝土。而这可赋予混凝土显著的抗拉能力，即使是在早龄期（即 2d）（Bjontegaard 等人，2014）。如果混凝土强度太大，纤维拔出受阻，单个纤维就会断裂，整个破坏过程将是一个脆性过程（Bjontegaard 等人，2014；Bjontegaard 等人，2018）。Bernard（2009，2014）将这个过程称为"脆化"。由于混凝土在超过标准试验龄期（28d）后还将继续水化，这种现象会对试验数据结果优异的混合料造成影响。此问题可通过使用更高强度的钢纤维或粗合成纤维来避免（Bjontegaard 等人，2014；ITAtech，2016）。钢纤维的典型掺量在 20～60kg/m³。工程实践中，更倾向于仅在湿喷混凝土中使用纤维。因为在干喷混凝土中纤维拌和存在困难，将导致过大回弹。

表 2.6 喷射混凝土结构纤维典型性能

项目	钢纤维	结构性合成纤维
密度（kg/m³）	7800	900
纤维长度（mm）	30～50	40～560
长径比	30～565	50～590
每千克纤维量（根）	14500	35000
弹性模量（kN/mm²）	200	5.0～59.5
抗拉强度（N/mm²）	800～51500	500～5550

如前所述，最早被广泛应用于喷射混凝土中的非金属纤维是软质聚丙烯纤维。此类纤维除了在早期能抵抗收缩外，对混凝土的抗拉性能无法产生实质性的有利影响（参见第 2.2.6 节和第 6.8.9 节）。20 世纪 90 年代，出现了新一代的结构性塑料纤维，其力学性能可以媲美钢纤维喷射混凝土（SFRS）的性能（Tatnall 与 Brooks，2001；Hauck 等人，2004；DiNoia 与 Rieder，2004；Denney 与 Hagan，2004；Bernard 等人，2014；ITA，2016）。塑料纤维最先在采矿业中得到应用，虽然其具有与钢纤维相似的尺寸，但比钢纤维更轻、更软、强度更低。鉴于密度上的差异，塑料纤维 5～10kg/m³ 的掺量就相当于钢纤维 30～40km/m³ 的掺量（Melbye，2005；Bjontegaard 等人，2018），具体取值视塑料纤维的实际性能而定。塑料纤维的屈服强度通常大于 500MPa。而在大挠度下，粗合成纤维的性能甚至比钢纤维更佳，其能量吸收试验结果可超 40mm（BASF，2012；Bjontegaard 等人，2014）。喷射混凝土的其他性能，如孔隙结构和刚度，在分别采用钢纤维和粗合成纤维的试样中是相似的（Myren 与 Bjontegaard，

2014）。此外，相较于钢纤维，塑料纤维对设备的磨损更小，且碳足迹要远低于钢纤维（Bernard，2004a），可参见图 2.4。使用粗合成纤维时产生的回弹可能更少（Kaufmann 与 Frech，2011）。Crehan 等人（2018）介绍了防止粗合成纤维对环境造成污染的各类措施。为避免纤维堵塞水泵，有必要为水泵安装过滤器。

最近，业内还对采用耐碱玻璃制成的玻璃纤维网布进行了试验。目前，此类网布只适用于骨料最大尺寸小于 2mm 的喷砂浆，原因是网布中网线间距较密（Schorn，2004）。而与钢筋网尺寸相当的玻璃纤维增强聚合物（GFRP）网已在一些采矿项目中得到应用。

3）材料特性的影响因素

喷射混凝土的抗拉强度与抗压强度同样也受到相似因素的影响，且可采用相同的方法予以改善（参见第 2.2.1 节）。由此可得到一个结论：混凝土的抗拉强度能够根据抗压强度可靠地估算出来。目前，业内已提出了各种经验公式（参见附录 C）。通常认为，抗拉强度一般按照与抗压强度相同的增长速率随龄期增长。

4）增强——钢筋和纤维

喷射混凝土隧道衬砌通常是通过喷射数层混凝土而形成。钢筋网或钢筋铺设在喷射的最后一层混凝土表面，并被下一层混凝土覆盖（图 2.9）。"阴影"（格栅或钢筋后产生的空区）可能对钢筋与混凝土之间的黏结以及混凝土的耐久性产生不良影响（参见第 2.2.9 节）。

钢纤维喷射混凝土具有许多优点（Brite Euram D1，1997；Vanderwalle 等人，1998）：

图 2.9 "阴影"

- 钢纤维喷射混凝土能呈现出近乎完美的弹塑性特性（Norris 与 Powell，1999），因此可承受极大的屈服应变。
- 由于掌子面无需固定钢筋网，因此钢纤维喷射混凝土能混合在喷射混合料中，从而缩短循环时间，提高安全性。
- 纤维在控制收缩裂缝方面比典型的钢筋网或钢筋更有效。
- 除了在非常薄的衬砌中，纤维的腐蚀通常不被当作重要问题（Nordstrom，2001；ACI 544.5R-10，2010；Nordstrom，2016；Hagelia，2018），且不存在"阴影"问题。

由于具有这些特性，钢纤维喷射混凝土在块状围岩隧道支护中得到了广泛应用。钢纤维喷射混凝土也适用于高地应力环境下的隧道，由于这种环境下隧道可能产生大变形，钢纤维喷射混凝土可与锚杆联合使用。此外，钢纤维喷射混凝土也适用于以承压为主的永久喷射混凝土衬砌隧道中（Annett 等人，1997；Rose，1999；Thomas，2014）。

尽管纤维自身主要在垂直于喷射方向的平面内定向分布（例如 Cornejo-Malm，1995；Norris 与 Powell，1999），但在典型纤维掺量下，钢纤维喷射混凝土的抗弯承载力极小（Thomas，2014）。如果要求更大的抗弯承载力，就需要使用钢筋或钢筋网。在软弱围岩隧道中，特别是在交叉段，可能出现这种情况。通过优化隧道形状，可保持较小弯矩，从而能够使用纤维来增强抗弯承载力，例如英国的希思罗机场 5 号航站楼项目和横贯铁路项目。目前，已针对纤维增强提出了各种设计指南（DBV，1992；RILEM，2003 以及最近的 fib，2010），参见 Thomas（2014）对这些设计指南的综述。此外，纤维还被广泛用于隧道施工的另一个分支——管片衬砌（ITAtech，2016）。

由于纤维自身在垂直于喷射方向的平面内定向分布，因此在该平面内对钢纤维喷射混凝土进行压缩状态下的试验时，相比于在与喷射方向相同的方向上进行的试验，钢纤维喷射混凝土呈现的峰值前响应更强，峰值应力更高，峰值后响应更柔和（Brite Euram，1998）。同理，在极限应力下的轴向应变和侧向应变也更低。

虽然使用非金属纤维可消除对耐久性的剩余影响（另见第 2.2.9 节），但这又会引出一个新问题，即徐变。当荷载小于峰值荷载的 40%时，喷射混凝土采用粗合成纤维所呈现出的特性与采用钢纤维所呈现的特性相似（Bernard，2010；同时参见图 2.10），并且徐变似乎并不会减少极限能量吸收（Bernard，2004a）。另一项详细研究发现，当施加的荷载达到峰值能力的 50%时，在一年的徐变加载期内，用钢纤维、粗合成纤维和焊接钢丝网增强的喷射混凝土之间并没有实质差异（Larive 等人，2016）。然而，有些研究认为，虽然试样的徐变系数在很大程度上取决于粗合成纤维的类型、掺量和荷载强度，但粗合成纤维喷射混凝土的徐变系数更高，可能是钢纤维喷射混凝土徐变系数的 2 倍（Bernard，2004a；MacKay 与 Trottier，2004）。从实践上看，这似乎不会造成任何问题（Plizzari 与 Serna，2018），但设计人员应根据每种情况本身的特点进行考虑，另见第 2.2.7 节。

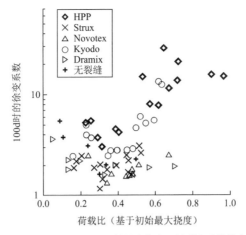

图 2.10　随荷载比（基于初始最大挠度下的剩余承载能力）
变化的 100d 时的徐变系数（Bernard，2010）

2.2.3　其他荷载模式下的强度

Drucker-Prager 塑性模型或 Mohr-Coulomb 塑性模型等混凝土模型的输入参数，通常是根据抗压强度和抗拉强度推导得出。与岩土不同，喷射混凝土的抗剪强度通常不是直接测定得出。然而，抗剪强度对于喷射混凝土衬砌的性能至关重要（Barrett 与 McCreath，1995；Kusterle，1992），尤其是在衬砌厚度极小的情况下（NCA，1993）。喷射混凝土与各种岩石黏结时的抗剪强度相关信息如图 2.11 所示，也可参阅 NCA（1993）了解喷射混凝土与岩石的黏结强度信息。

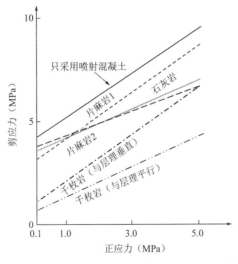

图 2.11　各种基面的剪切黏结强度（Kusterle，1992）

喷射混凝土的黏结强度（喷射混凝土与基面的黏结强度以及喷射混凝土连续喷层之间的黏结强度）同样对喷射混凝土的性能十分重要（Sjolander等人，2018）。在硬岩隧道中，如果考虑衬砌受单个楔形体作用，则可发现喷射混凝土衬砌的破坏分为两个阶段：通常先是脱黏导致破坏，然后是弯曲破坏（Barrett与McCreath，1995；Sjolander等人，2018）。表2.7包含了在其他荷载模式下喷射混凝土峰值强度的参考值。喷射混凝土各喷层间的黏结强度是在采用永久喷射混凝土衬砌的情况下进行检测的，其中最后一层可能是在第一层施作完成数月后才添加的（Kusterle，1992；Brite Euram，1998）。各喷射混凝土层之间的典型黏结强度为0.8～2.6MPa（Brite Euram，1998）。据Bryne等人（2011）称，喷射混凝土与岩石的黏结强度取决于岩石强度，范围在0.1～3.0MPa，正常情况下的平均值约为1.0MPa。另据Clements等人（2004）的说法，喷射混凝土在达到150d龄期时与岩石的黏结强度在2.83～11.3MPa。Jolin等人（2004）还指出，喷射混凝土在达到28d龄期时与钢筋产生了更大的黏结强度，数值超过20MPa。如果基面清理得当，则能取得满意的黏结强度。不过，破坏通常发生在混凝土与岩石的接触面或岩石内部，而非混凝土内部（Clements等人，2004）。Ansell（2004）引述了Malmgren和Svensson的结果，相关结果显示了黏结力随着龄期的增长而从初始值0.125～0.35MPa（喷射时）增长至1.0～1.4MPa（28d龄期）。然而，在该团队近期的研究中，据其报道，10h龄期时的黏结强度约为0.2MPa，并呈现出更快的增长速度，能在3d内就达到1.5MPa的平均黏结强度（Bryne等人，2014）。Sjolander等人（2018）引用的试验证据表明，黏结强度与衬砌厚度无关（至少在厚度为30～140mm时与厚度无关），但锚杆垫板可对脱黏起到约束作用。Lamis与Ansell（2014）就黏结强度随龄期增长提出了以下计算式：

$$f_{cb} = 2.345 e^{-0.858 t^{-0.97}} \qquad (2.2)$$

式中：f_{cb}——黏结强度（MPa）；

t——龄期（d）。

表2.7 其他荷载模式下的强度（根据Barrett与McCreath，1995）[a]

强度	8h	1d	7d	28d
"弱"黏结强度（MPa）	—	—	—	0.5
"强"黏结强度（MPa）	—	—	1.5	2.0
直接抗剪强度（MPa）	1.0	2.0	6.0	8.0
抗弯强度 $f_{fcl,fl}$（MPa）	1.0	1.6	3.4	4.1

续上表

强度	8h	1d	7d	28d
对角抗拉强度（MPa）	0.75	1.0	1.75	2.0
单轴抗压强度（MPa）	5.0	10.0	30.0	40.0

注：a 表示所有喷射混凝土强度都是针对添加硅灰的无筋混合料。

在软弱围岩中，隧道衬砌受到的荷载比硬岩隧道中衬砌受到的荷载更均匀，因此对软弱围岩隧道来说，黏结强度或许并不是一项重要参数。

2.2.4 压缩状态下的应力-应变关系

1）特性与影响因素

第 2.2.1 节中已论述了压缩状态下混凝土应力-应变特性的机理。单轴试验的应力-应变曲线通常在不超过比例极限时呈现出线弹性响应，随后在接近最大抗压强度时呈现出逐渐减弱的趋势（图 2.5）。当达到峰值后，可维持的应力将随应变的增大而减小，直至达到极限压缩应变且试样完全破坏。实际上，在应力达到峰值前混凝土就可能发生破坏，因为当应力为峰值的 0.85～0.95 时会达到最大体积应变，在这之后，开始膨胀（Brite Euram C2，1997）。由于开裂的局部化，在应力-应变曲线上观察到的峰后下降段形状主要取决于试验设备施加的围压和边界条件（Swoboda 等人，1993；Choi 等人，1996）。因此，可将混凝土描述为"近脆性"材料，并忽略峰值后区，着重考虑峰值前区。针对峰值前区，现已提出了广义的数学关系（例如 Eurocode 2，2004；BS8110 Part 2，1985），这些关系与大范围的单轴、双轴和三轴试验数据吻合良好，其中也包括喷射混凝土试验数据（Brite Euram C2，1997）。

多轴应力状态下混凝土的应力-应变特性非常复杂。虽然抗压强度的增长已明确，但更困难的是如何确切描述出应变特性，因为应变特性主要取决于试验的边界条件（Chen，1982）。尽管如此，增加围压似乎会导致更高的延性（Michelis，1987；Aydan 等人，1992a），参见图 2.5。由于隧道衬砌中的应力状态基本为双轴应力状态，故不再对三轴特性做更多讨论。混合双轴荷载下拉伸的效应表现为降低主压缩应变和主拉伸应变峰值（和破坏值）（Chen，1982）。双轴荷载下的最大强度包络线可视为与应力路径无关（Chen，1982）。

在大多数情况下隧道衬砌内的应力水平都相对较低。若以典型软弱围岩隧道为例，其衬砌内的主应力可能是 5.0MPa、5.0MPa 和 0.5MPa，28d 强度为 25MPa，而归一化八面体平均应力（σ_{oct}/f_{cyl}）仅为 0.14。因此，可忽略那些在中等应力水平至高应力水平下出现的效应，例如屈服面子午线的曲线特性（图 2.12）。

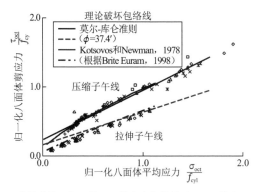

图 2.12　喷射混凝土归一化八面体应力包络线（Aydan 等人，1992a；Brite Euram，1998；Probst，1999）

设计人员对初始弹性模量、比例极限（即弹性范围极限）、峰值应力和峰值应变特别感兴趣。这里将不再进一步讨论峰后特性和达到高应力强度比（例如 > 0.85）时的特性，因为结构通常不会设计在以上区域中。

2）弹性区

（1）弹性极限

在压缩试验中，早龄期喷射混凝土的特性表现为黏性（0～1h 或 0～2h）、黏弹性（1～11h）和弹塑性（从 11h 起）（Brite Euram，1998）。此特性可能因荷载水平而变化。图 2.13 根据应力-应变曲线或 Aydan 等人（1992a）发表的数据直观估算，显示了喷射混凝土屈服应力与峰值应力比如何随龄期而变化。有些数据表明屈服点相对较高，为峰值应力的 0.70～0.85 倍（Aydan 等人，1992a）。

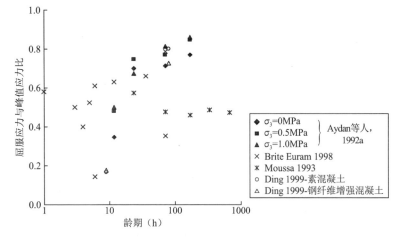

图 2.13　屈服应力与峰值应力比（发布的数据包括 Aydan 等人发布的在不同围压 σ_3 下进行的三轴试验数据，1992a）

另一些数据则显示出相对低得多的比值，趋向于普遍接受的硬化混凝土屈服比的 0.3~0.4 倍（Chen，1982；Feenstra 与 de Borst，1993）。如果研究包含卸载/加载循环的试验（例如 Moussa，1993；Probst，1999），我们就会看到，即使在低应力下，应变也不会在卸载后全部恢复，这证实了弹性极限低的观点。

（2）弹性模量

关于弹性模量（根据单轴压缩试验计算）及其如何随龄期变化，研究数据较多（Chang，1994；Kuwajima，1999）。与抗压强度类似，弹性模量也随龄期的增长而快速增长，不过弹性模量的增长速度似乎更快（Byfors，1980；Chang，1994）。在一项研究中，研究人员发现，喷射混凝土样品的刚度明显低于在普通混凝土标准下达到 1d 及以上龄期时通过公式预测的数值（Galobardes 等人，2014），这是由于受到了喷射的影响。于是研究人员提出了一个校正系数，这一系数将典型孔隙度和回弹值的预测值减少了大约 20%。❶

目前已提出了多种弹性模量随龄期变化的公式（图 2.14 和附录 A）。而且还提出了其他更为复杂的方法，将混凝土老化纳入数值分析（参见第 5 章）。喷射混凝土可能呈现出各向异性，与喷射方向垂直的平面内的弹性模量，要高于与喷射方向平行的平面内的弹性模量。据 Celestino 等人（1999）称，前者比后者高出 40%，而 Cornejo-Malm（1995）和 Bhewa 等人（2018）❷的记录则表明，前者比后者增加了约 10%（另见第 2.2.1 节）。这种各向异性在设计中通常会被忽略。

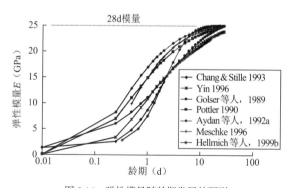

图 2.14　弹性模量随龄期发展的预测

据 Ansell（2004）所述，Nagy 提出动态弹性模量 E_{dyn} 与静态模量有关，公式如下：

---

❶ 需指出的是，Galobarde 等人（2014）提出的公式似乎高估了早龄期（即不足 24h）的刚度。
❷ 在此项研究中，混凝土中的粗合成纤维含量为 6kg/m³。

$$E_{\text{dyn}} = E \cdot (1 + \eta^{0.35}) \qquad (2.3)$$

式中，对于极早龄期的混凝土，$\eta = 0.14$，龄期 2d 后，η 降低至 0.05。

超声波测量已被用作无损测定弹性模量的方法（例如 Gibson 与 Bernard，2011；Galan 等人，2018）。据 Bhewa 等人（2018）所述，动态弹性模量可根据超声波测量值确定，公式如下：

$$E_{\text{dyn}} = \frac{(1 + \nu) \cdot (1 - 2\nu)}{1 - \nu} \cdot \gamma \cdot V^2 \qquad (2.4)$$

式中：ν——泊松比；

γ——混凝土密度；

V——超声波纵波速度。

Bhewa 等人在试验中发现，与静态模量相比，动态弹性模量几乎不具有各向异性（即 <5%）。不过，和之前一样，垂直于喷射方向的模量始终更高。

Bhewa 等人（2018）考虑过静态模量和动态模量之间的关系，并为此提出了一个简单的公式。研究他们的原始数据，可发现以下公式似乎更匹配：

$$E_{\text{static}} = 0.750 E_{\text{dyn}} \qquad (2.5)$$

由于在不超过约为单轴抗压强度 0.4 倍的极限时，混凝土呈现出线弹性特性，因此弹性模量应仅根据该范围内的荷载来确定。

（3）泊松比

在弹性范围内以及不超过最大应力的 80% 时，硬化混凝土的泊松比保持不变，范围在 0.15~0.22 之间，平均值约为 0.2（Chen，1982）。实际的泊松比主要取决于骨料类型，轻骨料混凝土的泊松比通常较低（Neville，1995）。硬化的喷射混凝土呈现出相同的特性，但有证据表明，泊松比会随龄期增长而变化。Kuwajima（1999）使用超声波测量了动态泊松比，发现它会随龄期的增长从接近 0.5 下降至约 0.28（图 2.15）。据 Bhewa 等人（2018）所述，平行于喷射方向钻取芯样的泊松比结果与前述结果相似，但垂直于喷射方向钻取芯样的泊松比结果有较小差异。动态泊松比通常高于静态泊松比（Neville，1995）。Aydan 等人（1992a，1992b）提到了类似的泊松比随龄期变化的情况。他们测量的泊松比最初接近 0.45，并在 12h 后降至大约 0.2，但他们没有说明这些数值的

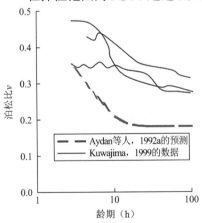

图 2.15　泊松比随龄期增长的变化

获取方式（关于泊松比与龄期的公式，参见附录 A）。Brite Euram 项目（Brite Euram，1998）中进行的平面应变压缩试验表明，早龄期（3~16h）混凝土的泊松比接近于硬化混凝土的值。

3）达到峰值应力时的塑性区

喷射混凝土在早龄期能够承受极大的塑性应变。峰值应力下的应变会随龄期增长而减小（图 2.16），从 1h 龄期时的高达 5.0%，减小到 100h 后相对恒定的 1.0%。硬化混凝土在单轴和双轴荷载下的峰值应变一般假设为 0.3% 左右（Chen，1982；BS8110 Part 1，1997）。极限应变（即破坏应变）也会随龄期增长而减小（图 2.17），且混凝土的特性将更趋向于脆性（图 2.5）（Swoboda 等人，1993）。Swoboda 与 Moussa（1994）在绘制喷射混凝土最大应变与其抗压强度对数（而非是与其龄期）的关系图时，也观察到了类似的趋势。有研究者认为，硬化喷射混凝土的变形特性并不受其混合料组分的影响（Brite Euram，1998）。例如，最大体积应变下的归一化应力并不随速凝剂掺量的变化而改变，峰值应力下的应变也与速凝剂掺量无关（Swoboda 与 Moussa，1992）。

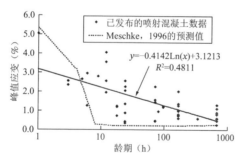

图 2.16　峰值压缩应变与龄期的关系

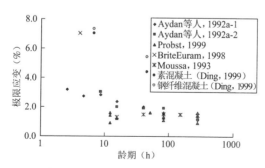

图 2.17　极限压缩应变与龄期的关系

添加钢纤维似乎增加了喷射混凝土在压缩状态下的延性，其在峰值应力下的应变为 0.42%左右（龄期 28d），而与之相较，素喷射混凝土在峰值应力下的应变则为 0.20%（Brite Euram，1998）。

4）卸载

在单轴压缩试验中，卸载（和再加载）模量要大于初始加载模量（Michelis，1987；Probst，1999），参见图 2.18。Probst（1999）建议将当前的（初始）模量值乘以 1.1～1.5 的系数用以涵盖这一差异，而 Aldrian（1991）所得结果的平均值则为 1.27。在荷载高达峰值应力 70%的情况下，Moussa（1993）发现，卸载后再加载时，应力-应变路径会在卸载时的分离点与初始曲线重新汇合，且持续保持这种状态，就像卸载从未发生过，如同人们

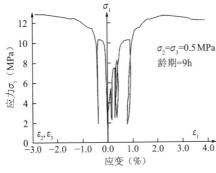

图 2.18　喷射混凝土压缩试验

对混凝土所预期的那样（Chen，1982）。Probst（1999）使用了一种新型试验设备，这种设备不需要脱模，因此可减少对试样的干扰。而其所观察到的特性与 Moussa 在单轴试验中观察到的特性相同，甚至当荷载高达峰值应力的 80%时，也是如此。

5）加载导致的损坏

关于早期加载是否会损坏混凝土这一问题，对永久喷射混凝土衬砌而言非常重要（见第 4.2.5 节）。然而，针对这方面的喷射混凝土研究却少有开展。Moussa（1993）从试验工作中得出的结论是，应力在低于利用系数α，即在当前峰值应力的 70%时，对后期峰值应力无不利影响。他提出了折减系数与高于上述水平的应力之间的线性关系：

$$R_{\mathrm{dfc}} = 2.532(\sigma/f_{\mathrm{ct1}} - 0.69) \tag{2.6}$$

取值范围为 0（$\alpha = 0.69$ 时）～0.78（$\alpha = 1.0$）；式中，$\alpha = \sigma/f_{\mathrm{ct1}}$，$\sigma$ 为施加的应力，且 f_{ct1} 表示加载龄期 t_1 时的单轴强度。然而，试验数据相当分散（Swoboda 等人，1993）。Huber（1991）通过比较徐变试样强度和平行收缩试样强度，发现加载试样强度是卸载试样强度的 80%。徐变试验中的利用系数在 20%～70%之间。Chen（1982）提出，当利用系数超过 75%时，普通混凝土会发生不稳定裂纹扩展。

2.2.5　拉伸状态下的应力-应变关系

第 2.2.2 节中已论述了拉伸状态下无筋混凝土应力-应变特性背后的机理。目

前，常规混凝土在拉伸状态下的试验数据很少，对于早龄期混凝土尤其如此。硬化混凝土单轴试验的应力-应变曲线通常在不超过最大应力的 60%时呈现出线弹性响应（Chen，1982）。随着越来越多的微裂纹出现，线弹性响应将变得越来越弱，直至达到最大应力值。在达到峰值应力后，无筋混凝土的应力将很快下降至零。应力-应变曲线下降段的确切性质主要取决于试验设备的布置（Hannant 等人，1999；Chen，1982）。如前所述，加筋使混凝土即使在开裂时也能承受拉力（参见第 2.2.2 节和图 2.8）。拉应力作用下的部分隧道衬砌的利用系数，有可能比压缩应力区域的利用系数高出许多，这是因为相关抗拉强度要低得多。

浇筑混凝土在极早龄期（即龄期不足 4h）似乎呈现出塑性特性，能承受高达 0.5%甚至 0.5%以上的应变（Hannant 等人，1999）。然而，此极限应变会随龄期的增长而急剧下降，在 5h 龄期时约为 0.05%。

喷射混凝土也呈现出相同特性（图 2.19）。在单轴拉伸试验中，素喷射混凝土和钢纤维喷射混凝土（SFRS）呈现出相似的特性（Brite Euram，1998），并且素混凝土的极限应变在最初几个小时会急剧下降。从图 2.19 中可以看出，纤维的作用是将原本的脆性破坏转化为更具延性的破坏，其中应力-应变曲线会从峰值开始缓慢下降，另见第 2.2.2 节。在钢纤维喷射混凝土梁的弯曲试验中也观察到了类似作用。如果采用配比及类型合适的高强度钢纤维混凝土，甚至可实现变形硬化（ITAtech，2016）。考虑到土-结构的相互作用和隧道衬砌是一种结构性冗余的壳体结构，目前尚不清楚是否需要变形硬化，不过几乎所有迄今为止已施作完成且继续维持良好性能的纤维混凝土衬砌，都使用了变形-软化纤维混凝土（Thomas，2014）。

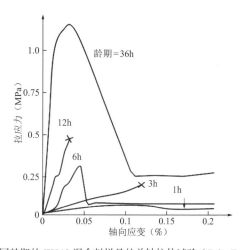

图 2.19　不同龄期的 IK013 混合料样品的单轴拉伸试验（Brite Euram，1998）

无筋混凝土在拉伸状态下的弹性模量也被假定为等于其在压缩状态下的弹性模量。弹性区内的泊松比在拉伸状态下与在压缩状态下相同。

2.2.6 收缩和温度效应

以下各节将涵盖导致喷射混凝土衬砌中产生应变的各种形式的收缩（塑性收缩、自收缩、干燥收缩和碳化收缩）和温度效应。

1）收缩

（1）塑性收缩

塑性收缩是指在混凝土仍处于塑性状态时，因水分蒸发或被邻近干土或既有混凝土吸水，致使新鲜混凝土表面失水后所引起的收缩（Neville，1995）。如果失水量超过以渗出方式带至表面的水量，表面就可能出现裂纹。塑性收缩会随蒸发量、水泥含量和水灰比的增加而加剧，并随渗出趋势的下降而减缓。24h后的典型（线性）收缩值为 0.2%，水泥含量为 400kg/m^3，大气温度为 20℃，相对湿度为 50%，空气流速为 1.0m/s（Neville，1995）。

（2）塑性沉降

塑性沉降也发生在混凝土浇筑后的最初几小时，所以有时会把塑性沉降与塑性收缩混淆。塑性沉降是由混凝土受阻（如大的骨料或加筋）产生的差异沉降所致（Neville，1995）。塑性收缩是干燥收缩的早期阶段（见后文），发生在混凝土仍处于塑性状态时。影响塑性沉降的两个关键因素是压实度和混凝土的浇筑速度。就喷射混凝土而言，隧道拱顶的喷射混凝土自喷射之时起就承受自身重量产生的荷载。这代表了喷射混凝土的某些最极端情况。由于是垂直喷射，因此拱顶内的压实度最小。而与基面的黏结则主要取决于基面的处理情况和喷射混凝土的早期强度增长情况，后者还将制约后续喷射混凝土层之间的黏结力。如果上述特性中的某一特性未能达到要求，或喷射混凝土喷层太厚，那么喷射混凝土团块就会下垂，或直接从衬砌上脱落。加筋将有助于防止沉降，但是这就意味着喷射混凝土是悬于钢筋上的，有可能导致塑性沉降裂缝。

（3）自收缩

自收缩发生在混凝土与外界无水分交换时。在水化过程中，毛细孔隙中的水将被吸出。这种自收缩会导致水泥基质收缩。一个月后的典型自收缩值为 0.004%，即比塑性收缩小一个数量级（Neville，1995）。由于喷射混凝土的水化速度更快且水泥含量高，所以其自收缩的量级有可能更大。

（4）干燥收缩

干燥收缩发生在硬化水泥浆中的水流失到空气中时❶。最早流失的是大空隙和毛细孔隙中的水，这不会导致收缩。然而，当硬化水泥浆中的吸附水被移除时，收缩就会发生。喷射混凝土的组分及其养护意味着喷射混凝土有可能比类似强度的现浇混凝土收缩更大。

从混凝土组分来看，干燥收缩主要随水泥含量的增加、骨料数量的减少以及骨料刚度的降低而增大（Neville，1995）。其原因在于硬化水泥浆量的增加以及骨料的约束作用下降。大多数天然骨料本身并不收缩，但是混凝土的收缩的确会因所用骨料的不同而有很大差异。实际的级配曲线除通过改变水泥和骨料的相对比例而产生间接影响外，几乎没有其他影响（Powers，1959）。水灰比也无直接影响，但增加水灰比会导致骨料比例降低。虽然石膏含量低的水泥往往比普通水泥收缩更大，但水泥类型对收缩的影响通常很小。更准确地说，每种水泥都有最佳的石膏含量，该含量可使收缩减至最小限度（Powers，1959）。石膏含量低也意味着反应快速，于是就会产生不同的凝胶构造和孔隙度。这表明，快速反应的喷射混凝土混合料，特别是用干拌"喷射水泥"制成的混合料，将会产生具有高收缩性和收缩裂缝的喷射混凝土。另一方面，研究表明，尽管硫铝酸钙水泥的强度增长速度非常地快，但其表现出的收缩量与普通喷射混凝土表现出的收缩量相似。水泥细度也影响收缩，因为细度增加将导致对收缩起约束作用的大颗粒的数量减少（Powers，1959）。众所周知，硅灰、粉煤灰和粒化高炉矿渣能增加收缩，且通常都被用于喷射混凝土中。虽然人们认为外加剂本身不会导致额外收缩，但增塑剂和其他减水剂的使用意味着混合料中的水泥含量较高，故收缩更大。研究发现，纤维，尤其是微聚丙烯纤维能减少喷射混凝土的收缩（Morgan 等人，2017）。

如果从养护和隧道环境来看，人们就会认为任何减少混凝土水分损失的措施都会减少干燥收缩。在极端情况下，水下保存的混凝土实际上会膨胀而不会收缩。干燥收缩随着相对湿度的降低将显著增加。在相对湿度为40%时的收缩会比相对湿度为80%时的收缩大三倍。不过，混凝土受一系列相互矛盾的因素影响。例如，长时间的湿润养护虽会降低干燥程度，但也会减少可用于约束收缩的未水化水泥的量（Neville，1995）。养护好的混凝土收缩更快，并且由于其更为成熟，徐变能力将大幅下降。这也就会使减少收缩所致应力的能力下降。但另一方面，混凝土越成熟，其强度就越高。

---

❶ 塑性收缩（参见前文）是指混凝土仍然处于塑性状态时发生的早期干燥收缩。

通风的影响取决于混凝土中水分的迁移速度。在早期阶段，增加通风可能会使收缩增加（Kuwajima，1999）。在晚龄期，蒸发速度比混凝土中的水分迁移速度快很多，所以增加通风的影响就会小很多。就隧道而言，空气的流动源自隧道通风，并且可能在本质上具有高度的局部性，这是由于强制通风是通过各种通风管道提供的。通常，在温带气候下，隧道中的相对湿度约为50%（也可能更高），且温度保持相对恒定，范围在12~24℃之间，具体温度取决于一年中的时节。来自通风管道的气流会使邻近管道的喷射混凝土变干。温度为25℃（气温为20℃，相对湿度为50%）的混凝土，因受速度为10km/h（2.8m/s）的气流影响而干燥时，混凝土的失水量约为0.5kg/($m^2·h$)（图2.20）。若没有气流，则混凝土的失水量约为0.15kg/($m^2·h$)。从图2.20可以看出，鉴于通风管道末端的局部风速较高（大约20km/h）、初始水化期间喷射混凝土的温度较高（通常为30~45℃）且表面积较大，在水化早期阶段（邻近通风管道的区域）就可能会有大量水分损失（Oberdörfer，1996）。尽管如此，管道出口处最容易受影响的区域仅占整个衬砌表面的一小部分。炎热气候下的收缩问题会更加严重。

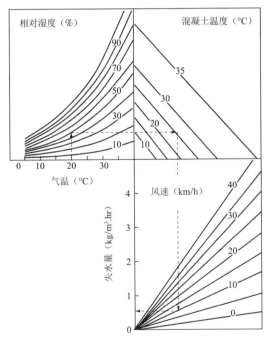

图2.20 混凝土失水量（Oberdörfer，1996）

此外，针对喷射混凝土收缩的试验已得出一些相互矛盾的结果。有研究者发现，增加通风虽会增加收缩速度，但也会减小总收缩量级（Cornejo-Malm，1995）。收缩量级取决于被除去的水的来源，即毛细孔隙中的"自由"水和胶体孔隙中的"吸附"水，而水的来源又取决于初始水灰比、水化度和骨料的孔隙度（Powers，1959）。收缩和养护的影响也主要取决于混凝土层的厚度（Ansell，2011）。

干燥收缩将持续多年，尽管收缩速度会大幅降低。通常，第一个月内的收缩量仅为总收缩量的 20%～50%，第一年内的收缩量则约为总收缩量的 80%（Neville，1995）。

（5）养护

对于混凝土的适当水化来说，防止失水是十分重要。尽管混凝土的湿润养护通常规定在施工后要持续 4～7d，但这在隧道中很难做到。普遍认为，隧道施工期间用防渗板或湿垫覆盖混凝土是不切实际的。与此类似，喷水法也不受承包商青睐，不过这可说是一个简单易行的方法。复合养护剂可以用在混凝土外表面或作为特殊添加剂用于混凝土中。外部使用的养护剂在混凝土附加层浇筑或喷射前必须去除，以确保黏结力不受损。

（6）碳化收缩

碳化收缩出现在混凝土表层。空气中的二氧化碳形成碳酸后，碳酸将与硬化水泥浆中各种水合物特别是氢氧化钙产生反应。因此，碳化收缩是不可逆的。碳化速度会随碳化深度的增加而降低，这是因为二氧化碳必须进一步渗透，并且碳化产物会降低混凝土的孔隙度（Blasen，1998）。碳化在中等相对湿度水平，即 50%～75% 时最大，这是由于缺水和饱和都会减缓碳化过程。尽管隧道内的二氧化碳水平可能会因建筑工程车辆的使用而高于正常水平，但事实是碳化与干燥同时发生，这可能会在总体上减少碳化对收缩的促成作用，因为碳化要在相对湿度非常高的时候才会发生。典型的碳化深度值在 6 个月后达到 2～3mm（Oberdörfer，1996），而在较老的隧道中（如从已使用长达 15 年的公路隧道中所获取的试样来看），典型值则一般小于 15mm（Hagelia，2018）。环境因素也可能使碳化深度增加。例如，在公路隧道中，空气里二氧化碳的浓度会更高。

2）温度效应

在最初几天，由于水化热和后续冷却的作用，隧道衬砌会发生因温度变化而导致的膨胀和收缩。现浇混凝土的热膨胀系数很大程度上取决于水泥与骨料的膨胀系数和它们在混合料中的比例。成熟混凝土的典型热膨胀系数为 4×

$10^{-6} \sim 14 \times 10^{-6} °C^{-1}$（Neville，1995；ACI 209R，1992），且各种规范中常假设取平均值 $10 \times 10^{-6} °C$（DIN 1045，1988；ACI 209R，1992）。类似的数值也被建议用于喷射混凝土（表 2.4），但喷射混凝土的热膨胀系数可能会随龄期而变化。据 Laplante 与 Boulay（1994）所述，从 8.4h 龄期到 16.4h 龄期，热膨胀系数从 $21 \times 10^{-6} °C^{-1}$ 降到了 $12 \times 10^{-6}/°C^{-1}$。在此之后，热膨胀系数就会保持恒定。

喷射混凝土衬砌中温度的典型曲线可参阅 Kusterle（1992）、Fischnaller（1992）以及 Hellmich 和 Mang（1999）的论述。图 2.21 给出了压力计温度传感器的读数，并显示了温度如何随时间先上升而后再下降。正如预期的那样，最大温升主要取决于喷射混凝土层的厚度（表 2.8）、混合料的初始温度以及水化速度。对于干喷混凝土，峰值温升出现在喷射后 7～10h；而对于湿喷混凝土，峰值温升出现的时间则稍晚，是在喷射后 10～15h（Cornejo-Malm，1995）。通常，最高温度位于衬砌中心线和拱背线之间，取值范围为 28～45℃（即比环境温度高 10～25℃）。Fischnaller（1992）认为湿喷混凝土产生的温升更高，而 Cornejo-Malm（1995）则引用了较低的温升数据，认为湿喷和干喷产生的温升相似。一般而言，在 48h 后，最大温升（高于环境温度）就已降至不足峰值温升的 20%～30%（Kusterle，1992）。考虑到高温的这种短期特性，普遍认为这种高温不会对混凝土自身强度产生不利影响（另见第 2.2.1 节）。

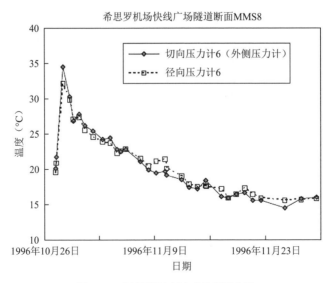

图 2.21　喷射混凝土衬砌中的温度曲线

表 2.8 喷射混凝土衬砌中的最大温升（Kusterle，1992）

衬砌厚度（mm）	最大温升（°C）
50~100	6~9
100~150	10~15
300	25

假设热膨胀系数为 $10 \times 10^{-6} °C^{-1}$，温升为 20°C，那么，对于受到完全约束的混凝土试样，水化热就会导致 0.02% 的最大压缩线性应变。当混凝土冷却时，在接下来的 48h 内将收缩 0.02%。最初的膨胀趋势往往不会引起太大的压应力（因为弹性模量依然很小，徐变率很高），而收缩却会在轻微承载的衬砌中导致显著的拉应力。尽管均匀环的收缩不会引起拉应力，但喷射混凝土衬砌是由一系列不同龄期的混凝土板组成。因此，可能会产生不均匀收缩和局部约束。但是，由于衬砌中的混凝土未受到完全约束，收缩的影响也就可能很小。

3）收缩和温度效应引起的开裂

最有可能发生开裂的极早龄期、隧道内条件的变化（如拱顶的通风管道、用开挖料覆盖的仰拱）、水化热以及来自围岩的水分迁移，都会使对收缩所致开裂的预测变得更加复杂。事实上，已有学者称来自围岩的水的确会导致仰拱膨胀，且通常会引起收缩减少（Kuwajima，1999）。Golser 等人（1989）则称，隧道衬砌的收缩在拱顶处最大，轴线高程处的收缩要比拱顶处的收缩小 50%，而仰拱处的收缩则可忽略不计。拉应力的徐变（由收缩或弯矩导致）可能会导致额外的开裂（Negro 等人，1998），尽管引用的案例研究也许无法代表隧道中的普遍情况。隧道衬砌薄壳的温度升至峰值以及下降的速度虽然比底板等的温度升降速度快很多，后者可能需要数周才能恢复到环境温度（Eierle 与 Schikora，1999），但喷射混凝土的刚度却比普通混凝土的刚度增长得更快，因此，相应地就会产生收缩所致应力超过混凝土抗拉强度的风险。此外，有人还提出混凝土刚度的增长比强度的增长更快（Eierle 与 Schikora，1999；Chang，1994）。湿喷混凝土 100d 后的典型收缩值为 0.10%~0.12%，而干喷混凝土 180d 后的典型收缩值则为 0.06%~0.08%（Cornejo-Malm，1995）。考虑到隧道衬砌中混凝土未受到完全约束，导致开裂的就应该是体积变化的不均匀性，而非仅仅是收缩的量级。

根据一些试验证据，加筋对收缩的总体约束相当小。纤维喷射混凝土（加入低等至中等掺量的聚丙烯纤维和钢纤维）的单轴收缩应变在 300h 后仅比普通喷射混凝土的小 8%，而 0.39%（按面积计）的钢筋则可将收缩应变减少 16%（Ding，1998）。添加纤维可能会使孔隙度增加（Chang，1994；Ding，1998；Brite Euram，1998），导致纤维掺量越高（60kg/m³ 或更多），产生的收缩和徐变就越大（Ding，1998）。

2.2.7 徐变

1）理论与机理

徐变是指在持续应力作用下应变随时间增长的现象，而松弛则是指恒定应变条件下的试样中应力随时间减小的现象（Neville 等人，1983）。松弛有时也被称为徐变，在本书中，除非另有说明，否则与徐变相关的论述均可被视为同样适用于松弛。在讨论徐变时，通常使用术语"徐变度（或单位徐变）"。徐变度是单位应力的徐变应变（一般采用的单位为 10^{-6}/MPa）。

徐变可根据水分迁移情况划分为两部分。其中，"基本徐变"是在试样与外界无水分交换的条件下（即温度平衡条件下）发生的徐变。"干燥徐变"则是附加徐变，发生在试样干燥期间。总徐变是基本徐变和干燥徐变之和。此外，徐变还可划分为可逆部分和不可逆部分（参见图 2.22 和 England 与 Illston，1965）。在卸载时，除了发生瞬时弹性恢复外，还将有一部分徐变逐渐恢复。尽管这部分徐变与变化的应力条件有关，但如果卸载没有发生，就可忽视这部分徐变。总之，喷射混凝土的试验证据表明，在长时间（即超过 7d）承载的试样中，可逆（黏弹性）徐变在总应变中的比例非常小（通常小于 10%），参见图 2.23（Huber，1991；Abler，1992；Fischnaller，1992；Ding，1998；Probst，1999）。

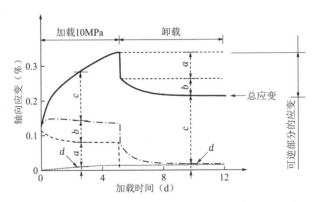

图 2.22 基于流速法的应变分解（根据 Golser 等人，1989）
a-弹性响应；*b*-延迟弹性响应；*c*-不可逆徐变；*d*-收缩

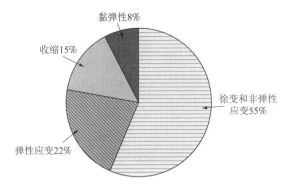

图 2.23 徐变试验中的应变组成（Ding，1998）

尽管人们已认识到徐变的起因源自水泥浆内，但还尚不完全清楚徐变背后的机理。收缩和徐变通常被认为是独立的，且用到了简单的应变叠加。但实际上，收缩和徐变可能并不是独立的，因为两者都与水分在混凝土内部以及从混凝土内部向外部的迁移有关（Neville 等人，1983）。在干燥徐变的情况下，显然水分从混凝土内部向外部的迁移起了作用，而且在实践中，可能很难将其与干燥收缩所致应变区分开来❶。在基本徐变情况下，水泥浆吸附层中的水分向内部孔隙的迁移可能是导致徐变的原因。徐变随孔隙度增加而增加的实际情况也似乎可以支持这一理论（Neville，1995）。然而，徐变主要呈现出的不可逆性则可能表明，凝胶颗粒的黏性运动以及在较小程度上（应力较高时）的微裂纹可能也起着重要作用。与收缩一样，徐变发生在较长的时间段内，常规混凝土第一年内发生的徐变为最终徐变应变量级的 60%～70%（Neville，1995），而一年后的徐变应变则通常是弹性应变量级的 2～3 倍。❷

混凝土在单轴拉伸状态下的徐变似乎比在压缩状态下的徐变高出 20%～30%，但关于这方面的研究还相对较少，且其中一些研究结果是相互矛盾的（Neville 等人，1983）。在为撰写本书而开展研究的过程中，尚未发现任何针对喷射混凝土拉伸徐变的研究。拉伸徐变可降低不均匀收缩导致开裂的风险。压缩徐变则可减小水化期间由热膨胀引起的压应力，并由此增加在冷却时形成拉应力的风险。

除非应力低于强度的一半，否则当徐变应变发生在侧向膨胀方向时，单轴试验中的侧向徐变将产生增加表观泊松比（徐变泊松比）的作用（Neville，1995）。较低应力下的泊松比与一般情况下的泊松比相同（即约为 0.20）。然而，

---

❶ 徐变是施加荷载所致随时间变化的应变；收缩是与施加荷载无关的随时间变化的应变。
❷ 根据 BS 8110 Part 2（1985）图 7.1 中的估算，假设相对湿度为 50%，加载时的龄期为 1d，有效截面深度为 300mm。Eurocode 2（2004）图 3.1 则表明徐变应变约为弹性应变的 3～5 倍。

喷射混凝土单轴压缩试验得到的试验结果差异极大，为 $\nu = 0.11\sim0.5$（Golser 与 Kienberger，1997；Rathmair，1997）。但即便如此，至少也可以说徐变的作用是整体上使体积减小。在多轴应力作用下，表观泊松比通常较低，为 0.09～0.17，而且即使是在围压压缩作用下也会产生相当大的徐变（Neville，1995）。特定方向上因应力而产生的徐变应变与其他两个法线方向上徐变应变的泊松比效应的简单叠加不太可能成立（Neville，1995；Mosser，1993），但在隧道衬砌中，由于以双轴应力状态为主，因此任何误差都可能很小。

2）材料特性的影响因素

混凝土和喷射混凝土的徐变同样随相对湿度的降低（即干燥程度的增加）、水泥含量的增加、应力的增加以及强度的降低而增加（Neville 等人，1983；Huber，1991；Fischnaller，1992）。后两个因素解释了为何在早龄期施加的恒定应力作用下，水化作用越慢的混凝土，其徐变越大（因为应力强度比更高）。然而，如果考虑的是具有相同应力强度比的混凝土，则水化作用越慢的混凝土，其徐变越小（因为所施加的应力量级更小）。在单轴压缩情况下，不超过单轴强度的 40%（Pöttler，1990；Huber，1991；Aldrian，1991）时，徐变与低应力下施加的应力成正比。超过此应力水平时，通常认为徐变会以越来越快的速度增长。在极高应力下，即 $>80\%f_{cu}$（Abler，1992），徐变最终会导致破坏，即所谓的"第三期"徐变（Jaeger 与 Cook，1979）。

在早龄期进行加载时，由于强度相对较低，徐变明显更大且徐变率明显更高。Byfors（1980）发现，对于素混凝土，试样在 10h 龄期进行加载时的徐变应变，可能是其在 28d 龄期进行加载时的徐变应变的 50 倍。而在 8d 龄期进行加载的试样，其徐变则可能比在 28d 龄期进行加载的类似试样的徐变大 25%（Huber，1991）。这对于喷射混凝土衬砌隧道极其重要，因为衬砌从其形成那一刻起就开始承受荷载。另一方面，喷射混凝土还具有强度增长较快的特点，因此在 24h 或 48h 后，其徐变特性就相对接近于更大龄期时的徐变特性（Kuwajima，1999）。

徐变也受混合料中骨料的影响，因为骨料具有约束徐变的作用。通过增加骨料的比例可降低徐变量级，但在普通混合料的骨料比例范围内，骨料的影响很小。如果采用刚度更大的骨料，徐变将会减少。

其他混合料参数（如水灰比、水泥类型）似乎也会影响徐变，但仅限于在这些参数能对强度及强度随时间的增长产生影响时（Neville 等人，1983）。因此，所用水泥或水泥替代物的类型本身似乎并不会影响（基本）徐变特性，不过其对强度增长速率的影响却将影响到徐变。降低孔隙度的水泥替代物（如硅灰），由于能限制水分迁移，也就很可能减少干燥徐变。

还有另外一些影响徐变的因素，比如混凝土徐变会随温度增加而增加（ACI 209R，1992），但对于大多数隧道衬砌而言，由于水化引起的温升较小且持续时间较短，这种温度效应或许可以忽略不计。然而在岩石环境温度相对较高的深埋隧道中，可能就不应忽略温度效应。而徐变还会随试样尺寸的增大而减少，这是因为试样尺寸会影响干燥（ACI 209R，1992；Huber，1991）。有些试验证据表明，加筋（钢筋和纤维）会使徐变减少（图2.24；Ding，1998；Plizzari 与 Serna，2018）。这大概是由加筋的约束效应导致。通常，20kg/m³ 的钢纤维（含钢量为0.21%，按体积计）和0.39%的钢筋引起的徐变量级的缩减量是相同的，即与素混凝土相比在180h后减少约25%（Ding，1998）。

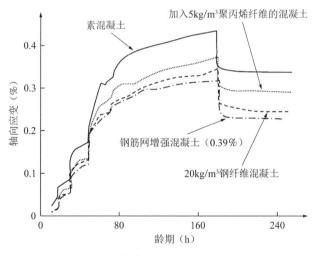

图 2.24　徐变试验（Ding，1998）

由于纤维的分布特性，纤维比钢筋产生的效果更好。同样，Plizzari 与 Serna（2018）称，在一项研究中，同时使用钢筋和纤维的梁，其徐变试验的表现要好于仅使用钢筋的梁。该研究中的粗合成纤维和钢纤维表现同等出色。类似地，在另一项详细研究中，一年的徐变加载期内，并未观察到分别采用钢纤维、粗合成纤维和焊接钢丝网的喷射混凝土之间存在实质性差异（Larive 等人，2016）。然而，尽管如此，钢纤维喷射混凝土本身却能表现出相当大的徐变潜势，据 MacKay 与 Trottier（2004）研究表明，其一年后的徐变系数为3~6（取决于加载程度）。粗合成纤维则具有更高的徐变能力，采用粗合成纤维的喷射混凝土，其徐变系数可以是钢纤维喷射混凝土的 2 倍（Bernard，2004a；MacKay 与 Trottier，2004；Bernard，2010）。Kaufmann 等人（2012）称，在使用粗合成纤维进行的梁试验中，徐变值较低（即徐变系数 < 3），并且即使在高达 60% 的利用系数下，仍有稳定变形的趋势。设计中徐变的相关性在很大程度上取决于隧道的具体情况，纤维的徐变性能取决于混凝土基质、纤维本身和加载程度等多种因素。

2.2.8 性能随环境条件的变化

前面已探讨了隧道内相对湿度对收缩与徐变的影响以及温度对强度增长与徐变的影响。而气压、实施过程的影响因素（包括养护和喷射）以及衬砌上的荷载（包括火灾等例外事件）则是影响材料特性的其他主要环境因素。

由于几起引人注目的隧道火灾事件（Bolton，1999；Bolton 与 Jones，1999），隧道衬砌的耐火性受到密切关注。过去，人们将喷射混凝土用作隧道的防火层（Kompen，1990）。然而，隧道内的火灾荷载往往相当严重（Varley 与 Both，1999）。除非采取预防措施，否则在大多数常规喷射混凝土或管片衬砌中，都有可能出现由混凝土内部水分聚集或混凝土内不均匀膨胀导致的爆炸剥落。尽管喷射混凝土的密度比管片衬砌所用混凝土的密度小，但喷射混凝土可能具有更高的热膨胀系数，因此其性能未必会优于常规混凝土。最坏的情况下，整个衬砌厚度都会遭到破坏。一种应对措施则是向混凝土混合料中添加小型单丝聚丙烯纤维。在火灾期间，聚丙烯纤维将会熔化，其所形成的毛细孔将给混凝土中的水分提供逸出通道，从而避免剥落。Winterberg 与 Dietze（2004）在其著作中对喷射混凝土被动防火措施的最新进展做了很全面的论述。

动态特性很少受到关注。隧道的抗震设计将在第 6.8.1 节中讨论，爆破效应则将在第 3.3.2 节中讨论。尽管有人可能注意到钢纤维混凝土在循环荷载作用下的性能要远优于素混凝土，但由于喷射混凝土隧道衬砌通常不承受循环荷载，疲劳也就无关紧要（Vandewalle 等人，1998）。纤维在循环荷载作用下与钢筋配合良好，可用来减少用钢量（Bernard，2016）。循环荷载适用于铁路隧道中的喷射混凝土衬砌，因为此类衬砌会形成永久衬砌，并与道床紧密接触，或会受到列车高速通过时活塞效应所致空气压力变化的影响（参见下文关于空气压力的论述）。

喷射混凝土很少用于压缩空气隧道掘进。现有一些证据表明，透过喷射混凝土衬砌将损失大量空气（Strobl，1991）。相关研究聚焦于测量喷射混凝土衬砌的透气性，以便更准确地估计空气损失和供气需求以及表面沉降（Kammerer 与 Semprich，1999），同时也聚焦于压缩空气下施工的数值模拟（Hofstetter 等人，1999），另见第 6.8.7 节。

喷射混凝土衬砌隧道也可能受到高速列车通过隧道时活塞效应所致空气压力变化的影响。尽管 Holter（2015b）指出这种效应的荷载值高达 10kPa，但其取值范围一般为±1～4kPa。只要喷射混凝土与基面之间有足够的黏结力，衬砌就不会受到任何损坏。由于这些荷载比典型黏结强度小 100 倍，因此在大多数情况下可忽略此类加载。如果不是这种情况，就可能需要采取额外措施将衬砌固定在基岩上（Holmgren，2004）。

2.2.9 耐久性、施工缺陷与维护

1）耐久性概述

耐久性对于永久喷射混凝土衬砌至关重要（参见第 4.2.4 节）。在采用此种衬砌的情况下，通常规定的设计寿命为 50 至 100 年或更长。这里首先要强调的一点是，喷射混凝土本身也是混凝土。比如说，关于最佳配合比设计的常规标准和指南，同样能够且应该用于永久喷射混凝土。虽然喷射混凝土的压实方法有所不同，水化速度得到加快，但从根本上来说它仍是混凝土。

衬砌的耐久性取决于环境（内部和外部）的侵蚀性、暴露于降解作用的持续时间以及衬砌自身对这些侵蚀的抵抗力。就喷射混凝土本身而言，其寿命可能会在三个方面受到影响（Boniface 与 Morgan，2009）：

- 隧道的设计（例如，尽量减少早期加载和开裂）。
- 混凝土配合比设计（考虑每种成分的物理和化学特性），以应对喷射混凝土将要面临的化学和物理暴露条件的需求。
- 现浇喷射混凝土的实际物理（和化学）性能（尤其可能受到工艺、设备和质量控制的影响）。

设计方面的问题将在第 4 章和第 6 章中探讨，第 6.9 节概述了喷射混凝土最佳规格的样例，而第 7 章则描述了施工质量控制。在混凝土配合比中使用优质成分对于取得良好的耐久性至关重要。

需要考虑的基本问题是：

- 喷射混凝土能否在其设计寿命内保持承载能力？
- 衬砌能否在其寿命内满足所需防水要求？

鉴于上述问题，具体需要关注的焦点就集中在水化成分的稳定性（在化学或物理侵蚀下）、产品膨胀造成的损坏（例如碱硅反应）、钢筋的易腐蚀程度（主

要取决于有害化学物质的进入）以及由于早期承受荷载可能引起的混凝土结构破坏（参见第 2.2.4 节）等方面。根据防水系统（参见第 4.2 节）的具体情况，喷射混凝土固有的防渗性也可能成为需要关注的焦点。以下各部分仅涵盖喷射混凝土相较于普通混凝土在上述与耐久性相关的各个方面存在的差异。

2）保持承受设计荷载的能力

就混凝土长期稳定性需要关注的第一个焦点而言，普遍认为，从长期来看，最新的外加剂和速凝剂并不会对喷射混凝土产生任何有害影响（例如 Myrdal，2011；Hagelia，2018），不过就作者所知，无论是使用岩相检验还是加速老化试验，针对这方面的专门研究还不多。据 Melbye（2005）报道，在试验中发现，速凝喷射混凝土的水化产物和常规（耐久）混凝土的水化产物相似。而且，这两种混凝土具有类似的微裂纹模式。虽然喷射混凝土最初显示出更多的微裂纹，这可能是由于热效应产生的，但随着时间发展，通过压缩徐变和自愈合以及诸如硅灰和微聚丙烯纤维等外加物的有益作用，这些微裂纹会有所减少。

在喷射混凝土的抗硫酸盐侵蚀性方面，人们提出了担忧（Myrdal，2011）。一些试验成果表明，无碱速凝剂会产生不利影响（Spirig，2004），但尽管如此，在 100d 龄期吸收的 SO_3 水平仍介于 0.69%～2.10%之间，远低于 3.00%的建议限值（Lukas 等人，1998；Atzwanger，1999）。CEM III（抗硫酸盐侵蚀）水泥由于反应性不强，因此一般不被用于喷射混凝土（Garshol，2002）。采用低水灰比的 CEM I 水泥和硅灰进行良好的配合比设计，可生产出具有高抗硫酸盐侵蚀性的喷射混凝土（Garshol，2002；Kaufmann 等人，2018）。

可将一般规则用于碱-硅酸反应。喷射混凝土中的一些外加剂本身可能含碱。通常，相关规范规定，总体上硅灰的碱含量（以 Na_2O 当量表示）不得超过 2%，速凝剂的碱含量应低于 1%（按 Na_2O 当量重量计）。

关于早龄期加载，ÖBV（1998）提醒道，如果喷射混凝土承受的荷载超过其强度的 80%，就会出现渐进徐变，混凝土将会受损，另见第 2.2.4 节和第 2.2.7 节。如果将衬砌设计为永久工程的一部分，则安全系数将保证荷载远低于此荷载水平。

除配合比设计中涉及的标准试验外，还可通过检查喷射混凝土的渗透性[通常必须小于 1×10^{-12} m/s（Watson 等人，1999）]、氧和氯化物的扩散情况、抗冻融性、抗硫酸盐侵蚀性和碳化进展来评估其耐久性。显然，其中一些试验更多的是为了检查混凝土中预埋钢材的耐久性，而非混凝土本身的耐久性。根据德国标准 DIN 1048（1991），还可通过渗透试验来评估透水性。渗透深度小于

50mm 说明混凝土质量好、"不透水"。

大量来自 Brite Euram 项目的结果显示，平均透水率为 $0.5 \times 10^{-12} \sim 4.5 \times 10^{-12}$ m/s，氧气扩散系数为 $1.79 \times 10^{-9} \sim 14.2 \times 10^{-9}$ m/s，氯化物扩散系数为 $1.57 \times 10^{-12} \sim 9.21 \times 10^{-12}$ m/s。整体评价是，喷射混凝土可以实现与类似的传统浇筑混凝土一样好的耐久性（Brite Euram，1998；Norris，1999），参见图 2.25。Holter 与 Geving（2016）使用来自实际隧道工程的试样，测出了相近的透水率数值，范围在 $0.3 \times 10^{-12} \sim 33 \times 10^{-12}$ m/s 之间，而水蒸气渗透率测量值的范围则在 $1.7 \times 10^{-12} \sim 2.2 \times 10^{-12}$ m/s 之间。渗水深度通常介于 14～25mm 之间（也是就说完全在 50mm 的限值之内）（Röthlisberger，1996；Hauck 等人，2011）。在一项单独的研究中，Yun 等人（2014）发布了相近的氯化物扩散系数，范围在 $4.1 \times 10^{-12} \sim 20.0 \times 10^{-12}$ m/s 之间。他们还将快速氯化物渗透试验的结果转换成扩散系数，并发现结果虽然更高，但也在一个相近的范围内。此外，他们还证实水泥替代物（除粉煤灰外）可大幅提高氯化物扩散系数。在任何情况下，基础混凝土外加剂均不得含有氯化物，只有这样才能确保混凝土中氯化物的比例不会超过标准规定的限值（如 EN 206 规定氯化物比例通常为 0.2%～0.4%）。

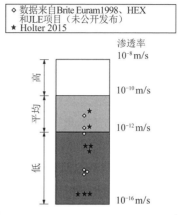

图 2.25 Concrete Society Technical Report 31（1988）规定的喷射混凝土渗透率与分类

同样地，有研究发现，碳化深度也符合要求，通常在 6 个月后为 2～3mm（Oberdörfer，1996），而在较老的隧道中（例如，在已使用了长达 15 年的公路隧道试样中）则一般小于 15mm（Nordstrom，2016；Hagelia，2018）。

然而，人们可能会注意到，试样通常是在比隧道内更有利的环境中储存和养护。而相关养护措施在隧道工程现场少有采用，因为这会减缓隧道施工进度。由此，人们就认为喷射混凝土的质量在实际工程中会有所降低。不过尽管如此，试验数据仍表明，不太有利的养护条件和干燥对喷射混凝土的不利影响是有限的（Hefti，1988；Cornejo-Malm，1995；Oberdörfer，1996；Bernard 与 Clements，2001）。收缩达到何种程度以及养护能带来何种好处，在很大程度上取决于衬砌的厚度，尤其是对较薄的衬砌而言（Ansell，2011）。因此，加强养护所带来的好处，并不能作为增加工程成本和干扰工程进度的正当理由。使用硅灰等外加剂，可能是改善耐久性的更具成本效益的方法。

喷射混凝土可以具有良好的抗冻融损坏性能，参见第 6.8.8 节。Myren 与 Bjontegaard（2014）发布了缩放试验的结果，尽管纤维喷射混凝土（包括钢纤维和粗合成纤维）具有明显的可接受空气含量（即 > 3%）和极高的强度（即 > 65MPa），但其在试验中表现的性能并不佳。这可能是由于使用了 3%的氯化钠溶液而非纯水。尽管如此，他们重申了这样的观点：在实践中，隧道内的喷射混凝土具有良好的抗冻融损坏性能。

至于实际隧道工程良好耐久性方面的证据，可将挪威公路隧道作为最佳数据来源之一，因为挪威公路隧道使用永久喷射混凝土的历史很长并且开展了广泛调研。Hagelia（2018）在欧洲规范暴露等级的框架内，对"现代"隧道（即年龄小于 25 年）在这些方面的研究结果做了出色的总结。他对每个等级的纤维喷射混凝土的最小厚度提出了建议，同时也指出了以下实际情况：相关数据仅涵盖了典型设计寿命的四分之一，并且挪威的围岩条件较好，因此大多数衬砌承受的荷载较轻。总的来说，喷射混凝土衬砌具有良好的性能，甚至在一些受到化学侵蚀的情况下（如海底隧道的生物膜侵蚀或明矾页岩的酸侵蚀）也是如此。

3）钢筋的耐久性

如前所述，在喷射混凝土衬砌隧道中经常会使用数层钢筋和钢筋网。由于喷射混凝土必须通过钢筋网进行喷射，因此很难实现其表面完全覆盖（Podjadtke，1998）。喷射混凝土从钢筋上回弹下来，在钢筋后面留下"阴影"（图 2.9）。这不仅减少了钢筋网的黏结长度，而且还在水透过衬砌时为钢筋腐蚀提供了理想位置。对于直径小于或等于 16mm 的钢筋，可实现良好的覆盖（Fischer 与 Hofmann，2015），另见第 3.4.4 节。虽然钢筋的横向间距显得没有那么至关重要，但实际间距最小值仍约为 100mm。此外，也可使用玻璃纤维聚合物（GFRP）钢筋作为耐腐蚀解决方案。

采用钢纤维通常被认为是应对腐蚀问题的解决方案，这是因为钢纤维不同于钢筋，没有产生"阴影"的风险。不过，实际上仍存在较小的风险，即在混凝土开裂时，连接裂缝的纤维会暴露出来。如果混凝土本身发生腐蚀（例如由硫酸盐侵蚀导致），那么纤维也可能受到腐蚀的副效应影响（Hagelia，2018）。纤维的腐蚀虽不会造成剥落，但会降低承载能力。多位研究者已研究了在不同暴露条件下钢纤维混凝土与结构性粗合成纤维混凝土的开裂试样，似乎得出了这样的结论：只要裂缝较窄（即在侵蚀性较小或仅具有轻微侵蚀性的环境中宽度小于 0.15～0.20mm 的裂缝，以及在侵蚀性非常大的环境中宽度小于 0.1mm 的裂缝），钢纤维的承载能力损失就可能较小（AFTES，2013；ITAtech，2016；Nordstrom，2016），而在更窄的裂缝内由于可能发生自愈合，因此承载能力的损失可能并不太大。如果不是上述情况，则承载能力的损失就会很大（Kaufmann 与 Manser，2013）。

此外，脆化可能会加剧承载能力的降低（参见第 2.2.2 节）。在这个过程中，随着混凝土强度的增加，钢纤维会有绷断（脆性破坏）而非被拔出（延性破坏）的趋势（Bernard，2004b；Bjontegaard 等人，2014），除非使用了高强度钢（例如 f_y > 1500N/mm^2）（ITAtech，2016）或优化的混凝土配合比。而粗合成纤维的性能要更好，几乎没有显示劣化迹象（Bernard，2004b；Kaufmann 与 Manser，2013；Bjontegaard 等人，2014；Bjontegaard 等人，2018）。

如前所述，根据挪威隧道的实践经验，挪威钢纤维永久喷射混凝土衬砌的最小厚度在良性条件下至少设定为 80mm，在侵蚀性环境下则至少设定为 100mm（Hagelia，2018；表 2.9）。更普遍的情况是，在设计中可通过限制衬砌内的拉应力来限制裂缝宽度。宽度小于 0.3mm 的裂缝可随时间推移因发生自愈合而闭合，并且值得注意的是，纤维混凝土的裂缝往往比钢筋混凝土的裂缝更加曲折（即所谓的"裂缝分支"），这就进一步降低了风险。一般情况下，纤维增强会降低开裂混凝土的渗透性（ACI 544.5R-10，2010）。

表 2.9 用于永久围岩支护的纤维喷射混凝土最小建议厚度（Hagelia，2018）

欧洲规范规定的环境和暴露等级			
淡水	弱酸性	明矾页岩	海底隧道
XC2-XC4	XC 2	XC2-XC4	XC2-XC4
XD1-XD3	XD0	XD0-XD3	XD0-XD3
X0	XA1	XSA	XS3
			XA2-XA3
80mm	80～100mm	100～150mm	100mm

4）水密性

正如在前面某小节中所提到的，喷射混凝土可具有与浇筑混凝土一样好的低渗透性（渗透率 < 5 × 10^{-12}m/s 或水渗透深度 < 25mm），参见图 2.25。喷射混凝土本身的渗透性是否需要特别关注，这取决于整体的防水概念。相关内容将在后面做更深入的探讨（参见第 4.2.3 节）。

5）施工缺陷

如前所述，喷射混凝土，特别是干喷混凝土，很容易受到不良工艺的影响。这一点表现在厚度过薄的区域或材料强度低的区域。常见问题包括没有清理基面、回弹夹杂物❶、空隙、钢筋背后的"阴影"以及喷射混凝土间歇性流动等（导致在基面上喷射的是纯速凝剂膜）。喷射方式以及喷嘴处速凝剂和水的掺量对喷射混凝土的质量有很大影响。因此，与传统浇筑、预拌混凝土相比，喷射混凝土作为一种材料，其本身的变化更大。通常，28d 抗压强度为 35MPa 的混凝土，其标准差可能是 5MPa（Brite Euram，1998，来自现场试验；Bonapace，1997）。根据 ACI 214-77，这种情况可以获得"一般"至"较差"的评级（Neville，1995）。类似的现浇混凝土的标准差通常可能约为 3.5MPa，可被评为"极好"至"良好"（Neville，1995）。有资料表明，在衬砌越难形成的地方，如接缝处，混凝土的质量通常会越差（HSE，2000）。尽管如此，使用熟练的工人并开展培训可减少不良工艺带来的风险，而且在临时和永久衬砌方面均有很多高性能喷射混凝土衬砌案例。EFNARC 已发布了喷射工艺指南（EFNARC，1999）以及为喷射作业人员提供认证方案的指南，另见第 3.4.4 节，ACI 506.2-13（2013）和 ACI 506R-16（2016）。

6）维护

通常而言，喷射混凝土衬砌的设计要求在使用过程中无需维护。而其维修方法也较为简单，并遵循普通混凝土所用工艺。例如，孤立的裂缝可在需要时使用化学品进行密封。对于大面积有缺陷的混凝土，可将其清除（例如，用掘进机铣除或用高压水清除），然后处理表面，并喷上新的混凝土层。

---

❶ 回弹物为喷射期间因未能黏附而掉落的松散材料，通常主要是大块骨料和纤维。

施工方法

本章简要概述修建喷射混凝土衬砌隧道所采用的典型施工方法和施工设备,更多的有关隧道施工的细节可查阅既有文献(Chapman 等人,2017;BTS,2004;Hoek 与 Brown,1980)。同时,本章也将介绍典型的支护措施。在围岩支护方面,开挖工序与喷射混凝土衬砌或其他任何补充措施同等重要。因此,在设计喷射混凝土衬砌前,首先必须弄清喷射混凝土用作隧道支护组成部分时的相关工作原理。

从广义上讲,我们脚下的围岩可划分为软弱围岩、块状围岩和硬岩三种类型,参见表3.1。显而易见,这种分类过于简单,没有明确定义各种类型之间的界限。然而,由于每类围岩呈现的特性不同,而了解围岩的特性模式,就可指导隧道(包括喷射混凝土衬砌)的设计和施工,因此这种分类也是有用的。

表 3.1 围岩类型

类别	软弱围岩	块状围岩	硬岩
描述	土和软弱岩石	弱至中等强度岩石	块状坚硬岩石
特性模式	连续体	不连续体	连续体
强度	< 1MPa	1~50MPa	≥ 50MPa
应力强度比*	≤ 1	≤ 1	≤ 1
示例	砂、黏土、白垩岩	石灰石、砂岩	玄武岩、花岗岩

注:*因为应力条件受外部因素影响,且任何岩石类型都可能承受超限应力,所以此处的应力强度比仅供参考。

为说明围岩特性的差异,可把围岩看作是奶酪。软弱围岩就好比软奶酪,例如布里干酪(brie),其变形时呈一个整体,即一个连续体。因为这种奶酪的强度较弱，所以它在承受荷载时的变形主要呈塑性。同样地，块状硬岩就像帕尔马干酪（Parmesan）或酿熟的切达干酪（cheddar）等硬奶酪，在切割或承受荷载时呈现为类似连续体。由于强度较高，所以其变形通常为纯弹性。弱强度或中等强度的块状围岩则介于这两个极端之间，相当于温斯利代尔干酪（Wensleydale）或斯蒂尔顿干酪（Stilton）。其变形受预先存在的最小强度线（如节理）上的破坏影响。也就是说，这种材料表现为离散体的集合体——即不连续体。

3.1 软弱围岩

软弱围岩是指通常呈现为单体（连续体）的土或软弱岩石。软弱岩石可包括白垩岩、角砾岩或砾岩。软弱围岩的强度大约在 0~10MPa。

围岩需立即或在短时间内（无支护时的自稳时间不足数小时）得到全面支护。表 3.2 列出了软弱围岩特性的关键机理。

表 3.2 软弱围岩特性的关键机理

特性	围岩类型	支护措施
塑性屈服	黏土、砂、软弱岩石	尽早环向封闭；掌子面分部开挖；喷射混凝土
松散脱落	砂	围岩处理；掌子面分部开挖；管棚；喷射混凝土
隆起（隧道仰拱）	黏土、砂、软弱岩石和（或）高水压	尽早环向封闭
流动	砂——松散砂或地下水位（water table）以下的砂	围岩处理；掌子面分部开挖；管棚；压缩空气；喷射混凝土
块状破坏	坚硬节理黏土和软弱岩石	管棚；锚杆支护；喷射混凝土

变形控制是软弱围岩隧道掘进成功的关键，或者更确切地说，控制应力重分布是关键所在。开挖隧道时，洞口周围存在应力重分布，同时伴有围岩变形。围岩内经常存在一些塑性屈服。如果不控制塑性屈服过程，屈服就会导致过度变形或完全坍塌。隧道衬砌的施作最重要的是形成结构环，而不仅是为围岩提供了支护和限制围岩变形。

3.1.1 开挖方法

鉴于软弱围岩的强度较低，可使用斗式挖掘机（图 3.1）或巷道掘进机进行机械化开挖。隧道掘进机（TBM）虽然经常用于软弱围岩，但极少与喷射混凝土结合使用。在软弱围岩中，喷射混凝土的施作及围岩支护能力通常无法紧跟隧道掘进机的掘进速度。

图 3.1　软弱围岩喷射混凝土衬砌隧道开挖

3.1.2　支护与开挖工序

为应对表 3.2 中所列特性机理，已研发出多种支护措施。除提供长期支护外，喷射混凝土还可以起到为整个围岩提供即时/短期支护的作用。

通常，衬砌由 150～350mm 厚的喷射混凝土组成，且喷射混凝土中含有一或两层钢丝网或纤维用于增强，这具体取决于隧道尺寸和衬砌承受的荷载（相关典型细节，参见图 3.2）。在喷射期间，经常使用格栅拱架来控制隧道形状并为钢筋网提供支护。

如果隧道采用全断面开挖法（full-face excavation）不能确保安全施工，就可将掌子面分为多个较小的导洞进行开挖。在软弱围岩中有多种可采用的开挖工序（图 3.3）。有时这些

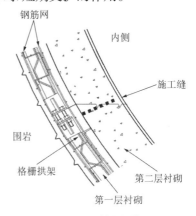

图 3.2　衬砌细节

开挖工序会被分为掌子面"水平分部"和"垂直分部"两部分。例如，侧壁导坑就属于前一部分，而后面紧跟下台阶和/或仰拱的上导坑掘进则属于后一部分。开挖工序的选择取决于未支护掌子面和导坑的稳定性，但也受进度计划和可用设备等其他因素影响。确定隧道分部导坑承受的荷载和衬砌内的应力是一项复杂的工作，将在后面做更详细的讨论（见第 4 章）。从喷射混凝土衬砌隧道的坍塌案

例中可以得到的启示是，施工的中间各阶段可能比作用在已完工隧道上的荷载工况更重要，所以这些阶段需要全方位设计。

a) 上导坑、台阶和仰拱

b) 侧壁导坑及扩挖

c) 导洞及扩挖

d) 双侧壁导坑和中央核心土

图 3.3　软弱围岩中的开挖工序

如果衬砌承受荷载，那么衬砌通常会持续变形，直至形成封闭的结构环，即所谓的"环向封闭"。这对于隧道的临时导洞和整个隧道本身也同样适用。为控制围岩位移和邻近结构的沉降，设计中通常规定尽早环向封闭。例如，Ruzicka 等人（2007）发现，由于在环向封闭的距离上存在差异，上导坑掘进（掌子面"垂直分部"）导致的位移是侧壁导坑及扩挖工序（"水平分部"）所致位移的 2 倍以上。如果塑性屈服仅限于上导坑基础下方区域，就可采取其他措施来提高基础的承载力。最简单的措施是扩大基础，形成"锁脚"。而最复杂的措施则可能涉及临时仰拱或微型桩。

掌子面分部开挖使衬砌中产生接缝。为保证结构完整性，穿过接缝的钢筋必须具有连续性。传统的做法是利用搭接钢筋的复杂布置来实现连续性（图6.13）。然而，在构造这些接缝时做到既不损坏搭接钢筋又不聚集喷射产生的回弹十分困难。因此，这些接缝的质量有时会很差，在结构承载力和防水性方面均是如此。KWIK-A-STRIP之类预制的预留搭接钢筋单元，使这类接缝的施工得到简化（图6.14）。

3.1.3 特殊工况

1）竖井

上文概述的隧道施工原则对于软弱围岩竖井也同样适用（图3.4）。通常，竖井不能采用全断面开挖，于是为维持稳定性，会将竖井分成若干区段，每区段按顺序开挖并支护。为确保仰拱稳定性，还可能需要采取排水等额外措施。喷射混凝土衬砌施工可与其他方法结合使用。例如，围岩若由覆盖在不透水土层上的富水沉积层组成，那么竖井施工就可以沉箱法开始，并在沉箱沉入不透水层后以喷射混凝土衬砌法继续施工（Audsley等人，1999）。

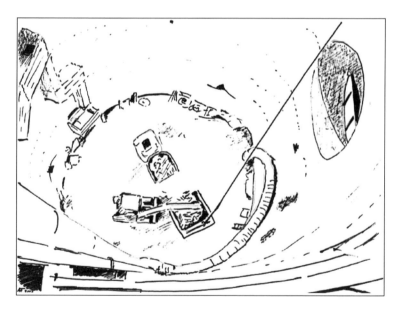

图3.4 喷射混凝土衬砌竖井开挖

倾斜隧道坡度所受的实际限制，取决于设备沿竖井上下移动的能力。向下掘进隧道的最大坡度可达32%（18.5°）（ITC，2006），而英国横贯铁路（Crossrail）项目中部分自动扶梯竖井向上掘进的坡度则为30°（Sillerico Matya

等人，2018）。

2）交叉段

在隧道与隧道或隧道与竖井之间的交叉段，需对衬砌进行加固，以应对洞口周围的衬砌应力重分布（图3.5）。在修建"母"隧道时，通常会形成隧道"开洞"（Tunnel Eye），为修建"子"隧道做准备。隧道开洞是指第二条隧道与第一条隧道的交叉段，此处的衬砌较薄和/或仅得到轻度加固，因为后期此处衬砌会被拆除。在隧道开洞周围会设置圆形、方形或带状的额外加固措施（图6.5）。

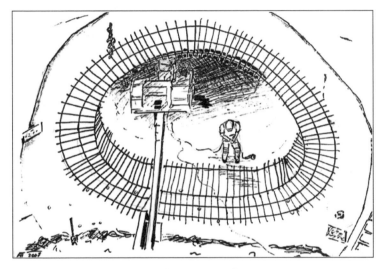

图3.5 隧道交叉段周围的加固处理

在交叉段，施工工序的选择十分重要，因为在从母隧道向外（或从外向母隧道内）破除时，承受荷载的衬砌将被切断，相关荷载须重新分布到邻近区域。这就将致使隧道发生变形，直到再次形成完整的结构环。因此，掌子面分部开挖、临时支撑和尽早环向封闭等措施经常被用来控制应力重分布，使隧道保持稳定并处于要求的变形范围内。

3.2 块状围岩

块状围岩是指通常表现为离散块体集合体（不连续体）的岩石。块状围岩可包括石灰岩、砂岩和泥岩等岩石类型。块状围岩的强度大约在10～50MPa，不过，也可能高于此范围。其关键性特征是节理间距，范围从极近间距（<20mm）到大间距（2m）不等。这类围岩需在短时间内（无支护开挖的自

稳时间从数小时到数天不等）得到全面支护。表 3.3 列出了块状围岩特性的关键机理。

表 3.3 块状围岩特性的关键机理

特性	围岩类型	支护措施
块状破坏	节理交叉的岩石和弱胶结节理的岩石	管棚；锚杆；钢筋网或纤维增强的喷射混凝土；钢拱架
塑性屈服	应力强度比大于 1 的岩石	尽早环向封闭；掌子面分部开挖；喷射混凝土
松散脱落	角砾岩等松散块状岩石	围岩处理；掌子面分部开挖；超前支护；喷射混凝土
隆起（隧道仰拱）	软弱岩石和/或高水压	尽早环向封闭
挤压	应力强度比远大于 1	"可屈服支护"：锚杆加喷射混凝土；喷射混凝土预切槽；可变形支护；可屈服拱架
膨胀	例如千枚岩、硬石膏、某些黏土	掌子面分部开挖；重度加固的衬砌；环向封闭

3.2.1 开挖方法

根据块状围岩强度和节理类型，块状围岩可使用悬臂掘进机进行机械开挖（图 3.6）或采用钻爆法开挖。而全断面隧道掘进机（TBM）则经常用于较长的隧道。沿节理线经常会发生超挖，从而导致隧道表面形状不规则。超挖可用喷射混凝土进行回填。

图 3.6 使用悬臂掘进机开挖喷射混凝土衬砌隧道

3.2.2 支护和开挖工序

针对表 3.3 中所列围岩特性机理,已研发出多种支护措施。喷射混凝土的作用是向块体提供支护,同时防止岩体随时间推移而劣化。喷射混凝土经常与锚杆结合使用。通常,喷射混凝土层由 50～150mm 厚的喷射混凝土组成,且喷射混凝土中含有纤维或钢筋网用于增强,这具体取决于其承受的荷载。大部分原位地应力(in-Situ Ground Stress)重新分布在隧道周围,并在岩石内部传递。

由于块状围岩的特性主要受单个块体位移的影响,因此通常不需要施作完整的喷射混凝土环(图 3.7)。图 3.7 中的Ⅲ级支护和Ⅳ级支护适用于存在大量节理发育且特性更像软弱围岩的围岩。此外,由于块状围岩的稳定性更高,与软弱围岩相比,块状围岩就可采用限制更少的开挖工序。例如,支护不必紧靠掌子面后面设置,上导坑掘进可远远领先于隧道其余部分。不过,软弱围岩和块状围岩之间的界限并不清晰明确。因此,必须注意确保始终维持围岩稳定性。隧道发生破坏的一个常见原因是上导坑在不稳定围岩中掘进距离太长。

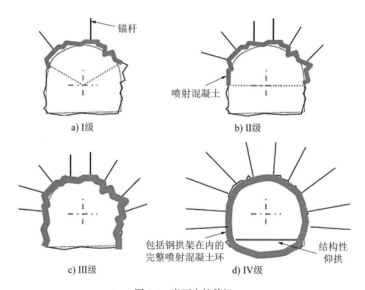

图 3.7 岩石支护等级

3.2.3 特殊工况

1)竖井和交叉段

根据不同的围岩条件,可应用第 3.1.3 节中的很多意见。块状围岩往往更为坚固,因此所需支护更少,且支护是专门针对控制块体稳定性而设计。例如,可安装管棚，而在洞口周围大幅加厚衬砌的措施可能并不需要。可采用较长的掘进进尺和限制较少的开挖工序，但只有在稳定性允许的情况下才可采用。

在交叉段，有更多余地来加固围岩（如利用锚杆）并使围岩承受重新分布的荷载。

2）膨胀

在围压应力消除后和（或）有水存在时，某些矿物（如千枚岩和硬石膏）会发生膨胀。矿物膨胀将给隧道衬砌施加巨大的荷载（例如 Wittke-Gattermann，1998）。除尽量减少与水接触外，几乎没有什么方法可用于防止膨胀。而权宜之计则是施作重度加固的最终衬砌（Final Lining）。我们所能采用的最好办法就是控制隧道收敛，从而恢复平衡状态。施工期间，第一层衬砌可能遭受破坏和发生大变形（几十厘米或更大），因此可能需要采用可屈服拱架、支护或衬砌切槽等"延性"支护。更多详细内容请参见挤压性围岩章节。

3）挤压

挤压性围岩（Squeezing Ground）本质上是另一种形式的塑性屈服。与岩爆一样，挤压发生在原位岩石应力极高的地方。当岩石的单轴抗压强度小于原位应力的30%时，就会发生严重或极端挤压。关于挤压潜势的估算方法，参见 Hoek 与 Marinos（2000）。新奥法设计理念的初衷之一就是为了解决挤压性围岩问题。通过施作衬砌来抵抗地应力其实并不经济，最好还是要在围岩屈服时对围岩中的应力重分布进行控制，并在大部分（径向作用的）应力都已释放后再施作衬砌。施作最终衬砌前发生的变形可达 1m 甚至更大。Rabcewicz（1969）发现，喷射混凝土与锚杆的结合使用在控制变形方面非常有效，因为喷射混凝土在围岩变形时可为围岩提供延性支护。为加固隧道周围形成的整个塑性区，锚杆应具有足够长度。不过，在此过程中，第一层衬砌实际上会遭到破坏。多年来，这种方法已得到进一步发展。隧道衬砌内的纵向切槽可保持敞开，以容纳变形而不对喷射混凝土造成过度损坏，例如奥地利的 Arlberg 隧道（John，1978）。切槽除了可保持敞开外，也可在切槽中安装可变形钢支撑（例如 Aggistalis 等人，2004）。Grov（2011）介绍了"加强肋"在挤压性围岩中的应用。这些加强肋由封闭空间的钢筋环组成，并包覆在喷射混凝土中。

4）徐变

盐岩、白垩岩、煤和某些其他岩石可能表现出徐变特性。它们在承受荷载时会持续变形。这将削弱围岩中的应力拱效应，给隧道衬砌施加额外荷载。为抵抗这些徐变荷载，必须施作完整的结构环并对其进行加固。

3.3 硬岩

硬岩包括主要呈现为一个连续体的块状坚硬岩石,其节理间距为宽至极宽。强度通常大于 50MPa,应力强度比小于 1。硬岩虽可能发生块状破坏和塑性变形,但其对隧道开挖的响应通常为弹性响应。硬岩中未支护开挖的自稳时间范围总体上在几天到几年不等。然而,单个块体可能需要即时支护。表 3.4 列出了硬岩特性的关键机理。

表 3.4　硬岩特性的关键机理

特性	围岩类型	支护措施
塑性屈服	应力强度比大于 1 的岩石	尽早环向封闭;掌子面分部开挖;喷射混凝土
块状破坏	节理交叉的岩石和弱胶结节理的岩石	管棚;锚杆;喷射混凝土
岩爆	应力强度比远大于 1 的位置	锚杆加钢筋网或钢纤维喷射混凝土
挤压	应力强度比远大于 1 的位置	"可屈服支护":锚杆加喷射混凝土;喷射混凝土预切槽;可变形支护;可屈服拱架

3.3.1 开挖方法

对于具有恒定形状的长隧道,隧道掘进机(TBM)越来越受到青睐(图 3.8)。然而,对于具有复杂形状的短隧道或地下工程,钻爆法仍是更经济的选择(图 3.9)。支护措施可设在隧道掘进机工作面附近,或在钻爆法隧道完成出渣和找顶后设置。不过,如果支护紧靠掌子面后面设置,在下一轮爆破中支护可能会有受损的风险(参见第 3.3.2 节)。

图 3.8　硬岩隧道掘进机　　图 3.9　使用钻爆法开挖喷射混凝土衬砌隧道

根据岩石条件和爆破方法的不同，钻爆法隧道中隧道表面可能极不规则。这就可能需要采用额外的喷射混凝土作为找平层来回填超挖部分。

3.3.2 支护和开挖工序

喷射混凝土的主要作用是支护孤立的岩块而不是整个岩体，岩石本身往往比喷射混凝土强度更高。如果岩石节理很发育，那么就会表现得更像一种不连续体，其支护如第 3.2 节所述。喷射混凝土常与锚杆结合使用。由于使用方便且能节省时间，钢纤维正趋于替代钢筋网作为增强材料。爆破时喷射混凝土有受损风险，但这通常只在高爆炸粒子速度下和早龄期时才会发生。前 24h 内的损伤阈值大约是 150mm/s（Geoguide 4，1992）。Ellison 等人（2002）认为，损伤可能发生在速度大于 500mm/s 时，但在 24h 后，即使是这个水平的振动，喷射混凝土也能承受。Ansell（2004）与 Lamis（2018）根据喷射混凝土的原位试验和动态数值模拟，就素喷射混凝土提供了更详细的指导意见（表 3.5）。研究发现，混凝土黏结力增长到大于爆破产生的最大应力的时间，取决于喷层厚度以及与炸药的距离及药量。岩石越软弱，喷射混凝土的应力就越低。在上述研究的扩展研究中，Lamis 与 Ansell（2014）建议避免在喷射后 12h 内进行爆破（例如，完整硬岩中与 2.2kg 炸药相距 3m 的 100mm 厚喷层），这表明表 3.5 中的数据较为保守。数值模拟也表明，目前的指南均较为保守（Lamis，2018）。

表 3.5 受爆破影响的喷射混凝土最小龄期建议（Ansell，2004）*

喷射混凝土厚度（mm）	与炸药的距离（m）	炸药［硝酸铵燃料油（ANFO）］质量		
		0.5kg	1.0kg	2.0kg
25	4	1h	2h	4h
	2	8h	25h	65h
50	4	3h	11h	35h
	2	45h	5d	9d
100	4	15h	72h	7d
	2	8d	14d	不可能

注：*参阅原论文中该表的附注。

由于硬岩隧道通常仅需相对少量的喷射混凝土，因此使用预制装袋的干喷混凝土可能更为方便，尤其是在作业空间有限（如在小直径隧道或竖井中）或运输距离较长（如在矿山中）的情况下。而对于这些情况，薄喷层衬砌［也称为薄结构层衬砌（TSL）］，即水泥基聚合物改性喷膜，可能是一种经济可行的替代方案（参见 www.efnarc.org；Archibald 与 Dirige，2006）。

3.3.3 特殊工况

1）竖井和交叉段

鉴于硬岩具有的稳定性，竖井和交叉段对喷射混凝土衬砌均无特殊要求。喷射混凝土仅用于控制块体稳定性。在交叉段，还需对岩体进行额外加固，不过最有效的额外加固是通过使用锚杆来完成，这也同样适用于隧道之间的岩柱。

2）岩爆

尽管之前对硬岩这一岩石类别的介绍表明，硬岩隧道中的应力强度比小于1，但实际情况可能并非如此。在高构造应力（Tectonic Stress）地区（如阿尔卑斯山或喜马拉雅山）的深部矿山或深埋隧道中，岩石应力可能超过岩石强度。由此产生的结果就是岩爆，即开挖边缘周围的岩石突然发生脆性断裂。考虑到所涉及的各种力的大小，岩爆很难预防，但却可以控制。钢纤维喷射混凝土（SFRS）在变形时可吸收大量能量。因此，钢纤维喷射混凝土通常会和锚杆结合使用，以防止岩爆（Bernard 等人，2014），不过可能还需要额外措施（参见第 6.8.5 节）。目前，已研发出一种特殊的"动态"锚杆，可在上述情况下用于提供支护（例如 Minova 的收敛锚杆）。

3）断层带

在块状岩体内，会存在一些主节理或断层带。它们有时是狭窄的，且紧密封闭；有时则是宽大、敞开的，且含有水或松散材料。由于围岩承受较高超限应力或水处于高压状态，因此相关区域就会成为施工十分困难的区域。在断层带上发生隧道坍塌的案例极多。这些案例中，围岩表现得更像块状围岩或软弱围岩，应采用前述支护措施。

3.4 现代喷射混凝土

喷射混凝土技术正处于快速发展阶段。虽然许多原则仍保持不变，但近年来相关设备在易用度和性能方面都有很大改进。而对健康和安全的关注以及对更高生产效率的需求，还推动自动化水平不断提高。配合比设计也有飞跃式发展，这在第 2.1 节中已讨论过。喷射混凝土有两种生产方式：干喷法和湿喷法。

3.4.1 干喷混凝土

在干喷法中,将通过压缩空气向喷嘴输送由自然湿润或烘干骨料、水泥以及外加剂组成的混合料,并在喷嘴处添加拌和用水(和液态速凝剂)(图3.10、图3.11)。喷射期间,由喷射作业人员控制速凝剂掺量和水灰比。在过去,因为采用干喷法能够生产出早期强度较高的喷射混凝土,因此干喷法一直是首选,现在有些国家仍然倾向于采用干喷法。

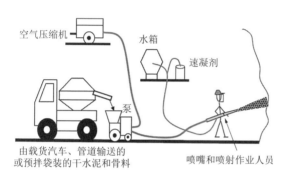

图3.10 干喷法　　　　　　　图3.11 干喷泵

下面列出了选择干喷混凝土的部分原因:

- 干喷混凝土早期强度较高(表3.6)
- 设备成本较低;
- 现场所需空间较小,尤其是在采用预制袋装混合料的情况下(这对于城区工地或矿区特别有利);
- 操作期间灵活性更大(喷射混凝土可有效地随时取用,所需清洁更少)。

表3.6 现代混合料的抗压强度(Lukas等人,1998)(单位:MPa)

龄期	干喷水泥(烘干骨料)	干喷水泥(湿骨料)	湿喷6%无碱速凝剂*	干喷6%无碱速凝剂
6min	0.95	0.5	0.5	—
1h	1.3	1.0	1.0	—
1d	23.0	21.0	15.0	17.0
56d	41.0	39.0	61.0	39.0

注:*该混合料中等效水泥含量更高;关于混合料的全部细节,请参阅原报告。

总的来说,干喷混凝土最适合那些间歇性需要少量喷射混凝土,且现场空间受限或从拌和点到掌子面的运输时间较长的项目。干喷混凝土可分批配制并袋装储存，以便随时取用。在预先装袋的混合料中可加入粉末状速凝剂，这样在喷射时就只需使用水和压缩空气。而这也简化了所需设备，只是将失去改变速凝剂掺量的机会。干喷法的主要缺点是产生的粉尘量大（图3.14）及由于喷射作业人员操作不同而导致的产品差异性。为克服这些缺点，已有人研制出预湿喷嘴（目的是降尘）和不需添加额外速凝剂的特殊喷射水泥（Testor，1997）。

3.4.2 湿喷混凝土

在湿喷法中，通过压缩空气或泵向喷嘴输送预拌（湿）混凝土，并在喷嘴处添加液态速凝剂（图3.12、图3.13）。在隧道外配制混凝土时，水灰比是固定的。喷射期间，由喷射作业人员控制速凝剂掺量。当前的全球趋势是优先采用湿喷法而非干喷法。人们普遍认为湿喷法可更好地控制质量，更适合自动化操作且更安全（因为粉尘水平更低）。据以前的估计，全世界约有60%的喷射混凝土采用湿喷法生产（Brooks，1999），而现在这个比例可能要更大。

图3.12 湿喷法

图3.13 湿喷泵

下面列出了选择湿喷混凝土的部分原因：

- 湿喷混凝土能够更好地进行质量控制（混合料在拌和厂配制，喷射作业人员无法更改水灰比）。
- 由于喷嘴和软管重量较大，因此需采用机械化喷射。机械化喷射比干喷法生产效率更高（可达到 20~25m³/h），并可减少人为因素造成的差异性。人工成本的降低，也部分抵消了附加的设备成本。
- 回弹更少，一般约为16%；而干喷法的回弹量则为21%~37%（Lukas等人，1998）。
- 粉尘更少（粉尘水平在可接受范围内，参见图3.14）。

- 使用预拌配料、表面扫描和机械化喷射，更易于记录准确的拌和情况与喷射量（Davik 与 Markey，1997），这也顺应了使用建筑信息模型的趋势。

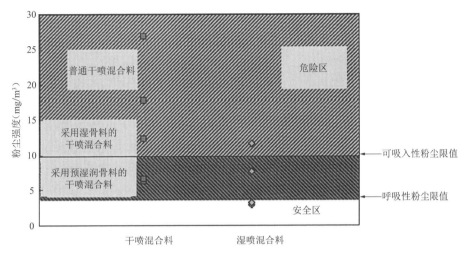

图 3.14　不同类型喷射混凝土的粉尘水平

湿喷混凝土最适合那些定期需要大量喷射混凝土且拌和站可设在使用点附近的项目。现代优质干喷和湿喷混凝土之间的成本差异已大为减小，即使考虑所有相关因素（如回弹、人工成本和循环时间），这两种方法也不相上下（表 3.7）。而对于较长的隧道，更高的设备投资显然是合理的。

表 3.7　干喷与湿喷射混凝土之间的归一化成本比较

数据来源及附注	干喷	湿喷
Lukas 等人（1998）；所有成本，不包括回弹	0.72	1.00
Röthlisberger（1996）；所有成本	1.12	1.00
Strubreiter（1998）；1000m 以上隧道的所有成本	0.91	1.00
Melbye（2005）；2000m 以上隧道的所有成本	1.00	0.42

湿喷混凝土的主要缺点是设备成本较高、强度较低且喷射混凝土拌和后的贮存期有限。不过，自动化带来的效益部分抵消了这些额外的设备成本。随着健康和安全法规变得日益严格，粉尘水平问题令使用湿喷混凝土的理由变得更为充分。

3.4.3 泵送

为提供尽可能平稳的流体，大型泵（图 3.13）均设有两个缸体。尽管泵容量可高达 20m³/h，但典型泵送速度却约为 8m³/h。在开始泵送混凝土前，应照例使用稀薄水泥浆冲洗泵和管线。否则，混凝土混合料中的水性水泥在通过管线时会吸附在管线上，导致第一批混凝土被破坏。如果泵运行不当，流动就趋向于脉冲式，即流动不连续。这将导致压实度较差和分层现象。

泵操作人员的作用经常受到低估。熟练的操作人员会监控进泵混凝土的质量以及机器性能。通过上述监控，操作人员就能避免堵塞和泵的损坏。

典型泵送长度在 20~40m 之间，但在添加合适的外加剂后，长度可延长至 150m（Melbye，2005）。Spirig（2004）介绍了出自瑞士 Gotthard 隧道的一个极端案例。在此例中，通过精细的配合比设计，使喷射混凝土可经由一根立管向下输送至近 800m 深的地方，且无需使用重复搅拌机就可喷射。

钢纤维的长度宜小于泵软管直径的 50%，以免造成堵塞。

3.4.4 喷射

1）基底表面

喷射混凝土的理想基底是略微粗糙、潮湿的表面，因为这能产生良好的黏结。

混凝土不能喷射到其无法黏结的表面上，例如有流水的潮湿表面或光滑的塑性表面。如果表面有水，必须采取控水措施，以便能施作喷射混凝土（图 3.15）。如果混凝土的喷射力能够清除水并使混凝土与围岩黏结，那么就可在潮湿表面上喷射干喷混凝土。将土工布钉在潮湿区域的缺点是，这将阻碍喷射混凝土与围岩之间产生任何黏结。作为替代方案，可在围岩中钻排水孔，将渗水集中在各个分散点并使表面干透。

图 3.15 渗水控制

在塑料防水卷材上喷射混凝土时，通常会将一层细钢丝网设在钢筋网前面，这首先是为了将防水卷材固定在原位，防止其向周围摆动（即所谓的"击鼓"），其次是为了给新鲜的喷射混凝土提供支撑（Jahn，2011）。

2）喷射工艺

喷射作业人员的操作技术对喷射混凝土的质量有巨大影响。现已制定了数部针对喷射混凝土的指南（例如，ACI 506R-16，2016 和 EFNARC，1999）。而虚拟现实作为一种培训手段，已被有效用于喷射作业人员地下作业事前培训（Goransson 等人，2014）。

喷射工艺不佳会导致以下缺陷（图 3.16）。

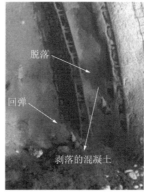

图 3.16 喷射缺陷

- 空隙：在不规则表面上、难以处理的几何形状内（如尖角）或障碍物（如钢筋）周围喷射混凝土时，若混凝土喷射角度有误，将产生形成空隙的风险。
- 阴影：空隙形成于钢筋背面，将致使钢筋面临更大的腐蚀风险，且降低钢筋有效性。❶
- 脱落：部分喷射混凝土在其自重作用下掉落，要么是因为黏结太弱，要就是因为施作的喷层太厚。
- 分层：喷射混凝土未形成均质体，可能由层间黏结不良的多层组成。这可能是因喷射混凝土每次施作前表面处理不充分，或因喷射期间压实度有所变化造成的。而白斑的出现则可能意味着，由于混凝土流动中断在表面喷射了一层纯速凝剂薄膜。
- 回弹：如果在喷射期间没有清除回弹物，回弹物就可能融入衬砌中，形成一个软弱带。此外，回弹量过大将造成喷射混凝土严重浪费。关于回

---

❶ 目前正在进行研究，以期对喷射混凝土结构中的黏结长度要求提出修改建议（Basso Trujilllo 与 Jolin，2018）。

弹的影响参见图 3.17。

- 低强度：如果速凝剂用量过大，将存在喷射混凝土强度偏低的风险，这要么是因为喷射混凝土具有多孔结构（当压实效果不佳时），要么可能是因为强度的长期下降（尽管使用现代速凝剂时似乎不会出现这种现象）。

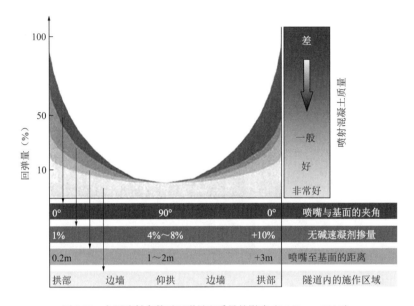

图 3.17　主要喷射参数对回弹量和质量的影响（Melbye，2005）

良好的设计会使喷射作业人员的工作更容易进行。应避免不便于喷射的几何形状。预制的预留搭接钢筋单元能使接缝问题得到简化。在实践中，最好要将钢筋直径限制在 16mm 或更小范围内（Fischer 与 Hofmann，2015）。目前，虽已成功将混凝土喷射在直径达 40mm 的钢筋上，但这极难做到，尤其是在钢筋搭接或交叉处。应考虑采用多层直径较小的钢筋来代替单根大直径钢筋。钢筋的横向间距虽显得不那么至关重要，但实际的最小间距值约为 100mm。架空喷射相较于在隧道侧面喷射更为困难（Fischer 与 Hofmann，2015）。钢筋应尽量靠近基面设置。

最新技术聚焦的重点是缩小人为误差的范围。各种测距装置（例如 TunnelBeamer[1]等激光测距仪或 DIBIT 等摄影测量设备）已被用于检测喷射混凝土轮廓。TunnelBeamer 是一个当前可在喷射期间交互式用于检测轮廓和厚度的

---

[1] TunnelBeamer™是 Morgan Est 和 Beton-und Monierbau 取得的专利，并作为其注册商标。

系统（Hilar 等人，2005）。这也正是该设备的优势所在，有此优势，即便该设备只能进行单点测量也无关紧要。而 DIBIT 等设备的优点则是可用于对整个表面进行检测，不过为完成测量就必须停止掌子面作业。在隧道中，这些系统的典型精度为±20mm，鉴于喷射的容许误差通常为±(15～25)mm，该精度可满足要求。

全自动（机械化）喷射已通过试验（例如用于防火涂层），但尚未在生产现场使用。毫无疑问的是，很快就能取得这方面进展。

3）喷嘴

喷嘴是通过加入压缩空气将（干或湿）混凝土流转化为喷射混凝土射流的软管末端装置（图 3.18）。喷嘴的设计应确保速凝剂与压缩空气和（采用干喷法时）水均匀混合。目前，已针对干喷混合料研制出了特殊喷嘴，此类喷嘴可在添加水和速凝剂主体前预先湿润骨料，这将有助于减少粉尘。

图 3.18　喷嘴

喷嘴应在每次使用后及时清洗，以免被硬化的混凝土堵塞。喷嘴末端的设计能让喷嘴在喷射期间发生堵塞时自行吹通。喷嘴会因管道直径突然减小而受到很大磨损。通过将喷嘴内部弯曲或使用所谓的"流转换器"（Stream Converter）喷嘴，可减轻磨损（Spirig，2004）。

钢纤维的最大长度应小于喷嘴直径的 75%，以避免造成堵塞，而粗合成纤维的最大长度应约等于喷嘴直径。

4）表面修整

根据终端用户对喷射混凝土衬砌的要求，可产生各种各样的完成面（表 3.8）。通过在喷射时减少最后一道的速凝剂掺量，可提高喷射态表面的平整度。

表 3.8 喷射混凝土完成面

修整	SHW Clause 1708（HA 2006）规定的等级	示例
喷射态-劣质完成面	—	
未修整	U1：将混凝土找平并涂抹砂浆，以形成规定的均匀平面或脊状表面，压实完成后立即用刮板剔除多余的混凝土	
木抹修整	U2：在混凝土充分硬化后，人工或用机器将其抹平，仅产生无砂浆层痕迹的均匀表面即可	
钢抹修整	U3：在水膜已消失且混凝土已硬化到足以防止表面出现翻沫时，采用钢抹刀用力抹平表面，使混凝土表面致密、平滑、均匀且无抹刀痕迹	

尖利的钢纤维会从喷射态表面突出，因此在人们可能触碰到衬砌的位置，通常要施作由喷射砂浆构成的"找平"层作为面涂层。而这样的找平或"修整"层也适用于拟设喷涂防水膜的位置。

5）养护

不同于传统浇筑混凝土，喷射混凝土很少养护。通常都是在用到永久喷射混凝土的时候，才会出现进行养护的情况。得到某些研究支持的一个普遍观点是，隧道中的环境已足够潮湿（相对湿度通常大于50%），可实现有效养护（另见第2.2.9节）——不过，ACI 506R-16（2016）将85%作为自然养护的相对湿度下限建议值。而上述观点的确是一个适宜的假设，毕竟养护会干扰隧道内的施工进程。然而，隧道内的湿度是否有这么高是值得怀疑的（Holmgren, 2004）。另一方面，如果我们致力于生产出与浇筑混凝土一样好的混凝土效果，那么不进行养护就会显得不合常理。在喷射混凝土表面喷洒水雾（Kusterle，1992；Ansell, 2011; Grov, 2011）或在表面涂抹养护剂有助于养护。ACI 506.213（2013）建议要持续养护至少7d或直至达到抗压强度的70%，二者中以时间较短者为准。

设计方法

4.1 总体设计

如前言所述，本书并不是一本"烹饪书"，而在作者看来，也的确不应该是。考虑到自然环境的变化多样以及隧道很可能面临的无数不同情景，编写出一本简单的指南用来指导如何在各种可能出现的情况下进行隧道设计是不可能的。隧道施工的艺术在于将知识应用于工程师所面临的特殊情况。为帮助开展此项工作，本章探讨了优质设计实践背后的支撑逻辑。

4.1.1 观测与预测

就设计方法而言，虽然理论上存在一个从依赖纯粹经验主义到完全相信预测的范围，但在实践中，并未使用这两种极端（图4.1）。鉴于围岩的不均匀性，即使知道确切的施工方法，也不可能事先准确预测隧道的特性。工程师必须观测隧道工况，并在必要时调整开挖工序和支护，以适应当前的主要工况。同样，观测法并不等于在对将采用到何种支护都没有任何概念的情况下，就贸然开始修建隧道。Everton（1998）简明扼要地总结了 Peck 对观测法的定义，即：

观测法是一个集合了设计、施工控制、监测以及复核等环节的持续且受控的过程，该过程可让预先设计好的修改变更视情况在施工期间或施工后纳入。上述各个方面都必须切实做到稳健可靠。其目标是在不影响安全的情况下实现更高的整体经济效益。

人们引入了"鲁棒工程化（Robustly Engineered）"或"全面工程化（Fully Engineered）"设计❶这类术语（例如 Powell 等人，1997）来描述适用于现代喷射混凝土衬砌隧道施工的方法。在鲁棒设计（Robust Design）中，应考虑可合理预

---

❶ 已使用"主动"设计一词来描述硬岩隧道掘进中的相同过程（Grov，2011）。

见的所有荷载工况，支护设计应确保对于完工结构以及所有中间阶段都采用适当的安全系数。喷射混凝土衬砌隧道与其他类型隧道的区别在于，这些中间阶段可能比最终工况更为重要。

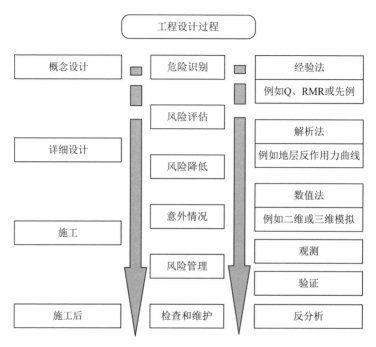

图 4.1　设计中的经验论与预测

岩石喷射混凝土衬砌隧道的设计特点是采用一系列支护类型。支护类型的选择依据（明确或默认）在于评估哪种支护类型能最好地控制主要风险。即使设计中没有指定支护类型，通常也有余地变更掘进进尺、部分或全部支护的施作时机等方面的设计内容。此类变更应在一套预先设计的措施框架内完成。也就是说，现代设计实践的关键特点是，在隧道开始施工前就已完成鲁棒设计，且所有变更均在此框架内进行。如果将鲁棒设计纳入基于风险的方法中，就可以很容易地完成鲁棒设计，参见第 4.1.2 节。

对于承受高应力的岩石隧道，通常会更主动地将监测融入设计。例如，关于内层衬砌施作时机的决策，有时依据的就是衬砌收敛速率。如果实际遇到比设想更多的极端情况，隧道的某些部分就可能必须重新设计。

与硬岩喷射混凝土衬砌隧道一样，在软弱围岩喷射混凝土衬砌隧道内及其周围也会安装仪器用来监测其特性。然而，监测目的有所不同。对于采用鲁棒、全面工程化设计的软弱围岩隧道，监测目的是验证隧道特性是否与预测一致，而不是确定所需支护。设计变更仍可进行，但通常是在初始设计范围内进行。例如，掘进进尺有可能改变，管棚或掌子面锚杆等选择性的附加支护措施有可能使用或取消，但衬砌厚度及其加固通常不会更改。

如要成功施作喷射混凝土衬砌，设计人员和现场团队的能力至关重要，而安排设计代表在现场也是有用的做法（见第 6.9 节和第 7.4 节）。

4.1.2　基于风险的设计

英国的安全立法规定，设计人员有责任识别灾害并避免或降低相关风险，即把风险降低至最低合理可行（As Low As Reasonably Practical，ALARP）的水平。许多国家都有类似的法规。系统性地考虑各种风险有助于形成"鲁棒设计"或"全面工程化设计"的成果，设计中所有方面（包括临时情况）都要在施工开始前详细考虑。上述需求有效补充了喷射混凝土衬砌隧道（尤其是浅埋软弱围岩隧道）的相关需求，因为对于此类隧道临时情况通常比永久情况更为关键，并且从隧道开始发生破坏到整体坍塌之间的时间可能极短。正是由于时间的不足，传统上搭配新奥法采用的更偏重观测的方法，并不适用于软弱围岩。

基于风险的设计方法可帮助项目各相关方了解施工、设计和安全是如何相互作用的。不过，有些残余风险难免会继续存在，这些风险将通过残余风险登记表传达给承包商。

4.1.3　一般荷载

衬砌必须设计为能够承受预计所需承受的所有荷载（更详细的相关论述请参见 BTS 2004）。每座隧道都承受着独特的荷载组合。除地层荷载和水荷载外，相关荷载还包括补偿注浆、源自内部的荷载（如道路标志、电缆桥架、射流风机或车辆这类在隧道中移动的物体）以及偶然荷载（如火灾或列车脱轨产生的冲击）。

4.2　喷射混凝土衬砌设计的基本原理

在第 1.2 节中已概述了所有隧道施工背后的基本原理，因此这里仅复述其中的结论性意见：

隧道施工的要领在于尽可能发挥围岩的自承能力，从而最大限度减少结构承受的荷载量。

优质的设计应吸纳这些基本原理，如岩土-结构相互作用和围岩中的"拱效应"。隧道开挖作业将改变围岩中的应力分布。图4.2所示为应力分布改变的一个例证，其中使用了应力作用下弹塑性平板上一个孔的解析解。在平板上开好一个孔后，垂直方向和水平方向的主应力分布就转换为另一种分布形式，此种形式下在孔周围呈拱形分布的切向应力会很高，而在孔边缘分布的径向应力则为零。在离孔较远的位置，应力分布模式不受孔的影响。类似地，通过拱效应，隧道周围将重新分布一定数量的初始应力，其余应力则由衬砌承受（内压力，P_i）。因此，围岩必然会发生变形，围岩的变形必须得到控制，以便安全达到新的平衡状态。拱效应是以三维形式出现的，所以相邻的开挖可能产生相互作用。对设计人员而言很重要的一点是要能以三维形式呈现其所设计的隧道，即使只是在自己的脑海中构想。

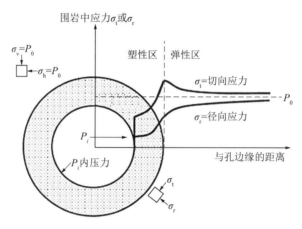

图4.2 受力板上孔周围的应力"拱效应"

围岩可根据其特性分为三类：软弱围岩（土和软弱岩石）；块状围岩；硬岩。

表3.2～表3.4分别列出了每类围岩的典型特性模式。软弱围岩和硬岩表现为类似于一个连续体，即围岩犹如一个单质体。在软弱围岩中，需要即时支护，而在块状硬岩中，围岩基本上具有自支护能力，但一些孤立岩块除外。相比之下，块状围岩表现为类似于一个不连续体，即围岩就像离散块体的集合体。离散块体采用喷射混凝土支护，而喷射混凝土常与锚杆结合使用。

第四维度，也就是时间，在隧道施工中起着重要作用。"自稳"时间的概念早在Lauffer等人正式阐明前就已获认可（参见Bieniawski，1984）。自稳时间是对围岩在无支护时能够自立多长时间的衡量标准。如果自稳时间少于施作喷射混凝土衬砌所需时间，就要采取额外措施（如围岩加固）。某些类型的围岩也表现出徐变等依时特性。时间似乎也是支护所涉及的一个因素。支护通常在围岩开挖后的有限时间（几分钟到几天不等）内安装，支护也可能分阶段安装。某些支护措施，例如喷射混凝土，会呈现出依时特性。由于隧道施工具有渐进性，因此围岩和支护两者所涉及的时间因素将相互影响。例如，每个开挖阶段的荷载都会施加到离掌子面最近的隧道衬砌部分，但随着掌子面的推进，影响区也随隧道转移。

这最后的一点将着重说明另一个现象，即刚度更大的结构实际上会吸引荷载。施作厚重的衬砌可能并不是一个更安全的选择。首先，厚衬砌的施工速度更慢；其次，厚衬砌的变形更小，而围岩则趋向于优先在刚性衬砌表面成拱。这两个因素都会使衬砌承受的荷载增加。

最后，所有好的设计都应体现可施工性原则。也就是说，结构在施工方面应做到方便、安全。良好的可施工性将减少施工期间的差错，并提高成本效益。因此，设计人员应始终全面掌握当前的施工技术和相关创新。

4.2.1 围岩荷载

由于围岩中存在拱效应现象，隧道衬砌几乎不会承受初始原位地应力。因此，大多数情况下，如果对施加的荷载采用的是常规分项安全系数（例如根据 Eurocodes 采用 1.35），却仍将衬砌设计为承受上覆岩层压力（即上部围岩自重）或初始原位水平应力，就会显得过于保守。目前，有两种更现实可行的方法可用来估算围岩荷载。

首先，可根据先例估算出荷载，见表 4.1。然后将标准的荷载分项系数应用于估算的荷载。值得注意的是，对于软弱围岩，记录的长期荷载要远小于全上覆岩层压力（Full Overburden Pressure，FOB），且通常远低于全上覆岩层压力的 60%（Jones，2018）。相比之下，管片衬砌的衬砌荷载可能更大（Jones，2018）。而硬岩隧道也同样如此。不过，遗憾的是，对于喷射混凝土衬砌隧道在不同类型围岩中的衬砌荷载信息，目前还没有庞大的数据库。

表 4.1 浅埋隧道的长期围岩荷载及松弛系数样例

围岩	长期荷载 （占全上覆岩层压力的百分比）	松弛系数*	来源
伦敦黏土	50%~60%	50%*	Jones，2005
完全分解的花岗岩（~粉砂）	估计值为 40%~60%**	75%	相当于 0.2%的体积损失

续上表

围岩	长期荷载 （占全上覆岩层压力的百分比）	松弛系数*	来源
砾岩	—	50%	
砂岩	—	50%~60%	
泥灰质白垩岩	—	50%	Hawley 与 Pöttler，1991
白垩岩	>50%	25%	Watson 等人，1999
石灰岩	—	50%~70%	
岩石	参见表 4.2	高达 100%	

注：*关于伦敦黏土松弛系数的更多细节，参见 Goit 等人，2011。
　　**尽管文献检索没有检索到喷射混凝土衬砌隧道相关数据，但粒状材料管片衬砌隧道的压力计数据表明，长期荷载值在此范围内。

其次，对特定围岩条件的隧道施工经验不足时，可采用解析法或数值法（见表 4.2 和第 4.3 节）估算出围岩荷载。可使用松弛系数（在收敛约束法和数值模拟中）来模拟拱效应的有利作用。只有在根据上述松弛系数释放初始应力后，衬砌才能被引入模型。很明显的是，松弛系数的选择对衬砌上的最终荷载有极大影响。表 4.1 包含了一些典型数值。这些数值仅具有初步指导意义，因为松弛量具体取决于本构模型和施工工序。最近有研究表明，该研究使用复杂的应变软化模型对超固结黏土进行了多阶段开挖工序建模，为更好地重现在现场观测到的围岩位移和隧道所受荷载发展过程，应采用数个松弛阶段（Goit 等人，2011）。

表 4.2　估算围岩荷载时使用的解析解

围岩类型	解析解	来源
软弱围岩（土）	Curtis–Muir Wood	Muir Wood，1975；Curtis，1976
软弱围岩（土）	Einstein Schwartz	Einstein 与 Schwartz，1979
软弱围岩（土和岩石）	CCM	Panet 与 Guenot，1982
块状围岩	Protodykianov	Szechy，1973
硬岩或块状围岩	Parch	Grimstad 与 Barton，1993

类似地，Muir Wood（1975）认为，在采用其解析解预测出的荷载中，仅有

一小部分作用在衬砌上。针对伦敦黏土的特定情况，他提出的建议值为50%。

对于高应力硬岩隧道方面的经验和基于应力松弛的简单解析模型已形成了这样的一个观点，即所允许的围岩松弛越大，衬砌承受的极限荷载就越小。此观点已被融入新奥法理念之中。不过，对于软弱围岩喷射混凝土衬砌隧道，此观点似乎并不适用。实际上，由于软弱围岩中的应变软化效应以及产生的负孔隙压力（将在后期消散），软弱围岩松弛越大，荷载就会越大（Thomas，2003；Jones，2005）。

对于块状围岩，可根据节理模式，采用UNWEDGE等程序来计算典型块体的大小。

然后，仍然是将标准的荷载分项系数应用于这些荷载计算中，例如根据Eurocode 7 Design Approach 2 [EC 7 (2004) clause 2.4.7.3.4.3]。或者，在数值模拟中，也可按照Eurocode 7 Design Approach 1所述步骤，将分项安全系数应用于岩土参数。之后，数值模型就可直接提供"考虑系数的"荷载。不过，实际上并不建议这样做，因为将系数应用于围岩参数时，可能产生对围岩特性的误导性模拟。例如，抗剪强度折减导致的塑性屈服和变形可能远远超出合理预期。

4.2.2 开挖和支护工序

喷射混凝土衬砌隧道的修建方式对隧道内的最终应力以及地表沉降量有很大影响。材料在加载时的龄期是造成隧道衬砌中喷射混凝土与普通混凝土存在特性差异的主要原因。从喷射之时起，喷射混凝土就承受不断增长的可变荷载。喷射混凝土在早龄期承受荷载，意味着徐变可能成为重要因素，而材料则可能处于"超限应力"状态，即施加的荷载达到材料强度的较高百分比，从而导致明显的非线性特性，并且可能对微观结构造成长期损伤。由于在喷射混凝土衬砌隧道的寿命早期阶段，喷射混凝土的性质随龄期的变化显著，因此隧道衬砌对荷载的响应也将随施加荷载的时间而变化。

施工工序的关键要素概述如下。

- 开挖工序：隧道通常被细分为多个导坑。导坑按顺序推进，每个导坑将不断扩大隧道尺寸直至形成整个断面。典型开挖工序包括：上台阶、下台阶和仰拱；导洞与扩大部分；侧壁导坑与扩大部分以及双侧壁导坑和中间岩柱。开挖工序的选择取决于临时导坑的整体稳定性。
- 分部：导坑掌子面的分部开挖可用于控制掌子面稳定性，同时还应采取喷射混凝土封闭层等其他措施。
- 环向封闭：控制软弱围岩隧道施工中围岩位移的关键是形成封闭的结构环。只要结构环是敞开的，围岩就会继续向隧道内移动，但环向封闭则可使其停止。
- 掘进进尺：在钻爆法隧道中又被称为"爆破进尺"。掘进进尺是指在单个阶段开挖的导坑距离。
- 邻近开挖或施工：因为隧道导坑四周的围岩应力呈拱形分布，所以邻近围岩会承受额外荷载。在该影响区内设计的任何结构都必须能承受此类额外荷载。补偿注浆等邻近施工活动也会对隧道施加荷载。

第 3 章中已概述了影响开挖和支护工序选择的各种因素。主要影响因素如下所列：

- 自稳时间（和围岩的整体稳定性）。
- 掌子面稳定性。

此外，施工队伍对施工工序通常有自己的偏好，这具体取决于施工进度计划和可用设备。

掌子面围岩的稳定性决定了每个导坑内的掌子面大小。可使用各种解析方法来帮助估算掌子面大小，例如黏性材料的稳定系数 N（Mair，1993）。而对于无黏性围岩，则可参阅 Leca 与 Dormieux（1990）。

在某些情况下，延迟安装支护是可取的（如膨胀或挤压性围岩）。但在一般情况下，尤其是在软弱围岩中，隧道衬砌的施作则宜早不宜迟。因为这将最大限度降低隧道周围的围岩产生过度变形或劣化的风险。

4.2.3　水与防水

地下水对喷射混凝土衬砌隧道设计的影响有两个。一是地下水会影响围岩特性；二是根据隧道的具体用途，可能需采取防水措施。

水除了对围岩强度及其稳定性有直接影响外，从长远来看，水也可能对衬砌施加荷载。如果隧道是用作排水设施，隧道就可能承受由渗流力造成的荷载。在坚硬超固结黏土中，隧道周围产生的各种负孔隙压力的均衡化将增加衬砌承受的荷载，不过在大多数情况下这种增加量会很小，且实际上往往会使衬砌承受的荷载达到平衡状态（Jones，2005）。

表 4.3 给出了不同防水设计方法的应用范围。

表 4.3　防水设计方法

排水	局部防水	完全防水
可接受涌水	可接受少量涌水	不可接受涌水
1 级或 2 级 *内部最终衬砌	1 级或 2 级 *内部最终衬砌	1 级或 2 级
3 级或 4 级 *若没有内部衬砌		
在 10m 范围内大于 0.02L/(m²·d) 且小于 0.1L/(m²·d) 或大于 0.2L/(m²·d) 且小于 0.5L/(m²·d)	在 10m 范围内小于 0.02L/(m²·d) 或大于 0.02L/(m²·d) 且小于 0.1L/(m²·d)	在 10m 范围内小于 0.02L/(m²·d) 或大于 0.02L/(m²·d) 且小于 0.1L/(m²·d)
高水压下的任何隧道 引水隧道	公共区域、地铁隧道、浅埋公路或铁路隧道	公共区域、地铁隧道、浅埋公路或铁路隧道
低或高水压 <1bar 或 >5～8bar	低水压至中等水压 <5～8bar	低水压至中等水压 <5～8bar
透水或不透水围岩	不透水围岩	透水围岩
仅考虑渗透压力的设计	衬砌可设计为用于承受全部水压	衬砌必须设计为用于承受全部水压
例如 San Diego MVE （Thomas 等人，2003）	例如 Channel Tunnel UK Crossover （Hawley 与 Pöttler，1991）	例如 Crossrai （Thomas 与 Dimmock，2018）

　　在确定围岩荷载时，必须在设计分析中考虑地下水效应（地下水要么作为直接荷载，要么对稳定性产生影响）（参见第 4.2.1 节）。如果隧道采用防渗衬砌，则隧道将受上浮力影响。

　　目前有各种各样的措施可用来防止水进入隧道，相关措施的选择取决于水文地质条件、隧道用途以及可允许的排水量。国际隧道协会（ITA）已根据隧道的用途编制了隧道衬砌防渗指南（ITA，1991）。图 4.3 给出了实现各类干燥隧道（如车站公共区域或频繁使用的公路隧道）的相关解决方案。不过，随着外部水压增加（例如在水头约为 50～80m 时），允许少量受控排水而非完全防水，可能是更经济的做法。这样就会降低衬砌承受的荷载。

　　通常，防水的目的是不让地下水进入，但有时防水的目的则是防止隧道中的流体泄漏（如输水隧道）。不过，值得注意的是，防水方法在不同国家之间和不同行业之间有着很大差异，这具体取决于业主的预算和当地设计惯例。例如，挪威的一条海底公路的漏水极限值为 14L/(m²·d)（在 10m 长度以上），该数值远高于国际隧道协会 5 级防水等级（ITA Class 5），而英国的一条类似的公路隧道则要求达到 2 级防水等级。造成这种差异的部分原因是隧道使用者数量较少，但还有一部分原因则是国家的偏好使然。众所周知，防水是施工中的难点，即使采用昂贵的"完全防水"膜系统，也无法保证100%成功。一个小瑕疵就可能危害到整个系统。喷射混凝土的抗渗性仅是整个隧道防水系统中的一个要素。衬砌或防水系统本身的接缝，以及隧道和竖井等连接结构之间的接缝，都是防水的薄弱点，需特别注意密封，以防进水。

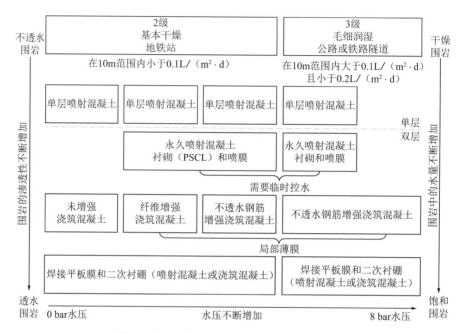

图 4.3　实现干燥隧道的"不排水"解决方案选择

注：水压超过 8bar 时，可能需要某种形式的排水。

防水本身就是一个很大的课题。更多信息可参见 BTS Lining Design Guide (BTS, 2004)。以下部分仅包含一些简要说明，旨在阐明防水措施对喷射混凝土衬砌的影响。

1）受控涌水（通过排水孔）

在不需要完全防水（如在不对公众开放的非敏感隧道中）的情况下，或者在进水短暂且量小的情况下，又或者是在水压太高以至于完全排水并不经济的情况下，通常采用"排水"解决方案（Thumann 等人，2014）。

图 4.4 所示为排水解决方案的典型布置。通常是在排水孔内插入刻有狭缝的小直径塑料管（如 50mm），以保证涌水通道畅通。塑料管可用土工布包裹，以防围岩中的细颗粒冲入管内。然后，涌水将被导入隧道仰拱内设置的排水管中。但遗憾的是，氢氧化钙等盐状物会从围岩和喷射混凝土衬砌中浸出并沉淀

在排水管内，这一过程被称为"结晶堵塞"（Eichler，1994；Thumann 等人，2014）。在最糟糕的情况下，排水管可能会完全堵塞，产生大量的维护工作（例如在许多高山隧道中）。在某些采用排水解决方案的工程实例中，会按照全静压水头的荷载工况（即假设排水管被堵塞）来检测隧道衬砌，例如英吉利海峡英国双渡线段洞室（Channel Tunnel UK Crossover Cavern）。

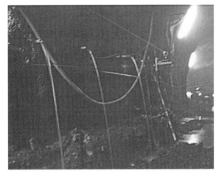

图 4.4 排水管

此种方法可与"排水带（Strip Drains）"结合使用。排水带是由塑料排水层组成的薄板，需用锚杆固定在岩石上，排水带的作用是将水向下引至仰拱内的排水管中。如果水总体上是通过围岩渗入，或是通过系统排水孔渗入，而非是在孤立的位置渗入，那么就可使用上述排水层来覆盖更大的区域。这种"防水"形式的缺点在于，排水层上喷射的混凝土层较薄（约为 50mm），往往会因不受约束的收缩而出现较大裂缝（Ansell 等人 2014）。Ansell（2011）在其相关著述中探讨了克服此项缺点的各种方法。

在施工期间也可用排水孔来控制涌水。采用排水孔后，水会集中在排水孔内而不是通过整个衬砌渗入，由此也就更易于处理。此外，还可局部降低地下水位，以减小涌水压力。

或者，也可通过降低围岩的渗透性来限制涌水。与此相关的系统预注浆（Systematic Pre-grouting）在斯堪的纳维亚半岛是常见做法（NFF，2011；Smith，2018），这使隧道的涌水量降低至 2~10L/(min·100m)（Franzen，2005；Grov，2011）。

2）防水板

在过去，喷射混凝土本身并不被认为是防水的，因此需采取额外防水措施。而对喷射混凝土耐久性的担忧，促使设计者在第二层衬砌施作完成后就立即忽略第一层衬砌。常用的解决方案是将一层防水板安装在第一层喷射混凝土衬砌内。在这种所谓的"完全防水"或"局部防水"解决方案中，会将第二层衬砌施作在防水板内，以承受水荷载，且通常还要长期承受整个围岩荷载。即使第一层衬砌已包含在长期设计中，但由于防水板会在第一层衬砌和第二层衬砌之间引入无摩擦界面，就必须假设无复合结构作用产生。采用这种方法将对衬砌设计有重大影响（见第 4.3.2 节），不过防水板本身对喷射混凝土衬砌也有影响。

通常情况下，为防止防水板被刺破，在安装防水板前，必须处理好喷射混凝土衬砌隧道的表面（图 4.5）。有时排水材料可额外起到保护层的作用。如果衬砌轮廓突然发生变化或衬砌表面出现较深凹陷，那么在混凝土浇筑期间就会存在过度拉伸防水板的风险。为避免此风险，人们制定了平整度标准，见表 4.4。

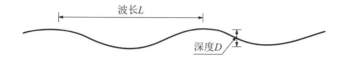

图 4.5　平整度的深度波长比标准

表 4.4　喷射混凝土衬砌隧道的光滑度标准举例

参数	限值
深度波长比（D/L），如图 4.5 所示（在 3m 基准长度范围内）	临时衬砌小于 1∶5 永久衬砌小于 1∶20
地下结构的过渡和交叉部位应打磨成圆形的最小内半径	500mm
最终修整层的最小厚度	25mm
锚杆等突出钢件的修整表面的曲率半径	大于 200mm
除非采用额外的喷射混凝土进行处理，否则所有突出钢件均应切割至与表面齐平	—

目前，有各种类型的防水板可供选择（参见 BTS，2004），而防水板的安装则是一项高度专业化的工作（图 4.6）。在二次衬砌施作到位，得以抵抗水压之前，防水板安装期间可能需要采取临时排水措施。

图 4.6　防水板安装

在"完全防水"解决方案中，防水板的设计旨在形成完全不透水的屏障，用于阻止涌水（或出水）。而在"局部防水"解决方案中，防水板并不围绕隧道的整个周长延伸，防水板将终止于仰拱任一侧的排水管内，并与土工布材料结合，将水输送至排水管。这样做的优点是，内部衬砌无需设计为能够承受全静水压。而其缺点则是，必须采取相应措施防止结晶堵塞（参见"受控涌水"一节）。

即使在"完全防水"解决方案中，也需出于谨慎在隧道内安装一些排水设备，因为防水板几乎不可避免地会出现一两处渗漏。

3）喷涂防水膜（SAWM）

随着化学基薄结构衬层（TSL）的发展，在21世纪初引入了一项新技术，通过该技术可在现场喷涂防水膜以形成防水层（Thomas 与 Dimmock，2018）。

相关详细信息请参见 ITAtech 指南文件（ITAtech，2013）。

喷涂防水产品通常致力于在静水压较低或几何形状较复杂的情况下，提供比防水板更具成本效益的解决方案。其主要优点是便于施工，采用操作简便快捷的简单设备即可施作完成。根据整个防水膜的黏结程度，也有可能实现在复合衬砌层之间应用喷涂防水膜，具体参见第4.3节。

最初的喷涂防水膜概念的一个关键要素是在基底两侧黏结防水膜。这种方法有两个优点：第一，防水膜后面的第一层衬砌中，任何张开的裂缝均无水流出；第二，第一层和第二层混凝土衬砌与防水膜之间存在复合结构作用。而这为在结构上设置更高效（且因此更经济）的衬砌提供了可能性。一般而言，喷涂防水膜已证明具有耐久性。喷涂防水膜能抵抗常见的环境影响，如典型地下水化学侵蚀和霜冻（低至$-5°C$）。喷涂防水膜已经在设计寿命长达120年的项目中使用，例如横贯铁路 Crossrail（Thomas 与 Dimmock，2018），另可参见 ITAtech 2013 中的案例研究。

尽管喷涂防水膜不容许液态水渗透，但多数喷涂防水膜都容许水汽渗透，类似于 Gore-Tex 夹克。因此，会有少量的水穿过防水膜（Holter 与 Geving，2016）并流失到隧道内的空气中。Holter（2015a）发现，即使在岩石交界处的混凝土已完全饱和，防水膜的孔隙水饱和度也小于100%。理论上，此特性可能允许在设计计算中对作用于防水膜的孔隙压力使用折算值。举例来说，孔隙压力也许会达到标称水压的85%，正如 Thomas 与 Dimmock（2018）在其论著中所述。

良好的表面处理对于喷涂防水膜的成功使用至关重要（ITAtech，2013）。尽管对于喷涂防水膜而言，其接缝的形成较为简单，只需将邻近部分与上一部分重叠即可，但与防水板一样，在形成接缝时仍需特别小心。混凝土表面不能太过粗糙，否则不仅会消耗大量昂贵的防水膜材料，而且还会产生缺陷（例如，在防水膜无法跨越混凝土表面较深的凹陷时，便会产生针孔）。为避免此问题，喷射混凝土应达到 U1 级完成面标准或更高标准（表 3.8），不然就应施作由喷射砂浆构成的找平层。图 4.7 显示了喷射态表面的粗糙度随喷射混凝土中最大骨料粒径而变化的情况。

喷涂防水膜的缺点是，就像喷射混凝土本身那样，最终成品也是在隧道现场施作而成的（图 4.8），因此易于受到环境因素的影响（如对养护过程有害的低温或高湿度）以及不良工艺的影响。此外，喷涂防水膜产品的养护时间可能持续数周，因此会延误内部衬砌施作等其他作业活动。

图 4.7 在最大骨料粒径不同的情况下由 MS 345 覆盖的喷射混凝土表面（由 BASF 提供）

图 4.8 喷涂防水膜的施作

4.2.4 永久喷射混凝土

喷射混凝土可被制成具有优异耐久性的混凝土（即等同于现浇混凝土的耐久性，如其渗透性和孔隙性数值所示，参见 Neville，1995；Palermo 与 Helene，1998；Norris，1999）。不过，这样做会使材料的单位成本上涨。为了具备永久性，喷射混凝土就必须在隧道设计寿命内维持足够的耐久性。喷射混凝土目前仍未被广泛用作永久工程的一部分（至少在公共隧道中是如此）（Golser 与 Kienberger，1997；Watson 等人，1999），并且在性能规范方面也没有形成明确共识。在过去，人们对喷射混凝土隧道衬砌的耐久性有所担忧，这阻碍了此类材料在隧道永久衬砌中更广泛的应用。同时，人们对耐久性这一概念往往还了解得不够透彻，这也无助于改善上述情况。

在具体项目接受认可使用永久喷射混凝土之前，通常须回答两个问题：

（1）喷射混凝土是否具有耐久性？

（2）衬砌是否具有足够的防水性？

就第一个问题而言，现代优质的喷射混凝土已是一种耐久材料（关于喷射混凝土耐久性的详细论述，参见第 2.2.9 节）。混凝土耐久性所面临的重大风险因素仅包括不良工艺、施工期间的涌水以及早龄期的过度承载。

一般来说，混凝土强度不应随时间的推移而降低，同时混凝土还应密实且具有低透水性。这后一项标准旨在降低水透过衬砌本体渗入以及衬砌内钢筋发生腐蚀的潜在风险。表 4.5 包含了为让"永久"喷射混凝土达到上述基本标准而规定的典型设计要求。此外，有人担心喷射混凝土在早龄期承受的荷载可能会破坏其长期强度。不过，这一问题与"单层"衬砌更加相关（参见第 4.3.4 节），但不管怎样，现场喷射混凝土的正常抗压强度试验应能检测出任何明显的强度破坏。

表 4.5　永久喷射混凝土衬砌的典型设计要求

参数	数值	来源/意见
最大水胶比（Water-binder Ratio）	0.45	—
最小水泥含量	400kg/m³	添加 5%～10%硅灰（bwc）更好
最小抗压强度	取决于衬砌荷载，一般为 30～40MPa	28d 后不随时间降低
最大速凝剂掺量	尽量保持低掺量	—
透水性	$\geqslant 10^{-12}$m/s	Darby 与 Leggett，1997
最大渗水深度（Water Penetration）	$\leqslant$ 50mm	Lukas 等人，1998；EFNARC，2002
最大裂缝宽度	0.4mm	ÖBV，1998
养护周期	7d	洒水养护
混凝土层间黏结强度	1.0MPa	EFNARC，2002

与临时工程中所用的喷射混凝土相比，永久喷射混凝土需具有更高规格。现代规范通常要求永久喷射混凝土 28d 龄期的抗压强度达到 30MPa 或以上（例如，ÖBV 2013 规定的 C35/45）。表 2.1 列出了配合比设计示例。同时，采用更高标准的工艺并就此实行更严格的质量控制也是必要的。在个别情况下，还需进行养护，例如 Grov（2011）介绍的 Hvalfjordur 隧道。但正如第 3 章所述，这会导致在隧道中产生施工队伍希望避免的额外作业活动。

埋置在喷射混凝土中的钢筋发生腐蚀是其主要的残余风险。消除这种风险的其中一个方法是采用纤维增强。不过，仍会有需要用到更高强度的钢筋增强的情况存在，例如交叉段。在这些情况下，应通过良好的工艺确保钢筋安全地包裹在低渗透性的密实混凝土中，就像包裹在浇筑混凝土中一样（参见第 3.4.4 节）。

就第二个关于防水性的问题而言，如第 4.2.3 节所述，目前有各种各样的方法可用来控制渗水，且其中许多方法是与永久喷射混凝土兼容的，尤其是喷涂防水膜。关于这些类型的衬砌设计选择，请参见第 4.3 节。

永久喷射混凝土衬砌领域具有开创性意义的项目情况可参阅 Gebauer（1990）、Kusterle（1992）、Arnold 与 Neumann（1995）、Darby 与 Leggett（1997）、Zangerle（1998）、Palermo 与 Helene（1998）、Grov（2011）以及 Thomas 与 Dimmock（2018）的论著。在 Franzen 等人（2001）的论著中，有一份更加全面的清单，列出了世界各地 150 多座各种类型的隧道。

显而易见的是，施作第二层衬砌并忽略第一层衬砌的做法，相较于将所有已喷射的混凝土均用作永久衬砌一部分的这类衬砌，会产生更高的时间成本和经济成本。Grov（2011）引用了某水电项目 525m 长除淤室的例子，在此案例中改用永久喷射混凝土后，成本减少了 15%，工期节省了 8 个多月。因此，现代设计通常会将永久喷射混凝土融入永久工程设计中，具体参见第 4.3 节。

4.2.5　纤维喷射混凝土（FRS）的设计

本节将涵盖在运用纤维增强时需考虑的关键设计要素，而相关基本性能和特性则可参阅第 2.2.2 节。纤维增强在硬岩和软弱围岩喷射混凝土衬砌隧道中均日益受到青睐。因此，有必要详细说明如何设计采用这种材料的衬砌。纤维喷射混凝土的规范标准通常是以能量吸收或裂缝后的延展性作为依据。前者更适用于硬岩隧道，而后者则更常用于软弱围岩隧道。

纤维喷射混凝土的基本特性已在前文做过介绍，但在进一步论述前，需注意的是，对衬砌的"延性"响应有所预期，这并不意味着纤维喷射混凝土需具有变形硬化响应（Grov, 2011）。迄今为止修建的绝大多数纤维喷射混凝土衬砌隧道，采用的是变形软化纤维喷射混凝土。而这是完全可以接受的，因为衬砌和围岩在岩土-结构相互作用中会产生协同作用。从结构上讲，这是一个高度冗余的系统，发生变形时能在围岩和衬砌的界限范围内重新分布应力。这就难怪有人会怀疑，供应商要求选择具有变形硬化特性的纤维，既是出于工程原理的考虑，也是出于商业偏好。

在软弱围岩隧道中，通常根据轴向力-弯矩相互作用示意图来比较衬砌内的荷载与承载能力。多年来，人们已根据拉伸区的应力块提出了各种各样的设计方法（Thomas，2014）。其中，最新提出的也可说是最好的设计方法，出自 Model Code 2010（fib，2010）。对于像隧道衬砌这样的高度冗余结构，这种方法既可用于钢纤维，又可用于粗合成纤维，尽管规范中也提示了非金属纤维具有的徐变风险（Plizzari 与 Serna，2018）。

对设计人员而言，Model Code 以及其他方法所涉及的一个基本问题是，用于确定设计强度所需的某些数值必须从试验中测定。这就会使设计人员在没有试验数据可用的情况下，无法确定应该假设哪些数值。Thomas（2014）根据已公布的强度数据提出了一些在无具体试验数据可用的情况下，能够用于初始设计假设的合理数值。这些值为 $f_{R1k} = 0.5 f_{fck,fl}$ 和 "b" 级，即根据 Model Code（fib 2010）的分级，在 0.7 和 0.9 之间的 f_{R3}/f_{R1} 值。Thomas（2014）指出，无论是从绝对意义上讲，还是相较于钢筋增强，纤维增加所附加的承载能力往往很小。几乎可以说，纤维对提高抗弯承载能力没有实质意义，并且即使直接使用针对未增强混凝土的相互作用示意图，也能完全确信纤维会使混凝土具有延性。这个结论可能有点令人失望，但它可以避免设计理念和试验方法上的争论。

对于硬岩隧道，纤维喷射混凝土的性能要求通常是从能量吸收方面提出。这是因为（经验法）Q 系统图是根据从 500J 到 1000J 不等的某些能量吸收值，来建议纤维喷射混凝土的厚度。然而，本书作者并未听闻有任何使用能量吸收的解析设计方法，尽管不难想象人们可以根据下降的楔形块体所做的虚功来提出这类方法。Barratt 与 McCreath（1995）介绍了针对喷射混凝土的极限平衡解析设计方法，此方法可用于设计纤维喷射混凝土衬砌（另见第 6.2.1 节）。

4.3 衬砌类型

在上述设计原则的指导下，设计团队应选择最符合项目需求的衬砌类型。表 4.6 列出了永久隧道衬砌的设计选项。以下设计案例之间的关键区别源自对喷射混凝土耐久性以及防水方法的假设（更确切地说，也就是防水膜与第一层/第二层混凝土之间的黏结程度以及承受水压作用的不同位置，参见图 4.9）。

理论上来看，在第一层喷射混凝土衬砌被作为永久衬砌时，可使用双层衬砌。尽管与防水膜的界面缺乏黏结强度，也仍会存在一些有限的荷载分担（Thomas 与 Pickett，2012）。不过，相关经济效益十分有限，因此不值得考虑。

表 4.6　衬砌类型和关键特性

衬砌类型	第一层衬砌		防水	第二层衬砌	
	类型	永久		类型	永久
双层衬砌（DSL）	喷射混凝土衬砌	否	防水板	浇筑混凝土衬砌	是
复合衬砌（CSL）	喷射混凝土衬砌	是	喷涂式防水	喷射混凝土衬砌	是
局部复合衬砌（PCL）	喷射混凝土衬砌	是	喷涂式防水	喷射混凝土衬砌	是
单层衬砌（SSL）	喷射混凝土衬砌	是	无	不适用	

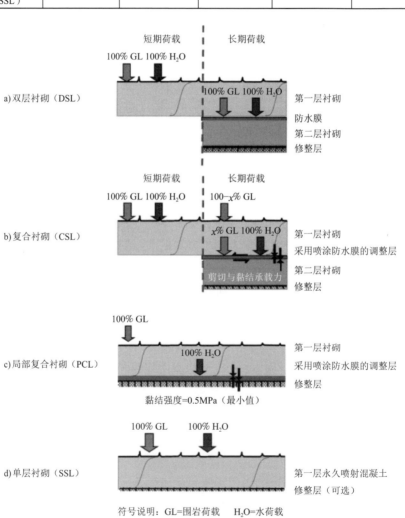

图 4.9　衬砌设计方法和荷载假设

4.3.1 双层衬砌（DSL）

在喷射混凝土衬砌技术发展的早期阶段，由于对某些外加剂的长期影响以及衬砌的整体质量有所顾虑，第一层衬砌只被当作临时衬砌（例如用来将钢筋网和钢拱架包裹在混凝土中）。而在第一层衬砌内还会另外布设第二层衬砌，用于承载所有永久荷载。这种方法目前仍用于许多工程中，被称为"二次衬砌"或"双层衬砌（DSL）"。

第二层衬砌通常由现浇混凝土构成，不过也可使用喷射混凝土，特别是在模板成本较高的情况下（如交叉段或形状变化不一的隧道）。由于第二层衬砌施作在防水板内部，因此通常将其设计为能够承受水荷载，外加大部分或全部围岩荷载（参见前文关于防水板的论述）。

浇筑混凝土衬砌会被施作在模板中（图4.10），并采用普通的混凝土技术。模板类型取决于每座隧道的具体要求。对于具有恒定断面的较长隧道，一般采用移动式钢模板。虽从用料来看，木模板相对便宜，但木模板的劳动密集度却更高。因此，只有在工资成本较低的国家或特殊情况下，比如在采购钢模板并不合算的交叉段，才会使用木模板。

理想情况下，内部衬砌应设计为无筋素混凝土型。可通过合理选择隧道形状来尽量减小弯矩，并且根据隧道中的环向压

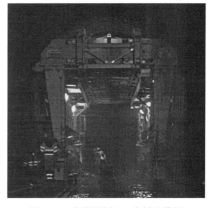

图4.10 浇筑混凝土二次衬砌模板

缩荷载，弯矩值或许可以低到能够安全处于素混凝土强度范围内。借助优良的配合比设计（如采用粉煤灰等水泥替代物来减缓水化过程），并将衬砌分成长度较短的小段进行浇筑（如间隔小于10m），可降低热效应或收缩效应引起的开裂风险。如果未使用防水膜，那么有时最好还是要安装一层塑料分隔板，以减少与第一层衬砌接触时的摩擦。此外，这也可以降低开裂风险。而在衬砌荷载较高的情况下，则需为第二层衬砌添加增强材料。

"灰色岩石"——计算中考虑其具有无黏性砾石的力学性能，这就是所谓的"灰色岩石"设计理念。在实践中，这种方法由于太过复杂，无法纳入解析解中，因此仅被用于数值分析。在减少第二层衬砌承受的轴向荷载方面，这种方法的优势很小，不过它仍可能有所助益，因为在分析中将第一层衬砌变成砾石后，第一

层衬砌中"预测的"的高弯矩就可能消失。鉴于这种方法优势有限，工程师可能更愿意投入精力去证明第一层衬砌喷射混凝土具有长期耐久性，而不愿意在数值分析中同时应对多个"灰色岩石"参数。表 4.7 包含相关参数的一些示例。

表 4.7 "灰色岩石"的设计方法——劣化的喷射混凝土

方法	数值
50%劣化*	$E = 10$GPa、$c = 2$MPa 且$\varphi = 45°$
完全劣化*	$E = 0.1$GPa 且强度为零
英吉利海峡隧道铁路连接线	$c = 0$MPa 且$\varphi = 30°$；刚度未提及
英国希思罗机场 5 号航站楼项目	忽略外侧 75mm 衬砌厚度，但其余部分保留全部强度；根据 Eurocode 2，从长远来看，$E = 15$GPa

注：*由 M. John 于 2006 年在布拉格举行的 Nove Trendy v Navhovani Tunelu II研讨会上发表。

4.3.2 复合衬砌（CSL）

如前所述,喷涂防水膜的吸引力在于具有分担第一层衬砌和第二层衬砌（即所谓的复合衬砌）之间荷载的潜力，从而形成更薄且更经济的衬砌。这些优势能否实现，在很大程度上取决于设计方法。早期的工程通常假设在剪切与拉伸状态下防水膜的黏结强度均为零（例如，英国伦敦的 Crossrail 项目）。以上假设加上关于水压会作用在防水膜上的假设，自然会导致需要相对较厚的第二层衬砌。在对伦敦某隧道的研究中，根据应变计数据推断论证了第一层衬砌具有长期含水饱和性（时间段超过 18 年），同时根据第一层衬砌中的稳定应力推断论证了第一层衬砌具有良好耐久性（Jones，2018）。

在这种假设下，通常第二层衬砌的厚度与传统双层衬砌（DSL）法中的厚度一致（Bloodworth 与 Su，2018）。然而，在 Crossrail 项目中，第二层衬砌的增强材料要远少于采用双层衬砌法时应设置的增强材料（即减少了大约三分之二）。总的来说，由于复合衬砌的这种变化因素并没有带来大幅节省，因此不做推荐。

到目前为止，人们普遍认为某些喷涂防水膜已有充足的试验数据，其中必然包含了极有参考价值的防水膜界面处的黏结强度值。考虑到黏结强度，以及防水膜本身具有的有限性能低于混凝土衬砌，复合作用将小于理想情况。许多研究已探析了复合作用的程度及其所受的影响（Thomas 与 Pickett，2012；Su 与 Bloodworth，2014；Su 与 Bloodworth，2016；Su 与 Uhrin，2016；Jung 等人，2017a 和 b；Vogel 等人，2017；Bloodworth 与 Su，2018；Su 与 Bloodworth，

2018）。对于浅埋软弱围岩隧道，在剪切或拉伸状态下的黏结强度似乎总要远高于预测的应力。此特性主要受黏结刚度和剪切刚度影响，尤以后者为甚。总的来说，这些研究在复合作用的程度方面得出了相似的结论。例如，研究发现，考虑到防水膜剪切刚度和法向刚度的典型范围，短期复合作用程度（Degree of Composite Action, DCA）的数值从 0.50 到 0.85 不等（Su 与 Bloodworth，2018）。在全复合作用下，复合作用程度数值为 1.0，而在无复合作用下，复合作用程度数值则等于 0.0。Bloodworth 与 Su（2018）建议在考虑长期工况时将黏结性能减半。这意味着，从长期来看，第一层衬砌和第二层衬砌之间的荷载分担相对适中，即更多的荷载是由第二层衬砌承受。然而，每种个案都必须由设计团队根据个案特有的优点进行单独审视。

在采用复合衬砌的情况下，有各种方法可用于在数值模型中对衬砌和防水膜进行模拟。其中，最全面的方法是将衬砌模拟成多个区域，同时也将防水膜模拟成多个区域（Jung 等人，2017a）或按最理想的做法模拟成一个界面（Thomas 与 Pickett，2012；Bloodworth 与 Su，2018）。Su 与 Bloodworth（2018）描述了在软弱围岩隧道掘进背景下进行此类数值模拟的步骤。

在确定荷载分担时影响最大的参数是界面的剪切刚度。考虑到非饱和状态下的长期剪切刚度值往往会处于数值范围的下限（即大约 0.2GPa），那么根据 Su 等人的研究，预期的复合作用将相对较弱。不过，这也取决于其他边界条件，因此建议设计人员进行独立计算。

作为对两层衬砌进行显示建模的替代方法，有些作者已探讨了结构理论在层压材料中的应用，并试图得到整体式衬砌的等效参数（Jaeger，2016；Jung 等人，2017a 和 b；Thring 等人，2018）。此种方法极具吸引力，因为它为更简单的分析开辟了道路。不过，衬砌的等效厚度会因是否匹配挠度或应力而有所变化（Thring 等人，2018）。迄今为止，这些研究尚未在衬砌应力方面得到验证，因此对此种方法不做推荐。

4.3.3 局部复合衬砌（PCL）

Thomas 与 Dimmock（2018）对喷涂防水膜内的第二层衬砌采用结构衬砌的要求有所质疑。他们提出，在结构方面，第一层衬砌将与黏结的防水膜协同作用。因此，内部的第二层衬砌就变为可能带有一系列功能（例如薄膜防火、美观以及承受较小的固定荷载）的非结构构件。如果有足够的安全系数防止脱黏，防水膜就可将其承受的水压传递回第一层衬砌。在某软弱围岩隧道的衬砌厚度研究中，Su 与 Bloodworth（2016）指出，从结构角度看，尽量减小第二层衬砌的厚度是可取的做法。

这种方法也与目前的硬岩排水隧道设计方法相一致。Holter（2015a）介绍了来自挪威隧道的三项试点研究，相关工程在部分隧道工段使用了喷涂防水膜。位于防水膜内部的第二层衬砌的厚度范围在 30～80mm，而第一层衬砌的厚度范围则在 180～330mm。这些隧道均为排水隧道，也就意味着衬砌不必做到完全不透水，水压将通过隧道仰拱内的排水管进行释放。而围岩本身则需相对不透水，否则就需使用系统预注浆把岩体的渗透性降至可接受的水平，更多关于硬岩隧道系统预注浆的信息，请参阅 NFF Publication 20（2011）。

4.3.4 单层衬砌——单次衬砌

永久衬砌最简单的形式，是通过使用所谓的"单层"或"单壳"方法来形成，无需使用任何防水膜（Golser 与 Kienberger，1997）。实际上，"单层"也可能是由不同时间施作的数层喷射混凝土组成。不过，"单层"的基本原理是，所有喷射混凝土在隧道寿命期内均承受荷载，且不同混凝土层通常是共同作为一个复合结构。这种方法在某些领域（特别是水电项目）和某些围岩条件下（例如干燥硬岩）十分常见。表 4.8 简单列出了几个相关工程案例。

表 4.8 单层喷射混凝土衬砌隧道案例

项目	隧道类型	参考文献
慕尼黑排水项目	排水隧道	Gebauer，1990
慕尼黑地铁	地铁隧道	Kusterle，1992
希思罗机场行李转运隧道	非公共隧道	Grose 与 Eddie，1996
希思罗机场 5 号航站楼 "Lasershell" 法	引水隧道、公路隧道和铁路隧道	Hilar 等人，2005
SLAC 项目	研究设施	Chen 与 Vincent，2011

就防水性而言，图 4.11 表明，如果考虑简单计算在各种情况下进入隧道的涌水量，参见 Celestino（2005）中的公式(4.1)以及 Franzen（2005），那么当前的单层衬砌只有在隧道超过 ITA 3 级防水等级（铁路运行隧道的最低标准）时才能应用于相对不透水的围岩中。围岩岩体的渗透系数必须小于 1×10^{-10}m/s。举例来说，单层衬砌已成功应用于伦敦黏土中，而其渗透系数范围在 5×10^{-11}～5×10^{-12}m/s。

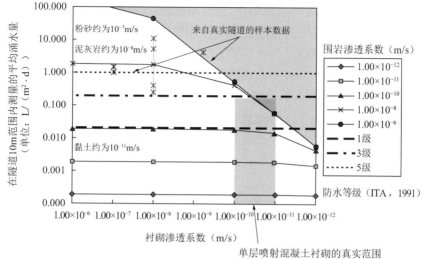

基于式（4.1）：$r=2.5$；$t=0.25$；$h=20$；$\xi=3.0$

图 4.11　不同衬砌和围岩渗透系数的隧道的涌水量

$$Q = \frac{2\pi k_l (b-r)}{\left[\ln\left(\dfrac{r+t}{t}\right)\right] + \left(\xi \dfrac{k_l}{k_g}\right)} \tag{4.1}$$

式中：Q——隧道的单位涌水量（$m^3/(s \cdot m)$）；

k_l 和 k_g——衬砌和围岩的渗透系数；

h——地下水位以下的深度；

t——衬砌厚度；

ξ——"表皮系数"。

图 4.11 假设单层衬砌（作为整体）只能达到比单个喷射混凝土试样的渗透系数大致小一个量级的抗渗性，即能够达到 $1\times10^{-10} \sim 1\times10^{-11}$ m/s（参见图 2.25 和 Celestino，2005）。这在未来可以得到提升改善，例如采用聚合物添加剂来予以改善（Bonin，2012）。不过，也可选择提升围岩的渗透系数，如通过系统注浆法（Franzen，2005）。

在这一点上还值得注意的是，关于可接受的渗水标准仍存在一些争论。如图 4.11 所示，国际隧道协会提出的限值（ITA，1991）可能太过严格。Franzen（2005）指出，隧道中每平方米的单个滴水点可能导致大约 1.5L/($m^2 \cdot d$)［3L/(min · 100m)］的渗水量。Celestino（2005）则建议将 1L/($m^2 \cdot d$)［约为 1.25L/(min · 100m)］的渗水量作为地铁隧道的可接受限值，并建议将

14L/(m² · d)[约为 30L/(min · 100m)]的渗水量作为挪威海底公路隧道中的接受限值。NFF（2011）则提出可接受限值的范围为 5~20L/(min · 100m)。

衬砌的抗渗性不仅对达到规定的隧道干燥程度十分重要，而且对防止钢筋的腐蚀也十分重要。单层衬砌面临的最大挑战在于接缝。尽管优质喷射混凝土的渗透系数可低至 10^{-12}m/s，甚至还可更低（图 2.25），但由于接缝处存在渗漏水，衬砌整体的渗透系数就可能更接近 10^{-10}m/s。

通过尽量减少接缝数量，可降低渗漏水的可能性（例如，在可能的情况下采用全断面开挖工序而不是上导坑加仰拱的工序），但是此种方法的应用范围有限。由于初期支护中有大量接缝（开挖期间的掘进进尺在 1~4m 之间），与安装密封件相比，确保相邻的喷射混凝土板之间实现良好黏结，才是更合理的做法。单个接缝的完整性取决于是否实现了良好黏结。而优质的喷射工艺就足以确保良好黏结。有时，为便于清洁以及在喷射期间更好地压实，会倾向于选择斜缝（sloping joint）。斜缝还有一个优点是能形成长而曲折的水流路径。初期支护和后续混凝土层之间的错缝由于能够延长地下水的流入路径，也将发挥有利作用。

适用的配合比设计已在前文第 2.1 节中探讨过。由于硅灰能填充孔隙并提高混凝土密度，因此经常会添加硅灰。

在主要接缝处，如隧道交叉段，可能需要安装额外保护措施。鉴于这些接缝形状复杂，几乎不可能在传统止水带周围喷射混凝土并将接缝封闭在混凝土中。因此，对于可能发生差异沉降（变形）的主要施工缝，其密封处理首选注浆管（图 4.12）。

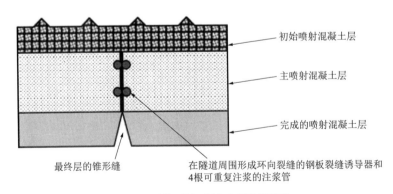

图 4.12 喷射混凝土衬砌内的接缝详图

就单层衬砌的设计计算而言，主要区别源于不同喷射混凝土层共同形成的复合作用。有少量案例研究说明了设计中的这一方面。然而，层与层之间在径向上似乎需要适中的黏结强度（大约 0.5MPa），才能产生复合作用（Kupfer 与 Kupfer，1990）。这完全在喷射混凝土可达到的黏结强度范围内（见第 2.2.3 节）。在核实了层与层之间的黏结完整性之后，整个厚度的喷射混凝土衬砌才可用于承载衬砌上的荷载。

4.4 设计工具

如以下各节所述，目前有一系列的设计工具可供设计人员使用。对于隧道设计中采用的经验法、解析法、数值模拟法和物理模拟法的优点、缺点及应用范围，更全面的探讨可参阅 BTS Lining Design Guide（BTS，2004）。

设计中很重要的一点，是要清楚知道所有设计工具能够做到的只是接近实际情况。设计工具先是简化实际情况，然后再分析简化后的情况，最后才得出答案——而这只是对实际隧道特性的一种预估。对于非常简单或已得到充分了解的实例，通过设计工具得出的预估结果可能与实际特性相同。然而，通常的情况却并非如此，因此要在设计计算的结果中采用安全系数，以确保将隧道无法达到设计规范标准（适用于承载能力极限状态和正常使用极限状态）的这一风险降至可接受的水平（如百万分之一）。

原则上，模拟中有六大误差来源（根据 Woods 与 Clayton，1993）：

- 模拟的几何形状问题；
- 施工方法及其效果模拟；
- 本构模拟和参数选取；
- 求解方法理论基础；
- 结果阐释；
- 人为误差。

在为特定隧道选择设计工具时应该考虑上述这些误差来源。

4.4.1 经验法

岩体质量分级（rock mass rating，RMR）系统（Bieniawski，1984）和 Q 系统（Barton 等人，1975；Grimstad 与 Barton，1993）等常用的经验设计方法，均是针对块状围岩隧道或硬岩隧道提出的。这些方法应用起来快捷简便，至少对于在估计输入参数方面有经验的人来说是如此。上述经验法通常结合岩石强度、岩石质量［采用岩石质量指标（Rock Quality Designation，RQD）值］、节理（组数、频率、间距和状态）以及地下水条件等参数来进行岩体分类。根据相关参数成果，可从设计图或表中量化所需的支护措施。

不过，经验法也有其局限性。比如说，这些方法皆是基于钻爆法隧道。而在 TBM 掘进的隧道中，岩石受到的开挖扰动较少，因此所需支护就会少于预测。在另一方面，项目也可能有特殊要求，这就意味着所需支护将比建议的更多。此外，经验法不能显示与拟设支护相关的安全系数。关于上述及其他经验法的综述，请参阅 Hoek 与 Brown（1980）及 Hoek 等人（1998）论著。

现在针对软弱围岩隧道使用经验法的情况非常少。

4.4.2 解析法

解析法包括连续体"闭式解（Closed-form Solution）"模型（如 Curtis 与 Muir Wood）和 Panet 的收敛约束法（Convergence Confinement Method，CCM），也可参见表 4.2。连续体解析法相对简单，且能提供有关衬砌应力及衬砌变形的信息。这类解析法经常在设计早期阶段使用。其中有些还可得到扩展，从而包含围岩中的塑性或衬砌施作时间等特征。

不过，上述方法也有几个共同的基本局限：它们所假设的是平面应变或轴对称，并且解析解几乎无一例外只适用于在均质围岩中采用全断面开挖法修建的圆形隧道。考虑到如果采用非圆形断面和其他开挖工序，那么从设计喷射混凝土衬砌隧道的角度来看，这就会成为一大缺点。并且，岩土-结构相互作用的建模也受到限制，但这对所有隧道均至关重要。许多形式解的基本形式并不考虑掌子面前方的应力重分布，不过有时可使用松弛系数在形式解中考虑这方面因素形式解，参见表 4.1。

在块状围岩情况下，可使用极限平衡计算来计算支护单个楔形块体所需的锚杆支护。注浆锚杆的典型安全系数是 1.5，而非注浆锚杆的典型安全系数则是 2.0（Hoek 与 Brown，1980）。不过，在实践中，这些计算是由计算机而非人工完成（例如，使用 UNWEDGE 等程序）。对于各种破坏机理可进行类似计算，从而确定岩石支护中锚杆之间所需的喷射混凝土厚度（Barrett 与 McCreath，1995）。研究发现，控制性的破坏机理通常是失去与岩石的黏结力，并伴随喷射混凝土的弯曲破坏（Barrett 与 McCreath，1995）。如果未发生脱黏，那么剪切破坏就会成为最有可能的破坏机理（Sjolander 等人，2018）。

4.4.3 数值模拟

为克服经验法和解析法的局限性，必须借助于数值法，例如有限元（Finite

Element，FE）法和有限差分（Finite Difference，FD）法，因为这些方法能够对喷射混凝土衬砌隧道的全部复杂性进行显式建模。理想情况下，设计计算将明确考虑以下方面：

- 施工工序和隧道掌子面周围的三维应力重分布；
- 喷射混凝土的龄期依赖性和依时特性；
- 喷射混凝土和围岩❶的非线性材料特性。

尽管数值模型有很多优点，但这些模型只是对现实情况的近似模拟，而很重要的一点是要认识到设计模型的局限性。准确合理的工程判断仍然是实现优秀设计的关键。相对简单的设计工具依旧将发挥关键作用，用于核验数值模型结果。在可能的情况下，还应使用现场数据来校准数值模型。有关数值模拟的进一步建议，可参阅 BTS guide（2004）。而与复合衬砌建模相关的一些问题已在第 4.3.2 节做过论述。在以下各节，将针对数值模拟中的一些主要误差来源以及如何予以避免提出相关意见。

1）模拟几何形状的问题

隧道数值模拟中最明显的问题是，到底该采用二维分析还是三维分析。使用三维模型以及避免校正系数这种做法的有益价值正日益得到认可（Haugeneder 等人，1990；Hafez，1995；Yin，1996；Burd 等人，2000；Thomas，2003；Jones，2007），尤其是鉴于在分析更加复杂的模型时，情况将变得困难得多，例如有多个导坑的横截面或耦合固结分析（参见 Abu-Krisha，1998）。虽然三维模拟对于一般用途来说仍耗时过长，但还是被应用于项目中以确定二维分析或交叉段等复杂工况的输入参数（即松弛系数）。

此外，隧道的纵向平面应变模型并不可取，因为此模型表示的是穿过围岩的具有无限宽的槽。同样，对于浅埋隧道（即 $C/D \approx 2$），轴对称也不是可取的假设（Rowe 与 Lee，1992）。

在有邻近结构（围岩上方和下方）或边坡等地形特征时，对这些结构和地形进行建模可能十分重要。

2）施工方法及其效果模拟

喷射混凝土衬砌隧道是按照通常涉及掌子面分部的连续工序修建。应对此连续工序进行模拟，以检查中间各阶段的稳定性。破坏通常发生在中间的某个

---

❶ 软弱围岩通常表现出复杂的材料特性，具有非线性应力-应变特性、塑性、可变 K_0 值、各向异性和固结等特征（如伦敦黏土，参见 Thomas，2003）。

阶段，而不是发生在整个隧道衬砌施作完成之后。更详细的论述可参阅第 5.8 节。支护体系的所有单元都应建模，可采用显式建模或隐式建模。例如，管棚虽无法在二维模型中实现显式建模，但其效果可通过提高隧道周围相关区域的性能来模拟。其他施工活动也可能具有相关性，因此也应建模。能够为衬砌施加额外荷载的补偿注浆就是其中一个例子，具体参见第 6.8.6 节。

3）本构模拟和参数选取

对于喷射混凝土衬砌，通常采用相对简单的模型。相关惯例是假设一个均质、各向同性、线弹性的本构模型，尽管也会包括一些弹性模量随龄期的变化。虽然众所周知喷射混凝土衬砌这种工法容易受不良工艺影响，但通常仍会假设衬砌已按规定的确切（标称）几何形状施工完成。相比之下，管片衬砌则将施工缺陷视为设计中理应考虑的事项，即使管片衬砌可能不易受到不良工艺影响。

研究发现，喷射混凝土本构模型的选择会影响衬砌中预测的应力分布（Thomas，2003）。如果衬砌中的利用系数超过 50%，这种影响似乎就会更加明显。如果假设隧道掌子面是稳定的，那么衬砌中的荷载及其运动就将取决于围岩和衬砌的相对刚度，因为这是一个岩土-结构相互作用的问题。现已发现，与环向力相比，弯矩受本构模型（针对喷射混凝土和围岩）的影响更大。关于可用于喷射混凝土的本构模型的讨论详见第 5 章。

从更广泛的角度看，喷射混凝土本构模型可能对围岩的远场特性并无太大影响。如所预期，假设的原位应力状态和围岩的本构模型均可能对衬砌上的预测荷载产生相当大的影响（Thomas，2003；Jones，2018）。目前越来越多的人认识到需要采用复杂的本构模型来对围岩进行模拟。

4）求解方法的理论基础

在第 3 章，我们已介绍了连续体（软弱围岩或硬岩）和不连续体（块状围岩）的概念。数值模拟程序应适用于所考虑的围岩类型。有限元程序和有限差分程序可模拟连续体，而离散元法程序（如 UDEC 和 3DEC）或 UNWEDGE 程序则可模拟不连续体。如今对组合梁模型（Bedded Beam Model）的应用日益减少，原因在于其模拟岩土-结构相互作用的能力有限。这类模型已基本被二维数值模型所取代。

目前，有多种运用传统有限元程序或有限差分程序的方式可对不连续体进行模拟。例如，可采用 Hoek-Brown 破坏准则在连续体模型中模拟节理岩体的特性，或也可引入界面单元来模拟主要的不连续性。

4.4.4 物理模拟法

为开展研究，或在新区域、施工特别困难的区域建议采用喷射混凝土衬砌隧道施工方法时，偶尔会用到试验隧道。尽管花费巨大，但试验隧道能提供有关隧道衬砌性能的最易获取且最接近真实的数据。英国的试验隧道实例包括：Kielder 试验隧道（Ward 等人，1983）、Castle Hill 试验导坑（Penny 等人，1991）、希思罗机场快线试验隧道（Deane 与 Bassett，1995）以及朱比利线延长线（Kimmance 与 Allen，1996）。从更广泛的角度来看，施工期间和施工后的监测结果有助于大致了解隧道特性，例如衬砌上的荷载（Jones，2018），也有助于使用希思罗机场快线 HEX 和朱比利线延长线 JLE 项目的数据来支撑伦敦横贯铁路项目喷射混凝土衬砌隧道的设计（Goit 等人，2011），并且还可用于完善经验设计方法。

虽然小比例模型和足尺模型很少直接用于设计喷射混凝土衬砌，但已在研究中得到应用。目前已构建并测试了隧道衬砌的大比例模型，这将用于探究隧道衬砌在工作荷载和破坏荷载下的特性，例如作为最近 Brite Euram 项目❶中的一部分（Norris 与 Powell，1999）。其他实例还包括：Stelzer 与 Golser（2002）、Stark（2002）和 Trottier 等人（2002）的相关案例。

4.5 遵守规范

所有隧道都必须按照相关国家设计标准进行设计。不过，大多数国家并没有专门针对地下开挖的设计规范。因此，遵守规范就成为一个"灰色地带"。许多设计规范都是基于承载能力极限状态（和正常使用极限状态）原则，例如在欧洲和北美就是如此。该原则指出，荷载超过结构强度的概率应小到可以忽略不计。将"最不利"荷载乘以荷载系数（根据 Eurocodes 进行设计时，荷载系数通常为 1.35），然后将规定的结构强度除以材料系数（根据 Eurocodes 进行设计时，混凝土的材料系数通常为 1.50）。除以材料系数的强度应始终高于乘以荷载系数的荷载。最后再将荷载系数和材料系数结合，就能得到总安全系数，总安全系数通常大于 2.0。此外，结构应具有足够的冗余，确保其不会发生突然脆性破坏。

遵守基本原则看似非常简单。目前已有关于钢筋混凝土结构的各类设计规范，如 Eurocode 2（2004）和 ACI 318。这些规范可用于指导计算，以检查在不同形式的荷载下（如轴向力、弯矩和剪力等）是否符合规范。软弱围岩隧道

---

❶ 关于"软弱岩石和黏土介质中地下结构的新材料、新设计和新施工技术"的 BRITE EURAM BRE-CT92-0231 项目，部分由欧洲共同体委员会（the Commission of the European Communities）资助，1994—1998 年。

衬砌可视为受到轴向力和弯矩共同作用的一种结构构件。剪切荷载在块状围岩隧道中则更为重要。不管混凝土已完成喷射或混凝土被用作隧道衬砌，现有的混凝土设计规范可直接用于任何方面，例如用于确定钢筋保护层。

但遵守规范的第一个困难出现在对有利围岩荷载的估计上。第 4.2.1 节介绍了在设计中确定围岩荷载的两种方法。为获得荷载的"最不利"估计值，首先要采用"中等保守"的岩土参数来估计荷载，然后再将荷载乘以荷载系数（通常为 1.35）。这与 Eurocode 7 Design Approach 2 一致。

而第二个困难则在于，钢筋混凝土设计规范是为龄期大于 7d 的传统浇筑混凝土编写的。为符合规范中规定的常规安全系数和应力-应变特性，通常隧道衬砌中的利用系数❶应小于 39%[$0.8f_{cu} \div (1.35\gamma_f \times 1.5\gamma_m)$]。尽管一些规范（例如 BS8110 Part 2, 1985）容许在试验数据和工程判断的基础上有一定自由度，但仍难以证明掌子面附近短期荷载的利用系数超过 55%[$1.0f_{cu} \div (1.2\gamma_f \times 1.5\gamma_m)$]的合理性❷。如图 4.13 所示，在衬砌的最初几米范围内，衬砌中的利用系数可能大于 55%。不过，此处的混凝土龄期小于 7d。

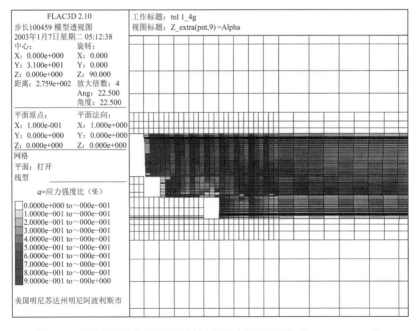

图 4.13　浅埋软弱围岩喷射混凝土衬砌隧道中的利用系数（Thomas, 2003）

---

❶ 由数值模型计算出的利用系数以偏应力为基础，但是 BS8110 第 1 部分（1997）分别考虑每个方向的应力分量，例如环向轴向荷载与 f_{cu}。Eurocode 2（2004）（Cl. 3.1.9）允许考虑因围压导致的强度增加。

❷ 对于临时荷载，通常采用 1.20 的分项安全系数。

而这就引出了两个问题：首先，在上述小于 7d 的龄期是否应采用常规的设计规范？其次，怎样才能证明隧道在此关键区域的安全性？

我们可以假设这些规范均不适用，并借助其他方式来证明隧道的稳定性，如基于稳定系数N的经验法，或者是极限平衡法。前面已经讨论过这类方法的局限性以及在喷射混凝土衬砌隧道中应用的困难。虽然没有机会在掌子面附近的关键区域获得大量读数，但可结合风险管理流程来加强这种方法的应用，最终实现利用施工期间的监测数据，以验证隧道的性能是否符合设计预期（Powell 等人，1997）。BTS Lining Design Guide（BTS，2004）探讨了这种方法和传统新奥法之间的区别。

或者，也可使用一些更复杂的本构模型，如第 5 章中介绍的相关模型。通过利用徐变等因素，数值模型可预测足够低的符合规范要求的利用系数（图 4.14）。不过，这种方法却经不起详细审查，例如由 ICE（独立审核工程师）进行的详细审查，而这种情况在重大项目中已越来越常见。很少有项目能够提供一个广泛的施工前测试程序来验证这些本构模型的参数。同时，目前的数据池还不够大，无法以常见要求的确定性来确定许多模型参数。一些研究（例如 Thomas，2003）的结果已表明，关键参数（如掘进速度或徐变参数）的微小变化可能对结果产生极大影响。因此，设计分析的结果可能仍有待商榷。

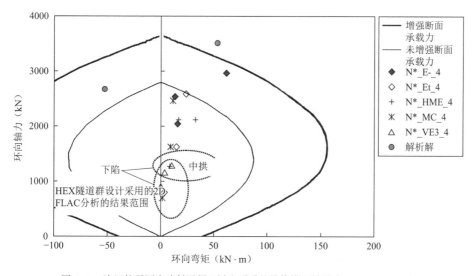

图 4.14　浅埋软弱围岩喷射混凝土衬砌隧道的数值模型结果（Thomas，2003）

由于过去的设计通常基于采用经验修正系数（Empirical Correction Factor）的二维解析法（如在假想弹性模量法中），因此在一定程度上掩盖了遵守规范的问题。对于衬砌的完整应力史和每一环衬砌中的应力变化，相关研究极少。此外，第一层衬砌通常被视为临时工程的一部分，因此其受到的审查不那么严格。

更务实的方法可能是：

- 承认传统设计规范的原则虽然适用于喷射混凝土衬砌隧道的导坑，但在极早龄期，规范中的细节可能并不适用。
- 将三维数值分析提供的新信息作为对现有设计方法的补充。
- 承认数值模型仍只能做到接近真实情况，因此正确的工程判断始终很重要。
- 通过施工期间的监测来验证隧道的性能。

4.6 设计与施工间的衔接

尽管看起来令人惊讶，但一大堆的图纸以及一大沓的合同文件的确不足以传达设计人员头脑中对隧道的所有构想。有一定数量的设计理念，至少在目前的实践中还未被准确表达并传递给施工团队。这就会产生一种风险，即施工期间的变化可能使设计标准降低，或结构的异常特性在造成持久损伤之前无法得到识别。

为缓解这种风险，可采取几个简单的步骤。首先，可在施工图中附上设计报告。这种简短的报告主要用于介绍设计标准、为满足设计标准而采用的理念，以及预期性能限值。报告也可能包括设计方法的具体细节。

施工团队与设计人员之间保持良好沟通将有助于增进相互理解，并获得更经济的设计以及施工期间更高的安全性。第 7.4 节将进一步探讨安排现场设计代表的相关优点。

第 5 章

喷射混凝土模拟

正如傅立叶（Fourier）所说，"大自然不会注意到它给数学家带来的难题"。同样，喷射混凝土也全然不知它给隧道工程师造成的困扰。据第 2.2 节所述，喷射混凝土将呈现以下复杂特性：

- 随着水化反应的进行和硬化混凝土的形成（即混凝土老化），喷射混凝土的力学性能将产生显著变化。
- 由于水化反应的加速，混凝土性能的变化速率在初始阶段会很快，但随着龄期增长将减缓。
- 已硬化的（和硬化中的）喷射混凝土，在压缩状态下属于非线性弹塑性材料。
- 在拉伸状态下，喷射混凝土最初属于线弹性材料，但此后会发生脆性破坏。
- 为克服脆性破坏，通常会增加抗拉钢筋。
- 喷射混凝土表现出收缩特性。
- 喷射混凝土徐变特性明显，并会随龄期变化。
- 不同的混合料可能具有明显不同的力学性能。

在设计过程中必须牢记上述特点，但并非所有这些特点都适用于每一种情况，因此可进行简化设计。这种简化应在合理的基础上进行，而不只是为了减轻设计人员的负担。否则相关设计就可能变得不安全或过于保守。与岩土模型相比，通常用于喷射混凝土的模型相对粗糙（例如 Bolton 等人，1996；Watson 等人，1999；Sharma 等人，2000）。因此，通过数值分析预测的特性与现场观测的结果之间经常存在显著差异也就不足为奇（Addenbrooke，1996；van der Berg，1999）。尽管这种差异在衬砌承受较大荷载（即应力超过强度的 50%）时最为明显，但已被证实，设计分析的结果在很大程度上取决于喷射混凝土的

模拟方式（Thomas，2003）。❶

对喷射混凝土的模拟进行改进能让相关隧道衬砌的特性预测更加可靠。

表 5.1 列出了可能需要的一些喷射混凝土设计参数以及与之相关的围岩类型。第 2.2 节则提供了每种参数的更多详细信息。

表 5.1 喷射混凝土常用设计参数

设计参数	符号	典型范围	围岩类型
弹性模量	E	28d 时为 30～35GPa。注意：E 变化范围大，龄期 = 0 时为 0	软弱围岩/块状围岩
抗压强度（采用圆柱体或立方体进行试验）	f_{cyl}（或 f_{cu}）	28d 时为 25～40MPa。注意：f_{cu} 变化范围大，龄期 = 0 时为 0	所有
抗压强度（采用德国喜利得 Hilti 射钉枪进行试验）	$f_{cu}(t)$	J2–ÖBV1998	所有
泊松比	ν	0.20*	软弱围岩/块状围岩
黏结强度		喷射后为 0.125～0.35MPa，28d 时升高到 0.5～1.4MPa	块状围岩/硬岩
弯曲强度（对于钢纤维喷射混凝土）	f_{R1k}	28d 时为 1.50～2.50MPa	块状围岩/硬岩

注：*0.20 是一个合理数值，但在混凝土接近破坏时除外（Chen，1982）。

喷射混凝土没有单一完美的本构模型。本章将介绍一些现有的模型，并重点说明其优势和局限性。在解析设计法中将此特性更复杂的方面明确纳入设计计算的机会非常有限，而在经验法中则根本不存在类似机会。因此，下文的评论主要针对喷射混凝土结构的数值模拟。

5.1 线弹性模型

由于相对简单且计算效率高，具有常刚度的线弹性模型是最常用的模型。相较于采用应变计和压力计获得的现场数据，弹性模型预测的衬砌轴向力和弯矩通常高得离谱（Golser 等人，1989；Pöttler，1990；Yin，1996；Rokahr 与 Zachow，1997）。但这不足为奇，因为喷射混凝土仅在达到其单轴抗压强度的 30% 左右时才表现出线弹性（Feenstra 与 de Borst，1993；Hafez，1995），并且较早龄期喷射混凝土的刚度变化极大。

对简单弹性分析的一种合理改进，是将刚度随龄期的增长幅度纳入其中（图 2.14 和附录 A）。大多数情况下，在设计阶段并没有喷射混凝土混合料在不

---

❶ 这部分大量引用了 Thomas（2003）这篇论文。附录 E 包含了这篇论文中数值模型的符号说明，在本章以图的形式引用这些模型。

同龄期的刚度试验数据（如弹性模量E和泊松比ν）。作为替代，使用以下公式，根据喷射混凝土强度可估算出弹性模量（Chang与Stille，1993；另见附录A）：

$$E = 3.86\sigma^{0.60} \tag{5.1}$$

式中，σ为单轴抗压强度。如果已知28d龄期的弹性模量（E_{28}），则其他龄期的弹性模量就可使用多个方程式（见附录A）中的任何一个进行估算，例如：

$$E = E_{28} \cdot (1 - e^{-0.42t}) \tag{5.2}$$

式中，t为龄期（d）；E_{28}为28d时的刚度（Aydan等人，1992b）。泊松比可假设为随龄期增长保持不变，取值为0.20。在数值模型中，这通常作为曲线的"阶梯形"近似来实现，因为开挖工序是被模拟成一系列步骤。刚度随龄期的增加将造成在后期卸载时产生不可恢复的应变（Meschke，1996）。

很多证据支持对喷射混凝土使用与龄期相关的线弹性模型。Berwanger（1986）也在三维数值模型中发现，喷射混凝土的最终刚度虽对地表沉降的影响有限，但却对衬砌中某些部位的应力有很大影响，特别是上导坑拱脚处的应力。同样，Pöttler（1990）、Huang（1991）、Hirschbock（1997）和Cosciotti等人（2001）都在二维数值模型中发现，增加衬砌刚度会使衬砌中的应力增大。就单一阶段建成的隧道而言，Hellmich等人（1999c）在二维分析中指出，衬砌刚度仅影响环向弯矩，不影响环向力。不过，在同一篇文章的后面部分却指出，水化速度越慢，轴向力就越小。他们发现，衬砌中的应力受衬砌开始承受实质性荷载所需时间的影响，以此类推，在多阶段施工工序中，刚度增长速度也将是一个重要因素。❶

已有数位作者指出，与围岩相对刚度相比，衬砌的相对刚度会影响时变模量的影响量（Hellmich等人，1999c；Cosciotti等人，2001）。Hellmich等人（1999c）在一组二维分析中发现，当围岩徐变速率与喷射混凝土徐变速率相近时，衬砌的硬化速率就变得十分重要，但当围岩徐变速率相对较慢时，混凝土的水化速度实际上对轴向力和弯矩并无影响。Soliman等人（1994）在使用三维数值模拟的详细研究中指出，与恒定弹性模量相比，可变弹性模量将导致明显更大的衬砌变形（20%～30%及以上）和更小的弯矩（降幅高达50%）。推力荷载略有降低，降幅约为20%，因此围岩应力并未增加太多。类似地，Jones（2007）发现，在竖井-隧道交叉段的三维模型中，在改变围岩本构模型和衬砌厚度（即衬砌和围岩的相对刚度）时，弯矩所受影响比轴向力所受影响更大。这可以很好地说明为何地表沉降似乎与衬砌本构模型无关（另见Moussa，1993）。

---

❶ 例如，如果使用与龄期相关的弹性模型，那么在环首次闭合时，隧道仰拱将相对较软，而且相比于该断面一旦建成就被赋予高刚度的情况，隧道仰拱将会容许更多变形。

总之，在多阶段施工工序中，对衬砌采用与龄期相关的弹性模量会使衬砌中的应力降低（图 5.1）。弯矩降幅则比环向力降幅更大（图 5.2）。出现这种降幅多是因为与（高）常刚度模型相比，早期（即龄期小于 48h）加载时的刚度更低，而不是因为刚度在这段时间后有所发展变化。❶如果衬砌并未承受较大荷载（即承受的荷载所达利用系数为 40%或更小），可能就没有必要采用比与龄期相关的线弹性模型更为复杂的模型。而在应力达到单轴抗压强度的 30%～40%时，喷射混凝土将具有线性特性（见第 2.2.4 节）。

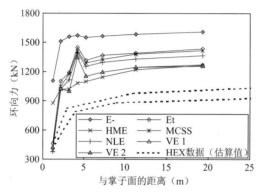

图 5.1 不同喷射混凝土模型拱顶环向轴力与距掌子面距离的关系（Thomas, 2003）

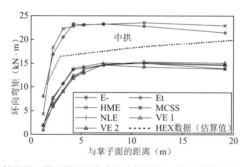

图 5.2 不同喷射混凝土模型拱顶环向弯矩与距掌子面距离的关系（Thomas, 2003）

最先进的喷射混凝土衬砌设计通常相对粗略地使用假想弹性模量（Hypothetical Modulus of Elasticity, HME）。但有人认为，已有足够数据可支持使用更真实的本构模型，例如以随龄期发展的强度相关现场数据（和根据强度估算的刚度）为基础的老化线弹性理想塑性模型，或是通过刚度折减来反映徐变的老化线弹性模型，即一种改进的假想弹性模量法。而后者在英国 Crossrail 项目中

---

❶ 如果施加荷载的时间段比水化反应的时间段长得多，那么数值分析给出的结果与采用 28d 刚度的常刚度模型得到的结果几乎相同，因为大部分荷载是在衬砌刚度接近该值时施加的（Hellmich 等人，1999c）。

已得到非常成功的应用（Goit 等人，2011）。

5.2 假想弹性模量（HME）

一种广泛应用且非常成功的改进数值模拟的方法是假想弹性模量法（HME）（Pöttler，1985）。在此方法中，将有若干弹性模量折减值用于相关分析。典型值如表 5.2 所示。通常衬砌"越软"，所产生的结果就越真实，即衬砌变形更大，应力也更低，且无须花费过多的计算时间。尽管有效模量的概念在徐变分析中并不陌生（例如 BS8110 第 2 部分，1985）❶，但假想弹性模量旨在考虑弹性刚度的老化，以及收缩、三维效应和徐变。根据原始公式：

$$E_{\text{HME}} = E_{\text{T}} \cdot f_{\text{v}} \cdot f_{\text{s,k}} \cdot f_{\text{vv}} \tag{5.3}$$

式中，E_{T} 为在特定时间的刚度；f_{v} 为在加载至特定时间的过程中与龄期相关的刚度校正系数；$f_{\text{s,k}}$ 为徐变和收缩校正系数；f_{vv} 为在衬砌施作前发生的作为整个拱顶围岩变形一部分的拱顶变形，即三维应力重分布效应和施作时间效应。有时，假想弹性模量还包括对混凝土非线性应力-应变特性的考虑（例如 John 与 Mattle，2003）。

表 5.2 假想弹性模量值

项目	HME 假想弹性模量（GPa）	应用
英吉利海峡隧道（Pöttler 与 Rock，1991）	1.0	龄期 < 14d；根据变形和压力计的测量值进行反分析得出
（Pöttler，1990）	7.0	加上30%的围岩松弛系数；基于采用二维数值模型进行的参数研究
英吉利海峡隧道铁路连接线 North Downs 隧道（Watson 等人，1999）	7.5	龄期 < 10d；强度限于 5MPa
	15.0	龄期 > 10d；强度限于 16.75MPa（$= 0.67 f_{\text{cu}}$）
希思罗机场快线（Powell 等人，1997）	0.75	初始值
	2.0	相邻区段施工后且直至衬砌完成时的值
	25.0	成熟喷射混凝土
（John 与 Mattle，2003）	1.0~3.0	适用于 1d 龄期的强度小于 10MPa 且轻微加固（即高徐变潜势）的喷射混凝土
	3.0~7.0	适用于 1d 龄期的强度大于 10MPa 且中等至重度加固（即低徐变潜势）的喷射混凝土
	15.0	成熟喷射混凝土
Crossrail（Goit 等人，2011）	不等	根据 Chang 与 Stille（1993），为各开挖阶段确定的刚度取决于该阶段结束时的龄期，且需除以 2.0，以考虑徐变

---

❶ 同样，Trost-Bazant 徐变模型采用了与龄期相关的有效模量（Neville 等人，1983）。

为获得式(5.3)中的校正系数，需了解衬砌和围岩将如何变形以及徐变将如何改变衬砌中的应力。前者能使用各种解析法进行估计，而后者则不能。因此，假想弹性模量值的选择通常是以经验为依据。有时在二维数值模型中，会将假想弹性模量与掌子面前方围岩应力的松弛结合起来［即$f_{vv}=1$，但模型中明确考虑了松弛，如 Pöttler（1990）或 John 与 Mattle（2003）所述］。虽然 John 与 Mattle（2003）就如何选取假想弹性模量值提供了非常详细的介绍，但仍应谨慎对待他们提出的方法，因为其方法似乎是以在计算完成前就需知道答案为前提，即为了选择正确的假想弹性模量值，就必须事先知道对衬砌加固的程度有多大、围岩给衬砌施加荷载的速度有多快，以及隧道修建过程中哪个阶段是最关键阶段。

很明显，鉴于较早龄期的刚度偏低，人们就会认为采用假想弹性模量法得到的应力预测值将明显低于采用（高）常刚度模型得到的应力预测值。

5.3 非线性应力-应变特性

如前所述，在混凝土的应力高于其单轴抗压强度的30%左右时，混凝土的应力-应变曲线呈非线性（图 2.5）。在应变-硬化塑性或非线弹性的理论框架内可实现这种非线性。

5.3.1 非线弹性模型

柯西（Cauchy）模型、超弹性模型和超塑性模型等，都试图复制混凝土的非线性应力-应变特性。这种非线性特性始于应力相对较低时❶，是由骨料和水泥浆之间的界面产生微裂纹导致，而骨料和水泥浆本身仍为弹性响应（Neville，1995）。由于这种塑性变形是导致非线性的原因，因此在卸载发生时就需采用塑性模型。然而，如果卸载可以忽略不计，那么非线弹性模型就能成为模拟混凝土加载非线性响应的一种相对经济的手段，这也是对线弹性模型的重大改进（Chen，1982）。因此，这类模型已广泛用于混凝土结构分析，但是很少用于喷射混凝土隧道分析。

分析喷射混凝土衬砌隧道时采用的特定非线弹性模型包括：Saenz 公式（参见 Chen，1982），Kuwajima（1999）发现该公式很好地拟合了应力-应变曲线的试

---

❶ 在早龄期时，由于更具延性的响应，屈服强度与极限强度之比较高，为 0.5～1.0（Aydan 等人，1992a；Moussa，1993）。Rokahr 和 Lux（1987）称，在 24h 内的响应为线性响应，屈服强度与极限强度之比高达 0.8（另见第 2.2.2 节和图 2.5）。

验数据；流速法（参见第 5.6.5 节）以及下面的抛物线方程（Moussa，1993）。[1]

$$\sigma_c = f_c \cdot \left(\frac{\varepsilon_c}{\varepsilon_1}\right) \cdot \left(2 - \frac{\varepsilon_c}{\varepsilon_1}\right) \tag{5.4}$$

式中，f_c 为峰值应力；ε_1 为峰值应力下的应变；σ_c 和 ε_c 分别为等效单轴应力和应变。

在这些模型中，混凝土的特性被视为等效单轴应力-应变关系。在切线模量中可以考虑双轴效应。

1）Kostovos-Newman 模型

该模型（Kotsovos 与 Newman，1978；Brite Euram C2，1997）根据八面体应力建立，因此，不像其他模型，该模型的优点在于它是为广义的应力状态设计的。尽管其公式表达相当冗长，但该模型还具有另一个优点，即所有参数均可根据圆柱试样的单轴抗压强度及其初始刚度确定，参见附录 B。

从更细节的方面来看，该模型的其他主要优点如下：

- 该模型包括偏应力对静水应变的作用。
- 该模型与混凝土和喷射混凝土的现有试验数据吻合得很好（Brite Euram C2，1997；Eberhardsteiner 等人，1987；Thomas，2003），因此，建议将其用于模拟成熟喷射混凝土（Brite Euram，1998）。
- 考虑了强度随静水应力增加而增加的情况，其预测的破坏面要比采用莫尔-库仑模型所预测的更吻合，参见图 2.12。

不过，需注意，与非线弹性模型一样，该模型仅在达到极限破坏起点之前才有效。而该点约为极限强度的 85%。

该模型中切线剪切模量和体积模量的公式如下所示，公式中所有参数的详细解释参见附录 B。

$$G_{\text{tan}} = \frac{G_0}{1 + Cd\left(\frac{\tau_0}{f_{\text{cyl}}}\right)^{d-1}} \tag{5.5}$$

$$K_{\text{tan}} = \frac{K_0}{1 + Ab\left(\frac{\sigma_0}{f_{\text{cyl}}}\right)^{b-1} - klme\left(\frac{\tau_0}{f_{\text{cyl}}}\right)^n} \tag{5.6}$$

由于这是一个切线模量模型，因此其准确性取决于荷载增量相比于峰值强

---

[1] Moussa（1993）曾提出一个七次多项式函数，用于更精确地描述单轴压缩应力-应变曲线。

度的大小。Thomas（2003）认为至少需要 7 个等值增量，才能达到可接受的效果。数值模型中荷载间隔的大小是准确性与速度之间的权衡。现已对公式做了细微修改，从而将模型扩展应用于强度小于 15MPa 的情况。在峰值强度时，Kotsovos 和 Newman 的原始公式中的剪切模量并不会减小至零。为克服该问题，Thomas（2003）提出，实际剪应力接近峰值剪应力（即峰值应力的 85%）时，需将模量逐渐减小至 G_0（初始剪切模量）的 5%。根据 Gerstle（1981）的建议，在上述同样条件时，体积模量应重新设置为 $0.33K_0$（初始体积模量的三分之一）。

图 5.3 和图 5.4 表明，该本构模型在单轴和三轴荷载作用下均能很好地发挥作用。尽管采用的输入参数与应变-硬化塑性模型采用的相同，但 Thomas（2003）发现，非线弹性模型与三轴荷载作用下的试验数据吻合得更好（图 5.4）。如上所述，通过调整模量使其降低到低值时的应力点的方法，对非线弹性模型进行优化来拟合试验数据，将导致预测的应力超过模型本身在考虑围压应力和单轴强度的情况下估算的混凝土强度（高出约 12%）。之所以会如此，是因为该模型为弹性模型，而应变-硬化塑性模型的应力上限为其预测的峰值强度。

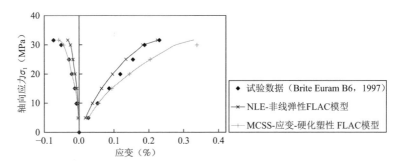

图 5.3　喷射混凝土单轴压缩试验的反分析（Thomas，2003）
注：两个模型的输入数据：f_{cyl} = 31.5MPa，v = 0.2，E_0 = 18.80GPa。

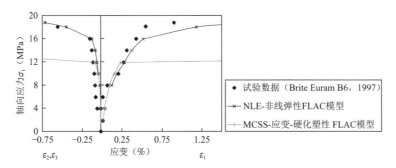

图 5.4　喷射混凝土三轴压缩试验的反分析（Thomas，2003）
注：两个模型的输入数据：f_{cyl} = 9.5MPa，v = 0.2，E_0 = 8.45GPa。

老化是实现喷射混凝土本构模型的一大难题，但可通过 Kotsovos-Newman 模型顺利解决。

通过使用循环加载的 Masing 规则，可将加载、卸载或重新加载的效应考虑在内（Dasari，1996）。对于采用上导坑、台阶和仰拱开挖工序单独建造的单条隧道，由于很少会发生卸载，因此卸载与其衬砌的相关性可能有限。然而，在既有隧道附近、在交叉段以及采用更复杂的开挖工序修建其他隧道时，卸载很可能与衬砌相关。由于加载仅根据八面体偏应力的变化来确定，因此依照加载/卸载无法识别静水应力的变化。不过，隧道衬砌主要处于双轴应力状态，所以最有可能的荷载变化主要是偏应力变化，而不是纯粹的静水应力变化。

2）数值模型预测的影响因素

Moussa（1993）在浅埋软弱围岩隧道的二维分析中发现，将非线性纳入弹性模型将导致环向力减少约 20%，并导致弯矩的降幅多达 50%。地表沉降则几乎没有变化，且隧道附近围岩中的塑性变形仅略微增加。准确的利用系数还不清楚，但可能在 40%～80% 不等。Thomas（2003）发现，在承受相对较小荷载的衬砌中（利用系数约为 40%），非线弹性模型的影响更小，因为衬砌仍然主要在线弹性区内。不过，环向力减少了 5%，变形也略有增加。

5.3.2 塑性模型

一般的弹性理想塑性本构模型需要确定弹性区内的显性应力-应变关系、塑性应变开始的屈服面（破坏准则）以及流动法则（决定塑性应变）。在以下章节中，在概述弹塑性对隧道分析结果的影响之前，将探讨塑性模型的三个组成部分，首先是压缩区，其次是拉伸区，最后是中间区。附录 C 包含了在分析喷射混凝土隧道衬砌时已使用的各种塑性模型的详细信息。

1）弹性特性

通常假设各向同性线弹性出现在接近屈服点（为抗压强度的 30%～40%）之前。

2）屈服准则

自 Rankine、Tresca 和 von Mises 提出第一个单参数屈服准则以来，业内已制定了很多其他的准则（Owen 与 Hinton，1980）。为在更大应力范围内更准确地匹配试验数据，人们提出了越来越复杂的准则。就混凝土而言，过去经常使用的是双参数莫尔-库仑❶和德鲁克-普拉格屈服准则（图 5.5）。而现已制定的那

---

❶ 在岩土工程中，人们偏爱用"库仑"这个名称，在应用力学中，人们则偏爱用"莫尔"这个名称，所以此处采用"莫尔-库仑"这个名称（Chen，1982）。

些新屈服准则，不仅能复制屈服面子午线（Yield Surface Meridian）的弯曲性质（图 2.12），还能复制偏应力平面内屈服面的形状，该形状最初几乎呈三角形，但在高静水应力下将趋向于近似圆形（Hafez，1995；Chen，1982）。由于在数值分析中难以处理角点和边缘，因此弯曲的屈服面也是有利的（Hafez，1995）。于是，在喷射混凝土隧道衬砌的分析中，德鲁克-普拉格准则是使用最广泛的准则（见附录 C）。

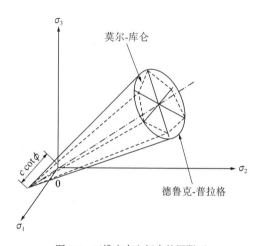

图 5.5　三维应力空间中的屈服面

就承受中等较大荷载的隧道而言，在衬砌中的主应力可能为 8MPa、3MPa 和 0.5MPa，且 28d 强度等于 25MPa，而归一化八面体应力（σ_{oct}/f_{cu}）则相当低，仅有 0.15。因此，德鲁克-普拉格准则中的直子午线假设是合理的。德鲁克-普拉格准则还可在改进后反映双轴应力状态下的屈服应力增长（Hafez，1995；Meschke，1996）。

不过，莫尔-库仑准则在偏应力平面内的形状，与低静水应力时偏应力平面内的试验数据所表明的近似三角形的屈服面吻合得更好。图 2.12 显示，这种莫尔-库仑破坏面（Mohr-Coulomb Failure Surface）沿压缩子午线与试验数据吻合得较好，但沿拉伸子午线则与试验数据吻合得不太好。

（1）屈服后应力-应变关系

人们已就屈服后特性提出了各种理论，包括理想塑性（Perfect Plasticity）、各向同性加工硬化（或软化）、运动加工硬化或者各向同性硬化与运动硬化（Kinematic Hardening）的组合。运动硬化仅在混凝土中产生循环荷载作用时才真正需要考虑（Chen，1982）。大多数模型（见附录C）均假设在达到峰值应力前为各向同性硬化（Isotropic Hardening），而在超过峰值应力后则为理想塑性。但是，在试验中却观察到，超过峰值应力后，应力会随应变增加而减小（图2.5）。应力-应变曲线中这一下降段的形状主要取决于试验设备施加的围压和边界条件（见第2.2.4节）。通常假设硬化特性不随龄期改变。

在经典塑性模型中，塑性应变矢量是根据塑性势（Plastic Potential）和流动法则得出的。流动法则可以是相关联或者非关联的。相关联流动法则假设塑性势与屈服函数一致。因此塑性应变矢量正交于屈服面。在缺乏试验证据支持特殊非关联流动法则的情况下，相关联流动法则的假设是一种常见的简化处理（Chen，1982；Hellmich等人，1999b）。

（2）拉伸

在隧道分析所用塑性模型中，Rankine准则一般用于拉伸屈服（见附录C）。根据该准则，在最大主应力达到与抗拉强度相等的数值时，就会发生脆性断裂（Chen，1982）。抗拉强度通常根据抗压强度来估计，这利用了普通现浇混凝土抗压强度与抗拉强度的关系。拉伸状态下的破坏后特性将在第5.4节中讨论。

（3）压缩和拉伸

对于其中一个主应力为压应力而其余主应力为拉应力的状态，必须对屈服面的性质做一个假设。通常假设拉力的出现会让抗压强度呈线性下降（图2.6，Chen，1982）。然而，关于确切的效应还存在一些疑问（Feenstra与de Borst，1993）。多屈服面塑性模型中（例如Meschke，1996；Lackner，1995），需在每个主应力方向上进行检查，以查看哪个屈服面是有效的，然后再应用相关的屈服准则。

在塑性模型中，通常假设材料在达到屈服点之前的特性为线弹性。超过屈服点后，应力就会按照将黏聚力与达到峰值塑性应变前的塑性应变相关联的硬化（或软化）规则而增加（或减少）。除弹性应变之外，塑性应变也是按照流动法则产生的。在普遍情况下，屈服点将成为三维应力空间中的一个面（例如图5.5），且通常从应力不变量的角度来界定（Chen，1982）。屈服强度f_{cy}与极限强度f_{cu}之比（f_{cy}/f_{cu}）约为0.40。

图5.6所示为峰值应变（即峰值应力下的应变）随龄期t的变化，其离散性相当大。不过，龄期（以小时为单位）和峰值应变（以%为单位）之间可能存在以下关系：

$$\varepsilon_{\text{peak}} = -0.4142 \cdot \ln t + 3.1213 \tag{5.7}$$

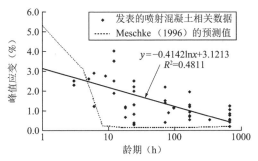

图 5.6　峰值压缩应变与龄期的关系

图 5.7 所示为极限峰值应变与龄期的关系图。同图 5.6 一样，数据取自发表的室内试验结果。所有数值都明显大于设计规范（例如 BS 8110，1997；《欧洲标准 2》，2004）中规定的 0.35% 的限值。这证实了早期先驱者的观点，即喷射混凝土在较早龄期就能承受较大应变。Meschke（1996）提出了二次硬化定律，用于计算黏聚力的变化（图 5.8）。这与 BS 8110 第 2 部分（1985）中提出的理想化应力-应变曲线吻合得很好。❶

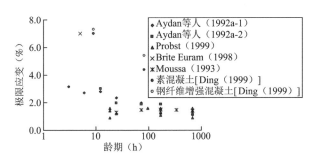

图 5.7　极限压缩应变与龄期的关系

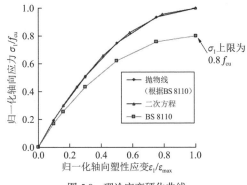

图 5.8　理论应变硬化曲线

---

❶　注意：BS 8110 第 2 部分（1985）允许的最大强度为 $0.8 f_{cu}$（$= f_{cyl}$），而且这仅用于非关键断面的分析。

$$f = f_{cy} + 2(f_{cu} - f_{cy}) \cdot \left(\frac{\varepsilon_{pl}}{\varepsilon_{pl,peak}}\right) - (f_{cu} - f_{cy}) \cdot \left(\frac{\varepsilon_{pl}}{\varepsilon_{pl,peak}}\right)^2 \quad (5.8)$$

式中：f——黏聚力（或强度）；

f_{cy}——屈服强度；

f_{cu}——极限强度；

ε_{pl}——当前的塑性应变；

$\varepsilon_{pl,peak}$——极限强度下的塑性应变。

黏聚力［在压缩子午线上，罗德角（Lode Angle）= 60°］可通过式(5.9)与单轴强度f_c关联起来，其中ϕ取值为 37.43°[1]。

$$黏聚力 = f_c \cdot \frac{1 - \sin\phi}{2\cos\phi} \quad (5.9)$$

3）数值模型预测的影响因素

通常，相较于和龄期相关的弹性模型，应变-硬化塑性模型预测的混凝土壳体中的变形数值会增加15%～30%，而弯矩数值则会减少10%～25%（Moussa，1993；Hafez，1995；Hellmich 等人，1999c；Thomas，2003），如图 5.1 和图 5.2 所示。不过，塑性的影响明显取决于衬砌承受了多大的荷载，以及围岩是否能够承受重新分配回围岩的应力。如果围岩接近破坏，那么衬砌中塑性变形导致的应力重分布则可能加剧这种破坏（Hafez，1995）。

5.4 抗拉强度

由于混凝土的抗拉强度远低于其抗压强度，因此在很多正常荷载工况下，拉伸破坏（即开裂）极可能发生在压应力远低于破坏水平时（Chen，1982）。虽然一些现场调查已揭示喷射混凝土隧道衬砌中存在拉应力（Hughes，1996；Negro 等人，1998）且开裂是主要关注的问题，但在考虑永久喷射混凝土衬砌时，设计分析中通常仅使用最简单的拉伸模型。也就是说，混凝土在单轴抗拉强度下达到拉伸断裂之前表现为线弹性。之所以采用该方法可能只是因为计算能力受限。尽管在当前的设计实践中并没有使用更复杂的本构模型，但以下各节仍包含了这些模型的相关信息。

5.4.1 无筋喷射混凝土

由于很少对无筋喷射混凝土的抗拉强度（f_{tu}）进行试验。因此在缺少其他

---

[1] Chen（1982）和 Yin（1996）建议的值为 40°。

数据的情况下，可利用普通现浇混凝土抗压强度与抗拉强度的关系，根据其抗压强度来估算出抗拉强度，例如（Neville，1995）：

$$f_{\text{tu}} = 0.30 f_{\text{cu}}^{0.67} \tag{5.10}$$

最大主应力破坏准则是最常用到的准则。根据该准则，一旦作用于某个平面的拉应力超过抗拉强度，就会形成裂缝，并且穿过裂缝的应力将降为零。但事实上，如果裂缝的宽度不是太大，由于骨料嵌锁作用，仍能承载40%~60%的剪应力（Chen，1982）。因此，开裂后的混凝土特性呈高度非线性和正交各向异性（Kullaa，1997）。此外，也可假设遵循最大主应变准则，即一旦超过极限应变值，就会形成裂缝（Chen，1982）。

一种更为复杂的方法则是假设素混凝土的拉应力随应变增加而呈线性、双线性或指数级下降（Lackner，1995）。由于难以确定软化曲线，因此将采用断裂能（Fracture Energy）来计算这些模型中使用的参数（Feenstra与de Borst，1993；Sjolander等人，2018）。断裂能是指应力-变形曲线下的面积，需对其进行修正，以便将网格单元的大小考虑在内。对于压缩状态下的峰值后软化特性，也可使用该方法（Feenstra与de Borst，1993）。

Meschke（1996）和Kropik（1994）采用了（Rankine）最大应力破坏准则，并考虑了线性拉伸软化。下降应力-应变线的梯度被假设为$E/100$，即初始弹性模量的百分之一。尽管这似乎准确模拟了素混凝土开裂前和开裂后的特性，但钢筋混凝土复合材料实际上却表现为拉伸硬化。

对于裂缝可进行离散模拟，或使其弥散于所涉及单元。根据弥散裂缝（Smeared Crack）的概念可进一步细分为非线弹性、塑性和损伤理论模型（Lackner，1995）。弥散裂缝可固定（一旦形成），也可随拉应力方向的改变而转换其方向。为避免重新划分网格，通常采用弥散裂缝法（Kullaa，1997）。

5.4.2 钢筋喷射混凝土

与裂缝相仿，钢筋也可进行离散模拟（Kullaa，1997；Eierle与Schikora，1999）。对于裂缝和钢筋，即使在简单的二维网格中，进行离散模拟也是一个困难费力的过程，并且对于隧道的三维分析，现阶段离散模拟太过复杂。在数值模型中很少对加筋以及钢筋混凝土的拉伸特性进行显式（例如Haugeneder等人，1990；Thomas，2003）或隐式模拟。

就弥散裂缝模型而言，通过修正混凝土单元的开裂后（拉伸软化）性能，可将钢筋和纤维的增强效应纳入其中。例如，可假设仍能承受穿过裂缝的一小部分拉应力。就钢纤维混凝土而言，已为此提出了各种数值，从 0.3（Brite Euram C2，1997）到 0.35～0.5（根据 fib 2010 对结构纤维的最低要求，参见第 4.2.5 节）不等。显而易见，单个的固定值并未考虑特性随裂缝宽度或纤维各向异性分布而产生的变化。Moussa（1993）选择将极限拉伸应变值乘以 10 倍，由此反映加筋的情况。

第 5.4.1 节中描述的断裂能方法，通常用于纤维混凝土的模拟中，有时也用于预制纤维混凝土隧道管片设计中，以检查裂缝宽度和整体稳定性（ITAtech，2016）。尽管喷射混凝土衬砌隧道经常使用纤维喷射混凝土，但极少对其在拉伸状态下的特性进行模拟。

鉴于缺乏关于这一课题的信息资料，无法就拉伸特性模型的影响做详细论述。我们通常会注意到无限抗拉能力的假设（如在弹性模型中）明显高估了衬砌能力，而脆性拉伸截断则低估了衬砌能力并将导致高估应力重分布。可采用的一种实用方法是使用简单的拉伸模型，并比较拉应力的预测结果和抗拉能力。如有需要，之后还可进行更复杂的分析。

作为更广泛研究中的部分研究任务，Thomas（2003）采用表征三根主筋的索单元模拟了喷射混凝土环中的一个格栅拱架。混凝土衬砌宽度为 1m，这是格栅拱架的典型间距。相对于此宽度，由于格栅拱架的面积较小，因此格栅拱架的存在对数值模型的结果没有任何显著影响。

5.5 收缩

图 5.9 为收缩应变随龄期的变化。考虑到试验数据的离散性，似乎可用简单的 ACI 方程作为合理的第一次近似公式来预测收缩随龄期的发展（ACI 209R，1992），式中，常数 $B = 20d$，极限收缩应变 $\varepsilon_{shr\infty}$ 为 0.1%。显然，B 值会根据每种混合料的特性而有所变化［例如 Jones（2007）引用的 B 值为 55］。

$$\varepsilon_{shr} = \frac{\varepsilon_{shr\infty} \cdot t}{B+t} \tag{5-11}$$

式中：t——龄期（d）。

设计分析中很少以收缩效应远小于围岩荷载效应这一假设为基础来模拟收缩。然而，承受较小荷载的衬砌可能并非如此（例如 Jones，2007）。Hellmich 等人（2000）发现，在一组二维分析中，收缩虽导致弯矩减小，但轴向力相对不受影响；而在另一个案例中（Sieberg 隧道的反分析），其模型却预测出收缩导致环向力大幅度减小。

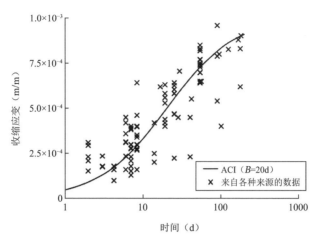

图 5.9 喷射混凝土的收缩

数据来源：Abler，1992；Cornejo-Malm，1995；Ding，1998；Golser 等人，1989；Schmidt 等人，1987；Pichler，1994；Rathmair，1997；Zhgondi 等人，2018。

5.6 徐变模型

传统上，喷射混凝土的高徐变能力由于可以消除应力集中并避免过载，因此被誉为喷射混凝土的一大优势。虽然高徐变能力在高应力环境中可能极为重要，但在浅埋软弱围岩中，其重要性可能低于围岩中的拱效应。

流变学是对流体的研究。因此，"流变学的"这一术语经常被用来涵盖基于经验的徐变模型，比如被理想化为简单单元排列的那些模型，而其中每个单元都具有某种特定的特性（Neville 等人，1983）。以下各节还将讨论幂律模型（Power Law Model）等其他徐变模型，并对将徐变纳入数值模型后所产生的效用进行评价。

5.6.1 流变模型

流变模型通常包含胡克弹簧（Hookeian Spring）、牛顿黏壶（Newtonian Dashpot）和圣维南塑性元件（St Venant Plastic Element），以串联或并联方式排列（Jaeger 与 Cook，1979；Neville 等人，1983），不过目前也设计出了更多奇特的单元（如黏壶中的弹簧或幂律的吸附单元）。图 5.10a）、b）和 c）所示为喷射混凝土分析中三种最常用的流变模型，即广义开尔文（沃伊特）模型［Generalised Kelvin (Voigt) Model］、麦克斯韦模型（Maxwell Model）和伯格斯模型（Burgers Model），其中伯格斯模型是由麦克斯韦模型和开尔文模型串联组成。

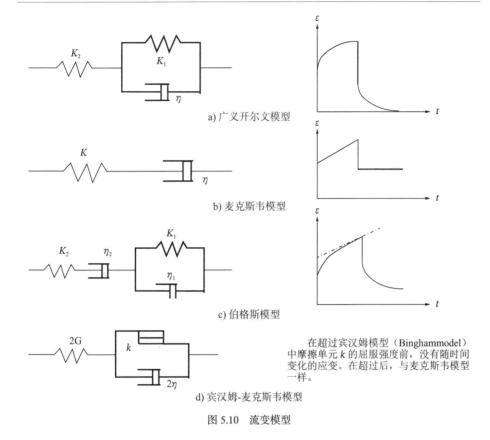

图 5.10 流变模型

上面列出的三个模型均为黏弹性模型,因此可应用叠加原理。弹簧刚度和黏壶黏度可以是线性或非线性的。从图 5.10a)可看出,开尔文模型在卸载时将产生完全恢复,因此常用于完全可恢复的瞬时徐变。而麦克斯韦模型则不同于开尔文模型,该模型不会产生恢复,因此可用于稳态徐变以及应力松弛[1]。在将这两个模型合并为伯格斯模型后,就可以称这些模型涵盖了混凝土的整个徐变特性,其中开尔文模型模拟了较早龄期混凝土的特性,而麦克斯韦模型则模拟了硬化混凝土的特性。不过,期望这类简单的模型能够涵盖如此复杂的特性显然是不切实际的。目前业内已提出了更为复杂的流变模型(例如由一个麦克斯韦模型和三个开尔文单元串联而成的 Freudenthal-Roll 模型)(参见 Neville 等人,1983,第 14 章)。

附录 D 介绍了用于喷射混凝土衬砌分析的一系列流变模型及其参数。除广

---

[1] 严格来说,徐变仅指在恒定荷载下随时间增加的应变。松弛指在恒定应变下保存的试样中观察到的应力随时间减小的现象。

义开尔文模型和伯格斯模型外，还提出了改进的伯格斯模型（有两个开尔文单元）和宾汉姆模型。所有流变模型似乎都仅针对偏应力而建立，但有些试验数据表明，在静水压力荷载下也可能发生相当大的徐变（Neville，1995）。这些模型几乎全部基于单轴徐变试验的结果。除在加载方向上的徐变外，也会出现侧向徐变（见第2.2.7节）。

5.6.2 广义开尔文模型

在开尔文模型的数学表达式中，除法向弹性模量（Normal Elastic Moduli）外，开尔文模型还需要G_k和η这两个参数，如下所示。

在单轴情况下：

$$\varepsilon_{xx} = \frac{\sigma_{xx}}{9K} + \frac{\sigma_{xx}}{3G} + \frac{\sigma_{xx}}{3G_k}(1 - e^{-G_k t/\eta}) \tag{5.12}$$

在三维情况下：

$$\dot{e}_{ij} = \frac{\dot{S}_{ij}}{2G} + \frac{S_{ij}}{2} \cdot (1 - e^{-G_k t/\eta}) \tag{5.13}$$

或者

$$\dot{e}_{ij} = \frac{\dot{S}_{ij}}{2G} + \frac{S_{ij}}{2\eta_k} \cdot \left(1 - \frac{2G_k e_{ij}}{S_{ij}}\right) \tag{5.14}$$

式中，ε_{xx}和σ_{xx}分别为x方向的应变和应力；K为体积弹性模量；G为剪切弹性模量；t为时间；S_{ij}为偏应力；$\dot{S}_{ij}$为偏应力速率；$\dot{e}_{ij}$为偏应变速率。如上所述，一般假设徐变仅在偏荷载作用下产生（Jaeger与Cook，1979；Neville等人，1983）。

Rokahr和Lux在20世纪80年代中期开展的研究对了解较早龄期喷射混凝土的徐变效应做出了重大贡献。根据试样的徐变试验结果，他们提出了一个适合于8h~10d龄期的广义开尔文模型。他们能够从数值上模拟Rabcewicz凭直觉推断出的结果，即喷射混凝土中的徐变会使衬砌中的应力减小（Rokahr与Lux，1987）（图5.11）。尽管在较早龄期利用系数（应力-强度比）可能很高，但随着应力因徐变减小且强度增加，利用系数将会下降，安全系数则会增加。一些后续的现场工作已证明了这一点（例如Schubert，1988）。虽然这是一个简单模型，但弹簧参数和黏壶参数都与应力相关联，且黏性会随龄期增长而增加（见附录D）。

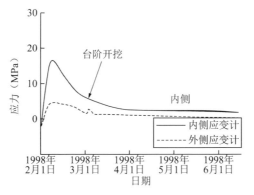

图 5.11 根据应变计数据计算得到的徐变所致应力减小情况（Golser 等人，1989）

其他专家（Swoboda 与 Wagner，1993；Kuwajima，1999；Sercombe 等人，2000）也采用了广义开尔文模型，尤其是 Kuwajima。他研究了在前 100h 内参数随龄期变化的情况。不过，为了反分析徐变试验，他选择了平均值，这导致了对应变的高估。有人认为，通过假设整个黏弹性应变是在瞬间发生的，就可进一步简化计算，且不会对预测结果产生不利影响。

到目前为止，相关研究的一项缺点是其具有零散性。个别研究者已提出理论模型来拟合他们所能自行收集到的（有限）试验数据。但是，最好还是根据尽可能多的既有数据对模型进行校准。

图 5.12a)～f) 所示为来自 7 组数据集的 200 多个特定徐变应变与龄期的估算值，这些数据集根据加载时的龄期分组呈现（Thomas，2003）。荷载通常在不同龄期以增量方式施加，这一情况使徐变试验的解释变得复杂。由一个荷载增量引起的总徐变应变可能在施加下一个荷载前尚未形成。此外，由于材料老化，试验期间的利用系数也可能有相当大的变化（Huber，1991）。由图 5.12 可知，龄期明显是影响特定徐变应变（比徐变应变由徐变应变除以荷载增量的大小得出）的一个非常重要的因素。

开尔文模型的两个徐变参数也可描述为比徐变应变增量$\Delta e_{ij\infty} = 1/(2G_k)$和松弛时间$B$，其中$B = \eta_k/G_k$。在式(5.13)的制定中，物理意义是清楚的。即$B$是在徐变应变增量达到 63.2%时所需的时间。当$t' = B$时，$\Delta e_{ij\infty}(2G_k) = 0.632 = 1 - e - t'/B$，或者当$t = 3B$时，$\Delta e_{ij\infty}(2G_k) = 0.95$。表 5.3 和表 5.4 汇总了图 5.12a)～f) 中这些参数的数据❶。

---

❶ 数据来自单轴徐变试验，因此这些参数已用$\Delta \varepsilon_{xx\infty} = 1/3G_k$确定。

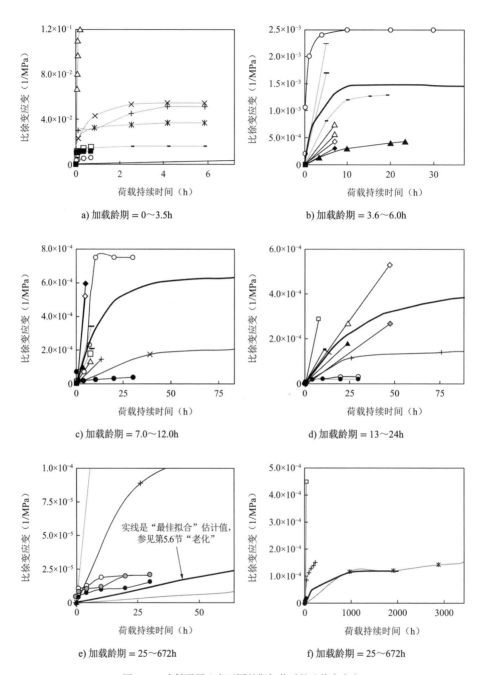

图 5.12 喷射混凝土在不同龄期加载时的比徐变应变

数据来源：Brite Euram B6，1997；Ding，1998；Huber，1991；Kuwajima，1999；Probst，1999；Rokahr 与 Lux，1987；Schmidt 等人，1987。

表 5.3　比徐变应变增量 $\Delta\varepsilon_{xx\infty}$（单位：1/MPa）

加载龄期（h）	下限	平均值	上限
0～3.5	1.5×10^{-3}	4.0×10^{-2}	8.0×10^{-2}
3.6～6.0	5.0×10^{-4}	1.5×10^{-3}	2.5×10^{-3}
7～12	2.0×10^{-4}	6.5×10^{-4}	7.5×10^{-3}
13～24	2.0×10^{-5}	4.0×10^{-4}	8.0×10^{-4}
25～672	5.0×10^{-6}	1.0×10^{-4}	2.0×10^{-4}

表 5.4　松弛时间 B（单位：h）

加载龄期（h）	下限	平均值	上限
0～3.5	0.50	0.75	1.00
3.6～6.0	1.0	3.0	10
7～12	5.0	14.0	25
13～24	10	30	50
25～672	100	500	1000

1）老化

Yin（1996）根据用于预测刚度和强度随龄期发展情况的既定公式（例如 Chang 与 Stille，1993）提出了老化公式 $X = X_{28} \cdot a \cdot e^{c/t0.6}/2(1+\nu)$，以考虑徐变特性的老化。根据下列方程式，可假设开尔文模型的参数是以这种方式随龄期变化。

$$\eta_k = \frac{1.5 \cdot e^{11} \cdot 1.0 \cdot e^{-1.5/\left(\frac{T}{24}\right)^{0.6}}}{2(1+\nu)} \quad (\text{kPa} \cdot \text{s}) \tag{5.15}$$

$$G_k = \frac{8.0 \cdot e^6 \cdot 1.0 \cdot e^{-1.0/\left(\frac{T}{24}\right)^{0.4}}}{2(1+\nu)} \quad (\text{kPa}) \tag{5.16}$$

式中，T 为喷射混凝土龄期（h）；ν 为泊松比；选择其他参数旨在获得对数据的合理拟合（图 5.13 和图 5.14）。图 5.12a)～f) 中的实线表示由式(5.15)和式(5.16)得出的比徐变应变预测值。图 5.15 所示为根据图 5.12a)～f) 中的数据计算的松弛时间，以及由式(5.15)、式(5.16)、式(5.17)和式(5.18)得出的预测值。

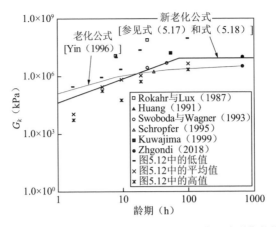

图 5.13 （开尔文流变模型中弹簧的）剪切刚度 G_k 与龄期的关系

注：数据来自前述作者建议的方程式得出的预测值，以及由图 5.12 中的试验数据得出的估计值。

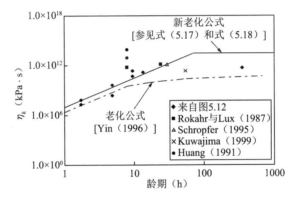

图 5.14 （开尔文流变模型中）阻尼器的黏性 η_k 与龄期的关系

注：数据来自前述作者建议的方程式得出的预测值，以及由图 5.12 中的试验数据得出的估计值。

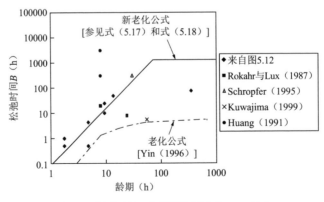

图 5.15 松弛时间 B 与龄期的关系（$B = \eta_k/G_k$）

在图 5.13 和图 5.14 中还绘制的有通过数据得出的"最佳拟合"近似线：
$$\lg G_k = a_g \cdot \lg T + b_g \tag{5.17}$$
$$\lg \eta_k = a_\eta \cdot \lg T + b_\eta \tag{5.18}$$

式中，$a_g = 1.25$，$b_g = 4.50$，$a_\eta = 3.50$ 且 $b_\eta = 7.00$。

根据这些方程式，若 $T = 100h$，则 $G_k = 1.0 \times 10^7 kPa$，相当于 $3.33 \times 10^{-5}/MPa$ 的单轴比徐变应变 $\Delta\varepsilon_{xx\infty}$ [由式(5.12)求得]，且 $B = 2780$。而修正的 Yin 公式则预测出完全不同的数值，即 $G_k = 1.89 \times 10^6 kPa$（相当于 $1.76 \times 10^{-4}/MPa$）且 $B = 5$。试验数据表明，比徐变应变大约是 $1.0 \times 10^{-4}/MPa$ 且 $B = 500$（表 5.3 和表 5.4）。需要注意的是，在 25~672h 加载龄期范围内的大部分数据点所依据的都是在龄期不足 80h 就开始的那些试验。因此，与在更晚龄期开始的更多试验相比，这些结果可能偏向于更明显的徐变特性。

考虑到大于 100h 龄期的加载数据不足，似乎可以合理假设喷射混凝土符合现有硬化混凝土徐变预测。按照 ACI 方法（ACI 209R，1992）可以预计，如果在龄期 168h 和 672h 时加载，那么 700h 后的比徐变应变将分别约为 $1.08 \times 10^{-4}/MPa$ 和 $0.68 \times 10^{-4}/MPa$。Eurocode 2（2004）提出，对于在 168h 时承受荷载的普通 C25 混凝土，700h 后的比徐变应变约为 $1.11 \times 10^{-4}/MPa$。

从对图 5.13 和图 5.14 的视觉检验来看，似乎 Yin 的老化公式高估了徐变在所有龄期发生的速度（即低估了 B 值，参见图 5.15），并且也高估了在龄期大于 100h 的情况下徐变增量的大小。而对数老化公式则相对吻合得更好，只是这一公式在大于 100h 龄期的情况下，可能会低估徐变增量并高估松弛时间。因此，所提出的这些公式仅能被视作很好的近似公式，其附带条件是龄期上限为 72h[❶]。

2）加载/卸载

在变荷载情况下，通常假设为荷载叠加（Neville 等人，1983）。可将卸载模拟为荷载增量负值的增加。

就数值模型中的徐变模拟而言，可能难以处理加载和卸载。如果每个荷载增量的持续时间超过 $3B$，那么每个荷载增量就单独处理，因为该荷载增量引起的徐变可能在增加下一个荷载增量前基本完成。如果荷载持续时间更短，那么就会面临一个问题：在每次掘进的徐变计算期间，到底是使用一个区域/单元的

---

❶ 很明显，在龄期大于 72h 后，徐变仍然与龄期相关，按照已发表的公式或数据（如 Eurocode 2 或 ACI 209R）可修正对数老化公式，以反映老化。

总应力,还是使用应力增量。常规叠加原理的应用可能非常复杂。即使假设针对之前所有掘进进尺引起的各荷载增量,可单独计算隧道掌子面掘进期间的徐变应变增量,但这仍会忽略一个事实,即在这种岩土-结构相互作用问题中,每次掘进期间施加的应力并不一定是恒定的。

而一种折中的方法是,假设在每次掘进持续时间超过 $1.5B$❶的情况下,在徐变计算中仅使用该次掘进的应力增量(Thomas,2003)。如果持续时间更短,则假设这段时间不足以产生大部分徐变应变增量,因此也就允许应力增量累加。

3) 应力依赖性

据广泛报道,在应力大于 $0.5f_{cu}$ 时,徐变应变速率不只是与所施加的应力成正比(Rokahr 与 Lux,1987; Pöttler,1990; Aldrian,1991)。在图 5.16 中,可以看出应力依赖关系,不过由于离散较性大,其确切性质尚不清楚。Aldiran 提出的指数型应力依赖关系似乎高估了利用系数 α 取值为 0.45~0.75 时的依赖关系,同时又低估了 $\alpha > 0.75$ 时的依赖关系。根据图 5.16,作为对应力依赖关系的初始估计,提出以下关系式来预测 $\alpha > 0.45$ 时的比徐变增量(Thomas,2003)。

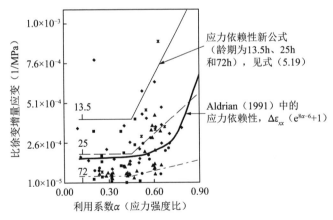

图 5.16 比徐变应变增量与利用系数的关系

数据来源:Ding,1998; Huber,1991; Schmidt 等人,1987; Probst,1999。

$$\Delta e_{ij\infty} = \frac{1 + 2.5(\alpha - 0.45)/0.55}{2G_k} \tag{5.19}$$

4) 验证

在前面章节中,已介绍了广义开尔文模型参数的新关系。在隧道足尺模型

---

❶ $1.5B$ = 发生 0.78 倍徐变应变增量的时间。

中测试新的本构模型前，很重要的一项工作是参照其所依据的原始试验数据对其进行验证。在这种情况下，Huber（1991）将上述徐变模型用于模拟单轴徐变试验，详细信息参见 Thomas（2003）。该模型（以及为匹配试验数据而选择的参数，即"VE 匹配"）与解析解和试验数据的吻合度误差均在−5%以内，参见图 5.17。

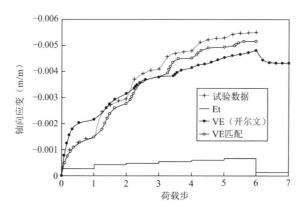

图 5.17　FLAC 模型与 Huber（1991）试验数据的比较（关于图例的解释，参见附录 E）。

令人鼓舞的是，图 5.17 还表明，该模型（基于不同研究者的结果的平均参数，即"VE 开尔文"）与试验数据相当吻合。

5.6.3　伯格斯模型

一些研究者已提出建议采用伯格斯模型［图 5.10c］。Petersen 的模型虽以伯格斯模型为基础，但却制定为时间硬化模型，仅适用于应力水平较低的情况（Yin，1996）。Pöttler（1990）则对该模型进行了修正并以多项式形式表示该模型。不过，对于相关参数的有效性仍存在疑问。原始数据来自大于 30h 龄期时进行的试验。而用 Pöttler 公式计算的徐变速率最初会随时间降低，但在 1.5d 后则会增加，这与观察到的实际特性有所相同。Yin 尝试通过重新制定模型（制成幂律型徐变模型）并估算相关参数来纠正上述问题，其所依据的假设是，参数随龄期增长的方式与 Weber 提出的强度和弹性模量随龄期增长的方式相同（见附录 A 以及图 2.7 和图 2.14）。

Zheng（在 Yin 1996 中被引用）和 Huang（1991）利用了扩展的伯格斯模型，不过与 Neville 等人（1983）不同，他们认为麦克斯韦单元代表了早龄期混凝土的特性，而开尔文单元则代表了硬化混凝土的特性。虽然黏壶的不可逆黏性流对于很早期的喷射混凝土（或 Zheng 在研究挤压混凝土衬砌时所涉及的混凝土）可能具有意义，但正如开尔文单元所表明的，成熟龄期的徐变并非完全可逆。

5.6.4 黏塑性模型

在研究喷射混凝土的 Brite Euram 项目的实施过程中，对于很早期的喷射混凝土，即龄期为 2~7h 的喷射混凝土，提出了一种针对剪应力的宾汉姆模型[图 5.10d)]。该黏塑性模型的五个参数中有四个被认为会随龄期增长而变化，不过这种情况并未纳入公式中。第五个参数，即泊松比，也可能在前 12h 内随龄期增长而变化（图 2.15）。摩擦单元（圣维南元件）的抗力则会随静水应力的增大而增加。该模型虽可能具有理论价值，但对于实际隧道却没有用处，因为该模型仅适用于喷射混凝土的极早龄期阶段。

5.6.5 流速模型

目前已有学者针对喷射混凝土提出了一种基于流速法的模型（England 与 Illston，1965；Schubert，1988；Golser 等人，1989），该模型旨在根据应变历史反算应力（Schropfer，1995）。应变历史可分解为以下四个主要部分（图 5.18），其中：

a 为瞬时可恢复应变——弹性应变；
b 为可恢复徐变——延迟弹性应变；
c 为不可逆（"屈服"）应变——不可逆徐变应变；
d 为收缩（以及热应变）。

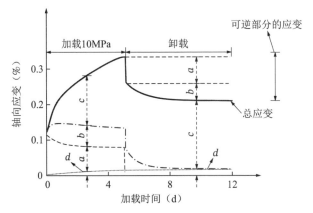

图 5.18 基于流速法的应变分解（Golser 等人，1989）
a-弹性应变；b-延迟弹性应变；c-不可逆徐变应变；d-收缩

热应变（Thermal strain）被视为可忽略不计（Golser 等人，1989）。根据大量试验结果，有学者已写出了描述每个组成部分的方程式（Golser 等人，1989），之后又对这些方程式进行细化，以便在早龄期获得更好的吻合度，并使弹性模量取决于应力强度（Aldrian，1991），参见附录 D。

Aldrian（1991）提出了相对变形模量 V^*，这是弹性模量的折减系数（reduction factor），提出该模量是为了反映利用系数 α（应力强度比）的影响以及喷射混凝土的龄期（见附录 B）。目前尚不清楚该模量实际上有何含义，因为预加载，即使达到了高利用系数，似乎也不会使重新加载时应力-应变曲线的初始坡度减小（Moussa，1993；Probst，1999）。相比之下，重新加载模量通常会更高。系数 V^* 在 28d 内范围从 1.0（$\alpha = 0.0$ 时）到 0.13（$\alpha = 1.0$ 时）不等。该系数似乎旨在用于方程的增量形式中，以将初始弹性模量转化为切线模量，并由此反映应力-应变曲线的非线性特性。

最近在奥地利莱奥本矿冶大学（Montanuniversitat Leoben）采用修正流速法进行了许多数值分析，目的是研究徐变导致的第一层衬砌和第二层衬砌（及围岩）之间的荷载传递（Aldrian，1991；Rathmair，1997；Pichler，1994；Schiesser，1997）。Golser 和 Kienberger（1997）的论著包含了对这项研究工作的概述。不过，目前还不能在三维有限元分析中运用该方法（Rathmair，1997），并且在二维有限元分析中已注意到，随着荷载步数量的增加，吻合度将越来越差。由于流速法依赖于叠加原理，从而未能考虑塑性应变，因此流速法也饱受诟病。

5.6.6 其他徐变模型

除了流变模型外，其他现有徐变模型还包括幂律［例如 Andrade 的三分之一幂律，Jaeger 与 Cook（1979）］和徐变系数，以及前面已提及的一些方法，即有效模量（或假想弹性模量，参见第 5.2 节）和流速法。

幂律（Jaeger 与 Cook，1979）本质上是以经验为依据，最初用于根据金属材料的徐变数据拟合曲线。在徐变的三个阶段，即瞬时阶段、第二阶段和第三阶段中，只有瞬时阶段才对施工后不久的喷射混凝土衬砌有意义。瞬时徐变幂律的一般形式为 $\varepsilon = At^n$，式中，ε 为应变；t 为时间；A 和 n 都是常数。尽管有些研究者已在喷射混凝土衬砌隧道的分析中使用各种幂律形式（Schubert，1988；Alkhiami，1995；Yin，1996；Rathmair，1997），但这些幂律形式并未得到广泛应用，原因在于其模拟复杂徐变特性（例如存在可恢复徐变部分和不可恢复徐变部分）的能力较差。由于幂律型徐变模型在一般工程中得到广泛应用，因此这类模型通常会成为数值分析程序（例如 ABAQUS、FLAC）中的标准，不过在相关程序中并非总是可以将徐变模型与更为复杂的弹性或弹塑性模型相结合（Rathmair，1997）。

欧洲国际混凝土委员会-国际预应力联合会（CEB-FIP）和美国混凝土学会（American Concrete Institute）等各种机构均已发布计算混凝土中徐变效应的标准方法（Neville 等人，1983，第 12 章和第 13 章）。上述两个组织的方法中均采用了徐变系数，该系数是反映水灰比、水泥含量和结构构件尺寸等各种因素的诸多参数的组合。上述方法的优点在于其能获得一个适用于各种混凝土及情况的系数，而缺点则在于相关参数仅适用于龄期在 7d 或其以上的硬化（普通）混凝土。由于无法模拟喷射混凝土的早龄期特性（Han，1995；Kuwajima，1999），因此上述方法一般不适用于喷射混凝土。此外，这些方法可能也不适用于隧道衬砌承受可变荷载时的各种情况。不过，可将徐变系数纳入老化弹性模型中（参见第 5.1 节所述改进的假想弹性模量模型）。

长期以来，喷射混凝土的徐变一直被认为是缓解衬砌应力集中的原因（Rabcewicz，1969；Rokahr 与 Lux，1987；Soliman 等人，1994）。现已开展了许多数值研究（尽管是二维研究），这些研究表明，当徐变模型用于衬砌时，轴向力和弯矩都会大幅减小（例如 Huang，1991；Schropfer，1995；Yin，1996），不过能够证明上述现象的源自现场的确凿证据还很少。

由于承载系统是由围岩和衬砌组成的复合体，衬砌的运动理应引起围岩的运动以及衬砌所受荷载的变化。因此，这种情况并不像标准的室内徐变试验那样简单，在室内徐变试验中将对试样施加恒定荷载并记录随时间推移而不断增加的应变。衬砌的徐变是否导致衬砌应力减小，取决于围岩强度及其材料特性。如果围岩具有弹塑性或本身很容易发生徐变，那么发生徐变后，衬砌中的荷载实际上就可能会增加（Pöttler，1990；Schiesser，1997；Yin，1996；Hellmich 等人，2000）。这些效应也取决于围岩中的徐变速率（Hellmich 等人，1999c）。众所周知，混凝土的徐变能力会随着龄期增长而迅速下降。已有数位研究者提出了预测该性能的各种关系式（例如 Golser 等人，1989；Rokahr 与 Lux，1987；Pöttler，1990；Aldrian，1991），但他们在该性能的变化速率上未能达成一致（参见图 5.19，徐变速率或徐变度的归一化龄期依赖性）。与此相似，有些研究者已将应力依赖性纳入其徐变模型中（例如Golser等人，1989；Aldrian，1991；Probst，1999）。

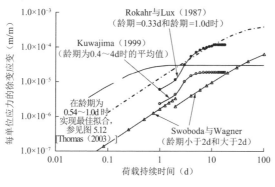

图5.19　预测的徐变度值

有几个已包含徐变的数值模型显示，应力减小的幅度大得离谱。例如，在Rathmair（1997）所做分析中，轴向力减小到了其初始值的5%，但该作者称，在喷射混凝土的室内松弛试验中，应力仅减小50%。不过，Thomas（2003）的确发现，即使在承受较小荷载的浅埋隧道中，徐变也可能导致轴向衬砌荷载和弯矩减小，如图5.1和图5.2所示。相关减小幅度主要取决于针对徐变模型选取的参数，幅度范围在10%~50%。在所研究的各种徐变模型中，我们发现式(5.17)~式(5.19)中描述的模型给出了最真实的预测结果。因此，建议按照为各个单独的项目规划的确切喷射混凝土混合料的实验室数据，对徐变模型进行校准。这项特殊研究还揭示了徐变如何"消除"衬砌应力中的峰值，参见图5.20。此外，正如预期，徐变也会导致相对更高的衬砌变形预测值，参见图5.21。

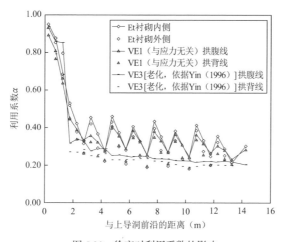

图5.20　徐变对利用系数的影响

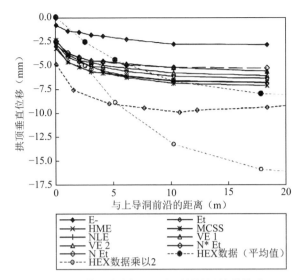

图 5.21 拱顶位移与距上导洞前沿的距离的关系

5.7 老化

老化使模拟喷射混凝土变得远比模拟其他衬砌材料更为复杂。虽在设计计算中,可假设隧道内掘进导致的荷载增量是在围岩刚一开挖后就施加的,并且还可选择与此时衬砌不同部分的不同龄期相一致的参数值(如刚度)(图 5.22),但仍须核实新参数与本构模型是否吻合。喷射混凝土的所有性能都会随龄期变化,附录 A 和附录 B 包含了许多经验关系,可用于预测所有龄期最常用的性能(如强度)。在给定的掘进速度和开挖工序下,根据衬砌各部分与掌子面之间的距离,可估算出衬砌各部分的龄期。

阶段	开始时的龄期(h)	E(GPa)
1	0	0
2	24	17.0
3	48	20.2
4	72	21.6
5	96	22.4
6	120	23.0
7	144	23.4
8	168	23.7
9	192	23.9
10	216	24.1

隧道示意图,显示了上导洞、台阶和仰拱开挖工序的阶段

图 5.22 数值模型中与龄期相关的刚度的典型近似值

老化的根本原因是水泥的持续水化反应。因此,已有不同的研究者试图量

化水化程度（ξ）如何随时间变化，然后再将所有材料性能与此联系起来。关于这一理论的概述可参见 Ulm 和 Coussy（1995，1996）的论著。热-化-力耦合模型旨在反映：

- 水化作用与强度、刚度和自收缩等性能的演化之间的化-力耦合作用；
- 放热水化反应导致的膨胀（Hellmich 与 Mang，1999）或损伤准则（Cervera 等人，1999b）等热-力耦合作用；
- 养护温度增加导致最终强度和刚度的降低等热-化耦合作用（Cervera 等人，1999b）；
- 水化反应自身的热力学激活性质。

底层的内在物质函数化学亲和势或水化反应驱动力（A_t 或 A_ξ）可通过试验确定（图 5.23）。既然它是内在的，也就意味着它与场变量和边界效应无关（Hellmich，1999a；Hellmich 等人，2000）。不过，图 5.23 却表明，所报告的归一化化学亲和势曲线图可能存在巨大差异，大多数值更接近来自 Ulm 与 Coussy（1996）的那条线，另见 Hellmich 等人（1999a）以及 Hellmich 与 Mang（1999）的论著。这可能是因为 E_A/R 也会随混合料和温度的不同而发生变化。所报告的数值范围在 4000～5000K 之间。为全面体现混合料特性，这两个参数均需使用。然后，强度可与归一化化学亲和势函数随时间 t 的变化相关联，具体如下。

$$\frac{d\xi}{dt} = (1-\xi_0)\left[\frac{df_c/d_t}{f_{c,\infty}}\right] = A_\xi \cdot e^{-E_A/RT_t} \tag{5.20}$$

$$A_\xi = a_A \cdot \left[\frac{1-e^{-b_A \cdot \xi}}{1+c_A \cdot \xi^{dA}}\right] \tag{5.21}$$

式(5.20)中的指数项表示水化反应的热力学激活性质；T 为温度（K）；ξ_0 为"逾渗阈值（percolation threshold）"，低于该阈值，混凝土将无法承受任何偏应力；f_c 为抗压强度；a_A、b_A、c_A 和 d_A 均为常数（见附录 F）。与此类似，人们也提出了抗拉强度、自收缩和刚度等性能与水化程度（ξ）之间的其他关系[图 5.24a）和 b）]，另见附录 A 以及 Eierle 与 Schikora（1999）的论著。如前所述，由于具有化学亲和势，所报告的结果之间存在很大差异。Sercombe 等人（2000）的论著包含了关于短期徐变和长期徐变随水化程度而发展的各类暂定关系❶。与经验公式相同，这些关系也假设水化动力学与加载历史无关。

---

❶ 这些关系均基于 28d 龄期喷射混凝土试样的徐变试验。

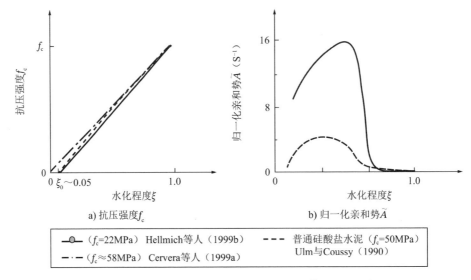

图 5.23 喷射混凝土的水化动力学（Hellmich 等人，1999b）

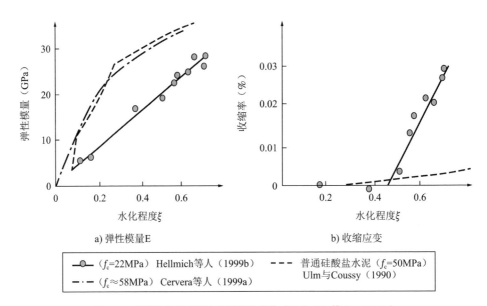

图 5.24 刚度和收缩率随水化程度的变化（Hellmich 等人，1999b）

或者，也可用更简单的等效龄期法来说明温度对水化反应的影响（Cervera 等人，1999a；D'Aloia 与 Clement，1999）。温度升高会加快水化反应。利用对应于更高水化程度的已做过校正的龄期，从参考温度下的参数增长图中，可读出给定龄期的数值。Cervera 等人（1999a）指出，通常而言并非所有水泥都会水化，且最终水化程度可由下式得出：

$$\xi_\infty = 1.031 w/c / [0.194 + w/c] \quad (当 w/c = 0.43 时，约等于 0.71) \quad (5.22)$$

初始"逾渗阈值"ξ_0（有时称为临界水化程度）也被发现会随水灰比而变化（Byfors，1980）：

$$\xi_0 = k \cdot w/c \quad (5.23)$$

式中，k 在 0.40~0.46 之间变化；w/c 为初始水灰比。

由于仅为少数混凝土绘制了 A_ξ 分布图，某些关键参数的数据也就有限，比如分布图本身或逾渗阈值。因此，对于某个项目的特定配合比，应通过室内试验来确定各参数。而另一种确定 A_ξ 的方式，则是根据强度随时间发展的相关数据进行倒推。不过，如果已经知道此数据，则可直接估算出其他参数（例如刚度和抗拉强度）。热-化-力方法的优点在于，它将各种性能与其背后的基本过程，即水化反应联系了起来。这样就可进一步洞察早龄期混凝土的特性，并使在相关的情况下纳入温度效应变得简单易行。尽管温度效应对于块状结构很重要（参见 Aggoun 与 Torrenti，1996；Hrstka 等人，1999），但大多数隧道衬砌都相当薄（即厚度小于 400mm），且水化热引起的温升也是短暂的。图 2.21 显示，对于大多数喷射混凝土衬砌隧道所经受的温度而言，温升对水化反应的影响有限。

不过，在承受较小荷载的隧道中，温度效应可能是明显的。Jones（2007）发明了"围岩反应温度敏感性（Ground Reaction Temperature Sensitivity）"这一术语，用来描述浅埋隧道径向压力计中因混凝土水化期间的环向膨胀所引起的应力。即使相较于围岩荷载，温度并未引起明显的应力，但也需注意的是，在喷射混凝土衬砌隧道中，温度变化会导致实测应力出现波动（参见第 7.3.1 节）。

5.8 施工工序

1）导坑分部

就管片衬砌隧道而言，尽管衬砌与实际掌子面还有一定距离，但可合理假设衬砌是一次施工完成的。在喷射混凝土衬砌隧道中，开挖和施工工序要复杂得多，然而在数值模拟中却并不总是会完全予以复制。简化开挖和施工工序的相关方式会对结果产生很大影响。例如，进行全断面开挖模拟而非按照确切开挖工序进行模拟，将会导致更均匀的衬砌荷载分布模式（Guilloux等人，1998）以及更少的围岩卸载（Minh，1999）。

2）掘进进尺和速度

经验和常识表明，增加掘进进尺或提高掘进速度可能导致衬砌的荷载更高（Pöttler，1990）。对于软弱围岩隧道，如果掘进速度从每天2m提高到8m，那么收敛的增幅就可多达50%，而衬砌中的环向荷载则可能下降15%（Cosciotti等人，2001）。随着围岩刚度的增加，这种差异将会减小。荷载之所以下降是由于喷射混凝土在早龄期承受的荷载更大且变形更多。这就使围岩中可以出现更多的应力重分布，因此最终荷载就会更低（前提是围岩能够承受重新分布回围岩内的荷载）。不过，也存在因超限应力而使衬砌破坏的风险。Kropik（1994）称，在软弱围岩隧道中，当掘进进尺从1m增加到2m时，拱顶变形会增加20%。尽管Hellmich等人（1999c）在其数值模型中简化了施工工序，但他们仍指出，衬砌在何时能作为有效支护，对确定最终荷载具有重要意义。他们还指出，衬砌越早承受荷载（即在热-化-力本构模型中越早超过逾渗阈值，参见第5.7.1节），衬砌中的荷载就会越高。对于轴向力和弯矩，这同样适用。❶在高应力硬岩隧道中延迟施作完整衬砌以减小最终衬砌中的荷载这一理念，是新奥法的基本原则。

对于软弱围岩，情况则有所不同。一些证据表明，在软弱围岩中，如果衬砌施作得越早，衬砌中的荷载实际上就会越低（Jones，2005；Thomas，2003）。但这并不一定与新奥法的原理相冲突，因为新奥法也承认，超越某一个点后，延迟衬砌施作将导致荷载更大（这是隧道围岩"松动"导致的）。在软弱围岩中，塑性变形或应变软化会引起荷载增加。对于在坚硬的超固结黏土中的隧道，Jones（2005）将长期荷载的增加归因于隧道施工期间围岩卸载所产生的负孔隙压力的均衡化。这主要发生在仰拱中。卸载越大（例如因延迟封闭仰拱造成），负孔隙压力就会越大，后续的荷载增加量也会越大。

同样，Kropik（1994）指出，尽早封闭仰拱（即封闭至掌子面）将使衬砌变形减少，而这与现场经验也相符（参见Thomas等人，1998）。

---

❶ Hellmich等人（1992c）发现，用常刚度线弹性模型模拟衬砌时，衬砌刚度的变化对环向力影响不大，但是对环向弯矩影响很大。由此，他们得出的结论是，环向力不取决于衬砌的材料性能。然而，这仅适用于他们的研究中最简单的情况。当衬砌和围岩之间存在真正的相互作用时，早龄期刚度，特别是在刚度开始有效的时刻，会对衬砌的应力产生巨大影响。

过去在二维和三维模拟中经常采用"无衬砌"分析（参见 Gunn，1993；Krenn，1999；Minh，1999；Burd 等人，2000）。研究者们也经常称，他们在此类分析结果与现场沉降数据之间取得了良好的相关性。显而易见，这样的模拟完全不真实，并且任何表面上的良好匹配都可能源于这些分析的独特性（例如采用了规定的体积损失或简单的围岩模型），而这些独特性将防止在真实情况下会发生的破坏。Dasari（1996）指出，在其研究中，衬砌隧道与无衬砌隧道的二维分析之间几乎不存在差异，不过在相同隧道的三维分析中，引入衬砌会大幅减少沉降。

3）荷载发展

通常假设源自软弱围岩的荷载会随时间单调递增（例如 Grose 与 Eddie，1996）。虽然对于管片衬砌隧道可能的确如此（例如 Barratt 等人，1994），但鉴于喷射混凝土衬砌隧道中复杂的开挖工序和几何形状，衬砌的作用模式很可能会发生变化，且荷载也可能改变。例如，起初可将上导洞内的衬砌视为像悬臂一样从其后已完成的衬砌环伸出，从而导致纵向弯曲（图1.1）。当衬砌全环封闭完成时，衬砌主要起压缩作用，主弯矩则作用在环向。

值得注意的是，隧道衬砌中的纵向应力很少得到详细研究。Thomas（2003）在详细的数值模拟研究中发现，在衬砌顶部，即轴线以上，衬砌外侧因围岩向掌子面的相对移动而处于受拉状态。衬砌内侧则处于受压状态。此过程在远离掌子面的地方仍会继续，因而正是这里的刚度有助于确定最终情况下的纵向力和弯矩，参见图 5.25 和图 5.26。由此，喷射混凝土的本构模型对预测的纵向力有很大影响。一般情况下，如果将与龄期相关的刚度纳入本构模型，那么纵向力就会很小。不过，除假想弹性模量模型外，所有模型的弯矩都很高。塑性模型中的拉伸截断和黏弹性模型中的徐变均有助于减小拉力，从而减小弯矩。最低荷载是由假想弹性模量模型预测得到，这是因为该模型整个衬砌的刚度都相对较低。

在没有纵向荷载相关现场数据的情况下，尚不清楚这些预测的真实程度。由于拉力位于衬砌外侧，因此无法看到裂缝。这可能引起耐久性问题，因为裂缝会使水进入衬砌内❶。

---

❶ 有一些来自管片衬砌导洞的证据表明，在全断面扩大期间，围岩中的纵向运动会牵引导洞衬砌，使其处于受拉状态，导致各环之间的施工缝敞开。

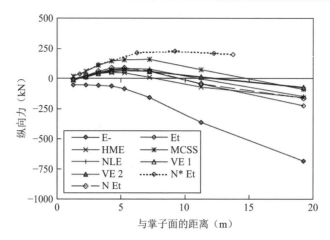

图 5.25　拱顶内纵向轴向力与距掌子面距离的关系
注：压缩力为正，关于图例的解释，参见附录 F。

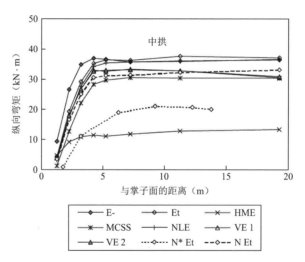

图 5.26　拱顶内纵向弯矩与距掌子面距离的关系
注：关于图例的解释，参见附录 F。

4）应力分布

Thomas（2003）在其数值研究中发现，通常衬砌中的预测应力分布并不均匀。衬砌中的利用系数在掌子面附近最高，并会随着与掌子面距离的拉大而减小（图 4.13 和图 5.27）。此外，正如 Kropik（1994）所发现的，每个掘进进尺前缘的应力要大于后缘的应力。这可能是因为衬砌邻近部位的混凝土刚度存在差异，且前缘的径向荷载更高。在已施作完成的衬砌中，最先施作部分的应力会更高，即上导洞中的应力会高于仰拱中的应力。

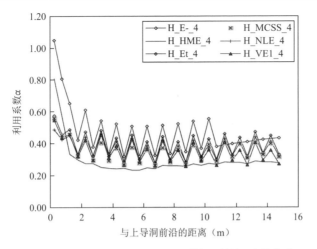

图 5.27 衬砌外侧处拱顶内的利用系数与距前沿距离的关系

5）工序因子

考虑到喷射混凝土衬砌隧道中施工工序的影响，如能有一种预估关键参数影响的方法将会很有用处。在主要参数中有三个参数即掘进进尺（AL）、掘进速度（AR）和距环向封闭的距离（RCD）是相互关联的，因为改变其中一个参数将会影响其余两个参数。而评估施工工序变化所致影响的一种方法，可能是考虑将上述关键参数组合成一个新的因子——"工序因子"：

$$\frac{RCD}{AR} \cdot \frac{E_x}{E_{28}} \cdot \frac{AL}{R} \tag{5.24}$$

式中：RCD/AR——环向封闭距离/掘进速度，用来表示环向封闭所需时间；

E_x/E_{28}——环向封闭处喷射混凝土的杨氏模量与 28d 杨氏模量之比，用于衡量封闭处压缩状态下环向刚度大小；

AL/R——掘进进尺/隧道半径（R），用于衡量开挖期间未支护段的相对大小。

图 5.28 所示为一项软弱围岩隧道数值研究的结果，这些结果表明，环向力和环向弯矩均会随工序因子的增大而增加，至少在隧道顶部是如此（Thomas，2003）。换而言之，如果封闭仰拱所用时间更长，那么荷载就会增加；而在仰拱封闭时或支护安装更缓慢（即未支护段较长）的情况下，混凝土的龄期将会更长。

这种模式在隧道衬砌的其他部位（如在水平轴线或仰拱处）则不会如此明显。

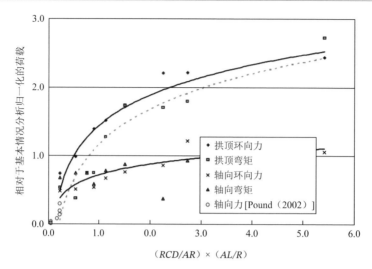

图 5.28 归一化环向荷载与按照距掌子面 9m 的环向封闭处隧道半径和刚度修正的 $(RCD/AR) \times (AL/R)$ 的关系

5.9 施工缺陷

尽管众所周知喷射混凝土衬砌隧道掘进易受不良工艺影响,但在设计计算中却通常不会考虑常见的施工缺陷,如强度和质量变化、施工缝施工质量不佳以及形状和厚度变化等。与此相反,在管片衬砌的设计中,常规做法则会考虑椭圆度(围岩变形或修建质量差所致)的影响和管片错位(即"错台")。

Stelzer 与 Golser (2002) 研究了在钻爆法隧道中发现的喷射混凝土衬砌轮廓变化的影响。在其对两个小比例模型的详细研究以及采用数值模型进行的反分析中发现,缺陷会使衬砌的结构承载能力降低 50% 以上。有缺陷的衬砌也易于产生更大的变形。

喷射混凝土衬砌隧道含有很多施工缝,这些施工缝都可能是薄弱区域(例如 HSE 2000,图 3.16)。在一项针对某座软弱围岩喷射混凝土衬砌隧道的研究中,数值模型中位于施工缝的衬砌强度降低了 50%(图 5.29)。图 5.30 表明,环向施工缝和径向施工缝处薄弱带的存在,能改变隧道衬砌内的应力分布(Thomas, 2003)。弱径向接缝往往会增加掌子面附近的荷载,而弱环向接缝则会减少该处的荷载,且衬砌的作用更像是一个由离散环组成的管道。削弱径向接缝和环向接缝均会导致掌子面附近关键区域情况恶化。

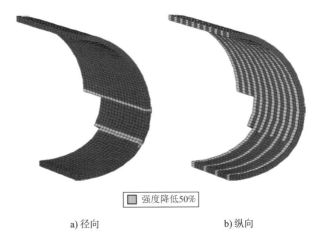

| 强度降低50% |

a) 径向　　　　　　　　　b) 纵向

图 5.29　Thomas（2003）模拟的喷射混凝土衬砌隧道网格中的施工缝位置

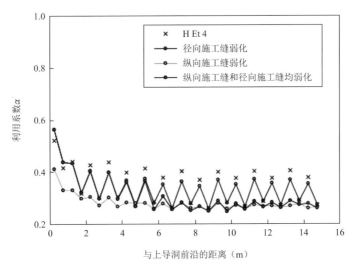

图 5.30　拱顶内的利用系数与距前沿距离的关系（适用于弱施工缝模型）

5.10　小结

数值模拟在喷射混凝土衬砌隧道的设计中发挥着越来越重要的作用。喷射混凝土本构模型的选择会对数值模拟的结果产生极大影响。这既适用于隧道衬砌本身，也适用于其周围的围岩。图 5.21 说明了对衬砌变形的预测如何因模型而变化。图 5.31 则表明地表沉降也会受到影响。尽管喷射混凝土的特性很复杂，但往往采用的仍是简单模型。

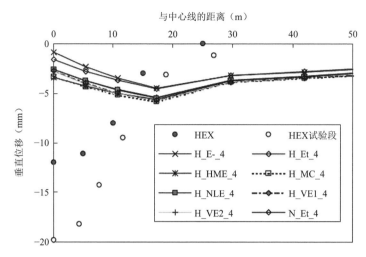

图 5.31　距掌子面 18m 处的横向地表沉降剖面图（Thomas，2003）

图 5.32 显示了使用更为复杂的数值模型的潜在好处（Thomas，2003）。这些模型预测的弯矩小到足以允许使用钢纤维而不是钢筋网进行加固。在消除了与钢筋加固相关的耐久性方面的主要顾虑后，"一次施作完成"的永久喷射混凝土衬砌就成为一种可行的选择。举例来说，这估计可以节省 30% 的成本❶。但是，需要注意的是，衬砌荷载只是衬砌设计中众多需考虑的因素之一。

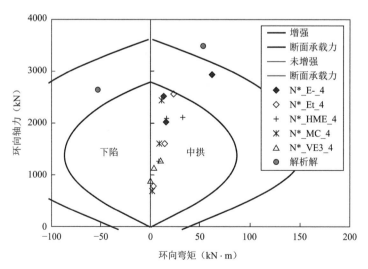

图 5.32　软弱围岩中浅埋喷射混凝土衬砌隧道的数值模型结果（Thomas，2003）

---

❶ 基于对 HEX 站台隧道在节省时间和材料成本方面的粗略估计，假设钢纤维增强喷射混凝土方案不需要第二层衬砌（Thomas，2003）。

对于喷射混凝土应采用哪种本构模型这一问题，并没有唯一正确的答案。最重要的是，所选模型必须适于设计计算。在这一点上，值得重申的是，衬砌的本构模型只是数值模型中的一部分。喷射混凝土模型的不同方面可能都或多或少具有一定的重要性，这取决于主要关注的点是什么。例如，隧道衬砌模型对地表沉降的预测就可能影响不大。我们还应该注意的是，至少在原则上，通过对各种单元使用（极其）不同的参数和/或"子模型"，就可从一个复杂模型中获得相同的结果。

第 6 章

详细设计

"如果无法在香烟盒背面设计,也就无法建造。"尽管这句老话说得有理,但详细计算作为现代设计实践中鲁棒工程的合理依据和证明,是不可或缺的。但遗憾的是,几乎没有袖珍型的详细计算。本章仅就各种围岩条件和特殊情况下喷射混凝土衬砌的详细设计提供指导。本章并未涵盖掌子面稳定性或锚杆设计等内容。关于一般隧道设计的更多详细内容可参阅以下文献:Szechy, 1973; Hoek 与 Brown, 1980; BTS Lining Design Guide, 2004; Chapman 等人, 2017。

在使用解析或数值设计方法时,详细设计计算的程序通常是相同的。首先要估算衬砌中的荷载。然后将估算的荷载与衬砌承载力进行比较,比较时要应用常规分项安全系数,并且通常使用弯矩-轴力相互作用图(例如,Eurocode 2, 2004)。此外,还要估算(衬砌和围岩)变形,如有需要,可将变形估算结果用来确定触发值(见第 7.3 节)。

虽有使行文显得枯燥乏味的风险,但还应再次强调,喷射混凝土只是隧道支护体系的一部分。岩土-结构的相互作用必须进行真实模拟。对于某一特定隧道的设计而言,围岩或施工工序的模拟可能实际上会比喷射混凝土特性的细微差别更为关键。

6.1 软弱围岩隧道设计

本节介绍软弱围岩中(即土层或软弱岩石表现为连续体)喷射混凝土衬砌的设计。其特性的关键机理是隧道围岩的塑性屈服或破坏(表 3.2),并且喷射混凝土必须提供即时支护。掌子面稳定性以及可用设备决定了开挖工序的选择。

6.1.1 喷射混凝土的关键特性

由于要起到即时支护作用,喷射混凝土的龄期依赖性和依时特性很可能关系重大。开挖工序往往有多个阶段，衬砌未完成时的中间荷载工况也应进行检查，因为这可能比长期荷载工况更为关键。而非线性特性则可能出现在这些阶段。

6.1.2 确定喷射混凝土上的荷载

软弱围岩本身的特性相当复杂：原位水平应力可能超过垂直应力；K_0 可能随深度而变化；非线弹性/塑性特性和各向异性可能对隧道承受的荷载产生强烈影响。根据围岩的渗透性，不排水特性也可能变得十分重要。举例来说，Addenbrooke（1996）和 van der Berg（1999）就介绍了与伦敦黏土这样一种软弱围岩相关的各类特征。

因此，仅靠简单的解析法可能是不够的，尽管这些方法经常用于设计的早期阶段，见表 4.2。而数值模拟则可提供更真实的围岩荷载估计。由于围岩具有软弱性，支护就需迅速安装，因此松弛系数就会偏低（表 4.1），通常在 50%左右。此外，在数值模型中还可采用目标体积损失（即允许围岩松弛，直至发生一定量的变形）。施工质量较好的情况下，体积损失约为 1.0%。

6.1.3 衬砌设计

尽管有上面的种种说法，但软弱围岩中的单座喷射混凝土衬砌隧道不应给设计人员制造太多困难。

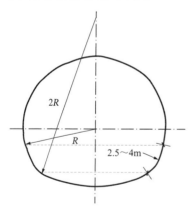

图 6.1 软弱围岩喷射混凝土衬砌隧道的比例示例

有些开挖工序会产生尖角（图 3.3），设计计算往往预测尖角处会有很大弯矩。而实际上，这些情况通常不会发生，这很可能是由于围岩中的拱效应或喷射混凝土中的徐变。一种可以检查这些应力集中的重要程度的方法是插入"铰接"（即旋转时解除固定），并查看其如何改变分析的结果。总的来说，隧道形状应近似圆形，以尽量减小围岩或衬砌中的应力集中（图 6.1）。尖角可能会增加衬砌上的恒载，因为围岩中的拱效应遵循更平缓的曲线，或者如上所述会在衬砌中导致较大弯矩。马蹄形横断面往往是在拱脚下方出现不稳定情况。用"锁脚"增加拱脚处的承载面积可以解决这个问题，但最终来看，采用更圆的横断面以及尽早环向封闭才是防止仰拱处不稳定的唯一方法。

如第 3.1.2 节中所述，在形成完整的结构环之前，衬砌往往会持续变形。因此，尽早环向封闭，即在距离掌子面 0.5～1.0 倍隧道直径范围内，将有助于减少变形和地表沉降。通常情况下，掘进进尺会限制在 1.0m 左右，以促进尽早环向封闭以及掌子面稳定。而数值模拟的优势在这里是显而易见的，因为它可以实现在设计阶段对不同的开挖工序和几何形状进行测试。

如图 6.2 所示，对于英国新近修建的浅埋喷射混凝土衬砌隧道，其隧道直径与衬砌厚度之比通常在 10～15 之间。

数据存在相当大的离散性，但这可能更多是由设计假设的差异而非围岩条件的差异造成的。

围岩中的拱效应在掌子面周围以三维形式出现。因此，荷载会被施加到隧道前方的围岩上，然后又向后施加到衬砌上。简单计算（图 4.2）表明，拱效应主要出现在一倍隧道直径范围内。现场经验也证实了这一点（Thomas，2003）。为避免相互作用（例如在导洞与扩大部分工序中），掌子面之间应保持至少两倍隧道直径距离。这同样适用于邻近隧道。如果相互作用无法避免（例如在交叉段）或是不利的，那么邻近结构就必须设计为能够承受额外荷载。交叉段的设计将在第 6.5 节详细阐述。

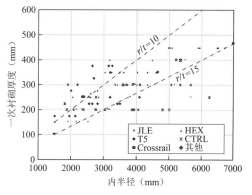

图 6.2 软弱围岩中喷射混凝土衬砌隧道的衬砌厚度

6.2 块状围岩隧道设计

本节介绍节理岩体中（即岩石表现为不连续体）喷射混凝土衬砌的设计。其特性的关键机理是隧道围岩中发生的块状破坏、塑性屈服或一般性破坏（表 3.3）。喷射混凝土用于即时支护时（如用于块体支护或者用作完整的结构环），有时整个喷射混凝土衬砌的施作可能要延迟几个掘进进尺。同样，根据围岩类型，环向封闭的时间会有所不同，而在最好的围岩中，并不需要结构性仰拱。喷射混凝土通常只是支护体系的一部分，并经常和锚杆结合使用。与在软弱围岩中一样，掌子面稳定性以及可用设备决定了开挖工序的选择。

6.2.1 喷射混凝土的关键特性

喷射混凝土的早期强度，尤其是黏结强度，是支护块体的关键。当喷射混凝土衬砌在单个块体的荷载作用下达到其强度极限时，通常会先发生脱黏所导致的破坏，然后再发生弯曲破坏（Barrett 与 McCreath，1995），见图 6.3。

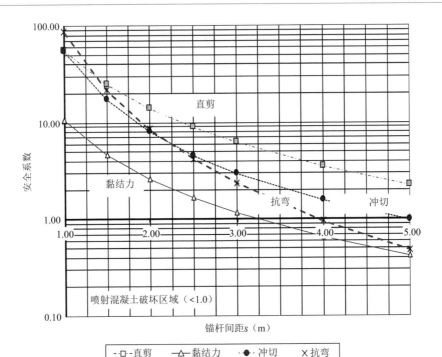

输入参数		取值	单位
重度	γ	27	kN/m³
面板宽度	c	0.2	m
黏结强度	σ_a	800	kN/m²
黏结长度	a	0.04	m
直剪强度	τ_{ds}	685	kN/m²
喷射混凝土衬砌厚度	t	0.25	m
抗弯强度	σ_{flex}	4276	kN/m²
径向抗拉强度	σ_{ds}	2566	kN/m²
荷载系数	γ_f	1	
材料系数	γ_m	1.5	
龄期	t	28	d
抗压强度		25	MPa

图 6.3 素喷射混凝土稳定性图（Barrett 与 McCreath，1995）

钢纤维喷射混凝土（SFRS）在支护块状岩体方面非常有效。纤维能够增强整个厚度的混凝土，并在变形时吸收大量能量。钢纤维喷射混凝土尤其适用于高应力环境（例如 Tyler 与 Clements，2004）。喷射混凝土中也可使用粗合成纤维。

当被用作拱或完整结构环时，喷射混凝土其他方面的特性，如非线性或徐变，可能变得十分重要（见第 6.1.1 节）。徐变等与时间相关的特性，其重要性取决于围岩荷载的发展速度。

尽管可能会延迟整个支护的安装，但仍需注意喷射混凝土在封闭岩石表面方面能起到的有利作用。这不仅能防止由于干燥以及水或空气对岩体的作用而导致的岩体劣化，而且还能使节理紧密封闭。对于块体稳定性而言，此种作用与喷射混凝土横跨锚杆之间或用作拱时的结构作用一样重要。

6.2.2 确定喷射混凝土上的荷载

表 4.2 包含了一些块状围岩解析解示例。Protodykianov 的荷载分布（Szechy，1973）等半经验法的缺点是，虽然这些方法能反映围岩荷载或衬砌应力，但不能提供衬砌中各种应力的相关详细信息。考虑到荷载分布的形状，要将荷载分布转化为喷射混凝土衬砌所受轴向力和弯矩的分布也并非易事。

在更复杂的一些解析解中，收敛约束法（CCM）是块状围岩中最常用的方法。虽然此方法假设岩体表现为连续体，但可使用 Hoek-Brown 破坏准则将塑性纳入其中，该准则对岩石的模拟要优于莫尔-库仑准则等其他破坏准则。收敛约束法可用于快速检查开挖的整体稳定性以及检查塑性屈服，但需注意该方法的其他限制（如轴对称性假设）。该方法经常用于估算收敛和支护时间试验。

由于块状围岩相较于软弱围岩具有更好的稳定性，因此通常采用非圆形横断面。但这却超出了大多数解析解的能力范围，于是设计人员转而采用数值模拟。最著名的块状围岩数值模拟程序是离散元程序 UDEC 及其三维配套程序 3DEC。一些市面上的有限元或有限差分程序包提供了试图模拟节理岩体特性的本构模型。由于难以确定制约节理特性的众多参数，块状围岩也就为数值模拟额外增加了复杂性。

6.2.3 衬砌设计

在块状围岩中，支护的设计要么采用经验法，要么通过前面章节提及的其中一种方法进行荷载估算，将估算的荷载转化为衬砌荷载，并确定用以承受这些估算荷载的喷射混凝土尺寸。

最常用的经验法是 Q 系统或 RMR（另见第 4.4.1 节和第 6.3.1 节）。这些方法在更强硬的、接近硬岩条件的岩石中效果最好。在相关范围的下限，存在这类简单方法无法提供鲁棒工程解决方案的风险。将针对块状围岩设计的支护应用于发育的软弱围岩，是导致灾害的根源。块状围岩与软弱围岩之间的边缘情况需进行更详细的考虑。另外，值得注意的是，与所有的经验法一样，上述方法并不提供安全系数或支护时间方面的任何信息。支护时间应根据自稳时间确定。

如果喷射混凝土被用作拱或环，则可采用与软弱围岩隧道衬砌相同的设计方法，将其设计为弯曲作用下的受压构件。根据岩体强度及其节理情况，一层薄喷射混凝土就可能足以约束小型块体，而将衬砌设计为与岩石共同作用的组合梁可能更为合适。楔形砌块拱（Voussoir Arch）理论很好地利用了上述组合作用（Diederichs 与 Kaiser，1999；Oliveira 与 Paramaguru，2016）。锚杆能将钢筋喷射混凝土（作为张拉膜）固定在岩梁上。轴向荷载将被转移至拱起拱点处的"拱座"。Asche 与 Bernard（2004）特别指出，只要"拱座"处的岩块不发生滑动（Banton 等人，2004），且没有横切水平层理的浅倾向节理（Oliveira 与 Paramaguru，2016），则该方法在水平层状坚硬岩石中效果较好。Banton 等人（2004）介绍了楔形砌块拱解决方案的应用以及其他块状围岩设计方法。

如果有效喷射在锚杆之间的喷射混凝土只是控制单个块体的稳定性，则可使用 Barrett 和 McCreath（1995）❶的解析解来确定衬砌厚度的大小，见图 6.3。块体将通过在围绕块体周长设置的黏结条带来固定。该条带假定为 30mm 宽，这样就能实现每延米承载 1.5~3.0t 的块体（Banton 等人，2004）。计算机程序 UNWEDGE 在这方面提供了更全面的处理方法，因为它可以根据输入的节理组计算所有可滑动块体。

隧道通常要穿越各种围岩条件。更经济的做法是规定一系列支护类型（通常是 3~6 个类型）。然后施工队伍就可根据遇到的实际条件选择最适合的支护类型。

交叉段的设计将在第 6.5 节中详细阐述。

6.3 硬岩隧道设计

本节介绍块状岩体中（即岩石表现为连续体）喷射混凝土衬砌的设计。其特性的关键机理通常是隧道周围岩体的稳定弹性响应以及孤立块状破坏（表 3.4）。喷射混凝土必须为这类块体提供即时支护，但除此之外，隧道还是稳定的。如前所述，掌子面稳定性以及可用设备决定了开挖工序的选择。硬岩（在中等至低应力环境中）的自稳时间较长，因此支护可在掌子面后方的数个循环完成后再安装。循环进尺通常为 3~4m。岩爆以及膨胀性或挤压性围岩的特殊情况将在下文中分别论述。

---

❶ 注意：抗弯承载力方程中似乎有误。建议更准确的方程为 $C_{flex} = \sigma_{flex}(t^2 \cdot s)/6$，参见原论文了解该方程中各项的定义（另见 Bertuzzi 与 Pells，2002）。

6.3.1 衬砌设计

除非存在偏高的原位应力等复杂情况，否则通常采用经验法来确定支护类型（Grov，2011）。相关经验法可以是 Q 系统（图 6.4）或 RMR 之类的正式方法，也可以仅仅是应用工程判断以及非正式的"经验法则"。最好的做法是系统地评估围岩条件带来的风险，并将评估结果与已建立的 Q 系统或 RMR 等支护图结合使用，从而确定支护。支护时间应根据自稳时间来确定。开挖方法也会影响所需的支护。TBM 隧道对岩石的扰动往往要小于钻爆法隧道，因此所需支护相对较少（例如 Barton，2000）。

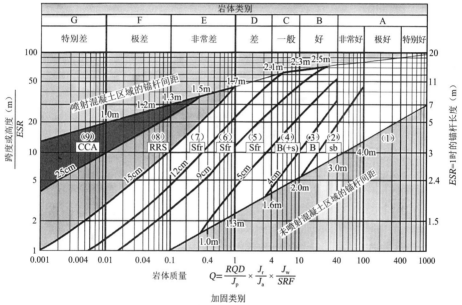

(1) 未支护；
(2) 局部锚杆支护；
(3) 系统锚杆支护；
(4) 系统锚杆支护，40～100mm 喷射素混凝土；
(5) 50～90mm 厚纤维喷射混凝土，锚杆支护；
(6) 90～120mm 厚纤维喷射混凝土，锚杆支护；
(7) 120～150mm 厚纤维喷射混凝土，锚杆支护；
(8) 大于150mm 厚的纤维喷射混凝土，喷射混凝土加强肋和锚杆支护；
(9) 浇筑混凝土衬砌

图 6.4 Q 系统支护图

喷射混凝土，无论是素喷射混凝土还是用钢纤维或钢筋网增强的喷射混凝土，通常只是支护系统的一个组成部分。与锚杆相比，喷射混凝土通常起次要作用。喷射混凝土承载块体的能力，无论是单独承载还是与锚杆一起承载，可通过简单计算（例如 Barrett 与 McCreath，1995，参见第 6.2.3 节）或 UNWEDGE 等程序进行检查。收敛约束法可用于快速检查开挖的整体稳定性以及检查塑性屈服，并对收敛进行估算。

出于物流原因，小直径硬岩隧道常设有临时扩大部分，用作避车处或临时堆放弃渣的出渣洞室。这些扩大部分只是延展了开挖跨度。其设计方式应与主隧道相同，但需采用最大跨度。交叉段的设计将在第 6.5 节详细阐述。

在所有隧道施工中，原位应力会在隧道周围重新分布。这可能导致隧道之间的岩柱应力过大。在加固岩柱方面，锚杆通常比喷射混凝土更为有效。正如新奥法之父 Rabcewicz 等人所阐述的那样，重要的是要将支护和岩体视为一个共同承受荷载的系统。锚杆之所以会更为有效，是因为锚杆增强了岩体承受隧道周围荷载的能力，而喷射混凝土则更多的是起到支护隧道表面的作用。

对于复杂地下工程或有邻近隧道的地下工程（如发电厂房），可能有必要采用二维或三维数值模拟。

6.4 竖井

竖井衬砌的设计方式可以与隧道衬砌的类似。本质上，竖井比相同直径的隧道更稳定，因为重力会加剧隧道拱顶的稳定性问题。除应更加注意仰拱稳定性外，前面概述的三类围岩的特性机理同样适用于竖井。喷射混凝土通常不包括在确保竖井仰拱稳定性的临时措施中。有时会采用分部开挖循环，同样也会进行排水或修建竖井导坑（采用矿山法或钻孔和反井钻井法）。在松散的富水地层中，也可使用钢板桩支护。在水量较多的情况下，可能需要进行地层处理，如果是深矿井等极端情况，还可能需要进行围岩冻结。

竖井的喷射混凝土衬砌在施工期间并不对竖井底部产生影响，而是利用表面摩擦力悬挂在上方的围岩上。目前存在着几种可用于确定软弱围岩竖井衬砌所受荷载的解析解。基本的收敛约束法仍可使用，不过 Wong 和 Kaiser（1988，1989）的解析方法要更为精微复杂。尤其是他们结合了竖井周围的浅层竖向拱效应和更深层的水平拱效应。在他们的解析解中未包含的一个现象是，由竖向拱效应引起的竖井底部荷载的减小，而这种竖向拱效应是他们从真实竖井试验结果和测量值中观察到的。上述标准方法可用于单个块体的支护。在数值模拟中，可对单个竖井采用轴对称模型。如果在竖井中有交叉段或存在邻近结构，则可能有必要采用三维数值模型。交叉段的设计，正如之前所提到的，将在第 6.5 节详细阐述。

当喷射混凝土用于已完工竖井的底部时，如果预计会有很大的水压或围岩压力，那么通常会将底部做成穹顶状，因为这有助于尽可能减小喷射混凝土中的弯矩，并将压缩状态下的荷载转移至竖井衬砌内。此外，还必须检查竖井是否具有抗浮能力。

从设计的角度看，斜井其实就是隧道和竖井的结合体。

6.5　交叉段

隧道与竖井或其他隧道之间的交叉段是隧道工程中普遍存在的特征。喷射混凝土衬砌隧道工法的一大优点，是能高效地形成交叉段。喷射混凝土衬砌结构类似于一个壳体，能传递洞口周围的应力。普遍认为这是得益于喷射混凝土徐变等特性的有利方面。通过将这种应力重分布与对围岩中拱效应的促进结合起来，设计良好的喷射混凝土衬砌交叉段就能避免洞口边缘的过度应力集中。不过，应力将会有所增加，因此为应对这种情况，在洞口周围和新隧道起始处的区域需要进行加固。

本节应结合与交叉段所处围岩类型相关的章节一起阅读。基本原理可原样套用，但需补充一些下文所述的附加原理。

6.5.1　喷射混凝土的关键特性

如前所述，根据围岩的不同，喷射混凝土特性的不同方面将具有不同程度的重要性。除此之外，如果假设喷射混凝土衬砌作为结构环，那么在交叉段就应考虑新（"子"）隧道中喷射混凝土与龄期相关的特性以及新旧隧道衬砌中的徐变。这些现象将造成"更软的"响应，比更硬的材料导致更多的变形和应力重分布。而只要保持交叉段的整体稳定性，就能在洞口周围产生有效的应力传递。根据既有（"母"）隧道的年龄，其喷射混凝土与龄期相关的特性可能重要，也可能不重要。

6.5.2　确定喷射混凝土上的荷载

对设计人员来说，关键是要预测在修建新隧道时衬砌和围岩中的应力将如何重新分布。这一过程还未被了解得很清楚，所以交叉段的设计才会显得困难。交叉段增加了开挖的有效跨度。因此，交叉段周围衬砌上的荷载会高于正常情况。

围岩越坚固，喷射混凝土衬砌所必须发挥的作用就越少。在非常坚固稳定的硬岩中，可以仅使用锚杆来加固围岩并稳定交叉段。如果必须要使用喷射混凝土，喷射混凝土也只是起到将单个块体固定在开挖表面的作用。而在更软弱的围岩中，喷射混凝土衬砌就会承受更多的围岩荷载，且必须起到完整结构环的作用。

梁-弹簧模型等过于简单化的设计工具并不适用于模拟交叉段施工,因为这类设计工具不能真实地再现围岩中的应力重分布。

6.5.3 总体布置和施工工序

了解交叉段的三维布置至关重要。由于围岩和衬砌中存在拱效应,因此交叉段将与任何邻近物体(即在约一倍隧道直径范围内的物体)相互作用。交叉段的作用之一是增加围岩中洞口的有效跨度,这在设计中使用二维方法时应予考虑。但遗憾的是,目前几乎没有任何公开发表的针对交叉段设计的指南(例如关于两条隧道的相对大小或邻近交叉段之间邻近距离的指南)。Q 系统中有个建议是,将交叉段的节理数量乘以三(Barton 等人,1975)。而另一方面,却有很多喷射混凝土衬砌隧道交叉段的成功应用案例。

交叉段的施工通常分为几个阶段。在准备阶段,形成一个隧道"眼"是很好的做法。这个隧道"眼"就是将被掘开的区域。为更加便于开掘,该区域通常比母隧道其余部分更薄,且加固程度也更低。如有可能,在开始新隧道施工时,可增加预留搭接钢筋以保证加固的连续性。然后就是对隧道"眼"周围的区域进行加固,这可通过多种方法实现(图 6.5):

- 加固隧道"眼"周围的小块区域。正方形的小块区域要比圆形的更易于施工,这主要是因为钢筋可以随着母隧道的掘进以网片形式进行添加。而对于圆形小块区域,只能在后期按周向/径向布置来单独添加钢筋,或以矩形网片形式添加钢筋。
- 在洞口两侧添加加强圈。

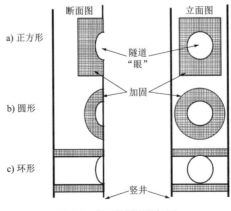

图 6.5 交叉段周围的加固

后者在沿洞口周围平稳传递应力方面，既不美观，也不是很有效。加强圈往往截面较大，因此加强圈可能侵入母隧道内部空间，或导致隧道本身必须局部扩大。

通常会采用以下几种施工工序（图6.6）：

- 短柱；
- 导洞与扩大部分；
- "子"隧道加固；
- 正常的隧道开挖工序。

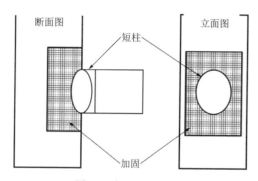

图 6.6 交叉段施工工序

前两种工序用于较软弱的围岩中，此种围岩条件下首要考虑的是如何促进子隧道的顺利修建。掌子面的分部施工可提高稳定性，而尽早安装支护则可减少围岩变形。完整结构环的形成（如以短柱的形式）应抑制隧道衬砌变形。在使交叉段稳定后，新隧道就可正常施工。此外，也可加厚和/或加固新隧道的第一部分（相当于半个直径的距离），以应对额外荷载。上述最后一种工序只应在子隧道内可快速实现环向封闭的情况下使用，因为环向封闭也对母隧道起支护作用。

6.5.4 衬砌设计

过去，交叉段的喷射混凝土衬砌是根据先例或简单模型设计的，如"弹性板上的孔"的解析解（图6.7）。

由于知晓母隧道衬砌中的荷载，因此后面这种简单模型可用于模拟喷射混凝土壳体中的应力重分布。邻近交叉段的效应可通过简单地假设叠加来估算。其明显的局限性在于板是平的，与弯曲的衬砌并不相同，而且还假设总围岩荷载保持不变。使用该方法面临的另一个重要问题是：在纵向是何种应力？尽管剪应力会增加，但纵向的任何应力都将使洞口边缘的峰值切向应力减小（参见图6.7中的K值变化效应）。

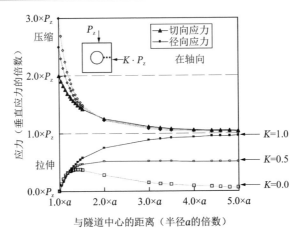

图 6.7　在外加应力 P_z 和 $K \cdot P_z$ 下弹性介质中孔周围的应力分布

这些新荷载会被用于确定洞口周围的额外加固。有时并不是取洞口边缘出现的最大的力，而是在需要加固的区域内取这些力的平均值。通常，该区域距离洞口边缘 1~2m。我们可以认为，喷射混凝土中的徐变和非线性将趋向于消除应力集中。弯矩可通过假设轴向力作用在名义偏心距［通常是 20mm，参见《欧洲标准 2》（2004）❶］上得出。总体而言，这种方法被认为是保守的，因为相较于先前实践所表明的必要衬砌厚度和加固强度，这种方法往往会预测出更大的衬砌厚度和加固强度。一项针对某交叉段监测数据的研究也证实了这一观点（De Battista 等人，2015）。通常，"子"隧道的衬砌并不会增加到超过其正常厚度，相关依据是交叉段的所有附加荷载都是由（直径更大的）"母"隧道承担。

对上述方法的一个细微改进是使用平板中开口的二维数值模型。这除了能包括非圆形几何形状外，还可将非线性和徐变纳入模型中。

最后的选择则是使用三维数值模型（图 6.8）。在开始使用之前，应注意这种方法将会延长设计过程。交叉段的几何形状要更复杂，因此建模需更长时间，且需更多单元。为让模型发挥出最好效果，本构建模应尽可能逼真。由此，这类模型往往较大，从而运行速度也较慢。使相关判释变得更加复杂的原因有两个，一个是可用数据量很大，另一个则是应力分布模式往往会随子隧道逐渐远离母隧道而发生变化。

然而，随着现代计算能力的发展，三维模型在设计中越来越常见。例如，

---

❶ 《欧洲标准 2》（2004）第 6.1（4）条设定的偏心距为 0.033 × 衬砌厚度，但不小于 20mm。因为衬砌厚度小于 600mm，所以实际上这就意味着其值为 20mm。

在最近的一个重大项目中，就使用三维数值模型进行了参数研究，而且根据研究结果，还成功绘制出了简单的设计表图，用于估算交叉段周围所需的额外加固。就母隧道内轴线处环向力和弯矩的集中程度而言，"弹性板上的孔"的解与复杂模型吻合得很好。但在环向上位于开口上方和下方的图与该解或现场经验并不太一致。子隧道似乎是把母隧道的衬砌拉入了拉伸状态，这也是其他研究人员发现的效应（例如 Jones，2007）。

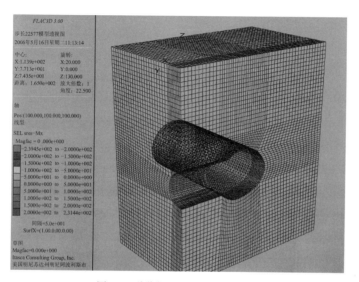

图 6.8　隧道交叉段的三维数值模型

与所有其他结构一样，应注意细节设计，以尽可能保持简化施工。例如，应避免钢筋集中。

还应考虑喷射混凝土衬砌隧道与其他结构物之间的交叉段可能出现的差异位移。有可能需要采取特殊措施来避免结构损坏或进水。

6.6　邻近隧道

隧道修建会改变隧道围岩的应力。因此，如果是紧邻第一条隧道修建另一条隧道，那么新隧道就可能会遇到高于正常情况的围岩荷载。此外，当新隧道围岩应力形成拱效应时，第一条隧道也可能承受相关荷载。邻近隧道相互作用的确切性质取决于围岩的刚度和强度。通常，在软弱围岩中，如果两条隧道中心线之间的距离超过隧道最大直径的两倍，那么相互作用的影响就会很小。图 6.7 所示为一种估算相互作用影响的简单方法，不过在这种情况下使用塑性解可能会更现实可行（图 4.2）。即使是在软弱围岩中，两条隧道也可以建得很近［如英国的朱比利线延长线伦敦桥（JLE London Bridge）］，但前提是衬砌的设计要足以应对增加的荷载。在近距离掘进隧道时，应仔细考虑开挖工序。

6.7 洞口

由于埋深较浅，围岩形成拱效应以及重新分布原位应力的能力也就有限。围岩强度可能会因为风化、边坡失稳或缺乏约束而低于正常水平。因此，需要额外加固围岩和/或衬砌。而除此以外，相关设计原理都是相同的。洞口的空间布置以及支护措施也必须考虑。如果隧道与边坡或岩层顶部斜交，则洞口处的衬砌可能会承受明显的不对称荷载。Q 系统中的建议是将洞口处的裂隙数乘以 2（Barton 等人，1975）。由于洞口是重要结构，因此可能需要使用数值建模，最好是三维建模。

相对稳妥的做法是规定更为保守的开挖工序，首先是为了防止失稳，但同时也是因为洞口是在隧道施工之初修建，而此时施工队伍仍处于学习阶段。在洞口处通常会使用钢拱架、超前支护或管棚等额外支护措施。

6.8 特殊情况

在设计中遇到特殊情况时，通常的反应是首先搜索已发表的文献，找到类似的案例，最好是找到相关指南或经验法则。如与基本原理相结合，这些信息就可用于确定总体设计方案，然后再借助数值模拟进一步完善方案。在以下章节中将简要探讨一些特殊情况。相关意见并不旨在面面俱到，仅涉及对喷射混凝土衬砌设计的影响方面。

6.8.1 抗震设计

隧道在地震中通常表现良好。隧道具有足够的柔韧性，可与围岩一起运动，而且由于嵌入围岩中，与地面结构不同，隧道受自身惯性影响的程度要小得多。随着上覆岩层厚度的增加，隧道破坏风险将降低（Hashash 等人，2001）。尽管隧道本身可能不会遭受重大结构损坏，但隧道内的其他结构可能难以幸免。对于隧道而言，最坏的情况就是隧道与断层相交或其结构刚度有实质性变化（如在隧道交叉段和洞口处）。在这两种情况下，衬砌和/或防水就会遭受重大损坏。关于一般情况下地震事件对隧道所致影响的详细综述，可参见 Hashash 等人

（2001）的论著。

总之，喷射混凝土衬砌隧道可能经受三种类型的位移：

- 轴向压缩和拉伸。由平行于隧道传播的地震波导致。
- 纵向弯曲。由使围岩在垂直于隧道轴线方向上移动的地震波导致。
- 挤压/椭圆化。由正交于隧道的剪切波导致。

针对与断层相交的情况，一种简单的解决方案是在相交处修建一个扩大部分（如美国洛杉矶地铁和旧金山湾区快速交通系统地铁）。采用此方法后，即使断层处发生移动，隧道也仍然有足够的空间继续保持运营，不过内部工程还需调整，例如需重新校准铁路隧道中的轨道。英吉利海峡隧道 Castle Hill 段就采用了类似的方法（Penny 等人，1991）。隧道直径增加了 1.22m，以允许沿滑坡线可能产生的移动。此外，在破坏面附近还设置了变形缝，并加固了衬砌。

在刚度差异较大的地方，有可能出现破坏性差异运动。设置变形缝就是为了允许这种差异运动（图 6.9）。有关此类变形缝的更多信息，可查阅地震设计相关标准文本。

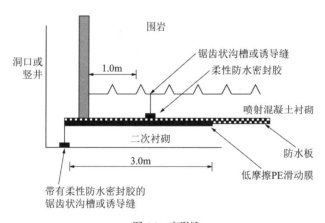

图 6.9　变形缝

对于衬砌，Hendron 和 Fernandez（1983）提出了一种简单的检查方法，以确定隧道刚度是否比围岩刚度大得多，其所依据的隧道柔性系数 F 参见式(6.1)。

$$F = \frac{2E_g \cdot (1-\nu)R}{E(1+\nu_g)t} \tag{6.1}$$

式中，E_g 和 ν_g 分别为围岩的弹性模量和泊松比；E 和 ν 分别为衬砌的弹性模量和泊松比；t 为衬砌厚度；R 为隧道半径。如果 F 大于 20，那么衬砌与围岩相比就可说是具有完全柔性且不会受到破坏。

Hashash 等人（2001）以工作实例的形式再现了最初由 Wang 提出的一种更详细的解析法。针对更详细的分析，目前有一些能够模拟动态特性的商业数值模拟程序。关于动态荷载对喷射混凝土的影响在第 3.3.2 节和第 6.8.5 节中有所论述。

6.8.2 挤压性围岩

挤压性围岩（如膨胀、徐变和岩爆）本质上所体现的是一种额外形式的加载。Hoek 与 Marinos（2000）详细介绍了挤压，并提出了估算挤压潜势的方程式［式(6.2)］。他们认为，在未施作衬砌的隧道中，当原位应力超过岩体强度的 2.25 倍时，挤压就开始引发问题。当原位应力大于岩体强度的 3.5 倍时，则可能发生严重挤压，隧道衬砌的收敛将有可能超过直径的 2.5%，即直径为 10m 的隧道中收敛值为 250mm。这意味着产生了巨大的力，能够轻易破坏设置在隧道内的刚性衬砌。事实上，正是这些情况促使 Rabcewicz 构想出了新奥法。

$$\varepsilon = 100 \cdot \left(0.002 - 0.0025 \frac{p_i}{p_o}\right) \cdot \frac{\sigma_{cm}}{p_o}^{\left(2.4\frac{p_i}{p_o} - 2\right)} \tag{6.2}$$

式中：ε——围岩中的最大应变（定义为隧道收敛与隧道直径之比）；

p_i——衬砌提供的内压力（阻力）；

p_o——原位应力；

σ_{cm}——岩石的单轴抗压强度。

Rabcewicz 并没有试图抵抗这些自然的力，而是主张施作具有足够柔性的衬砌来吸收这些大的变形，并以可控制的方式终止这些变形。喷射混凝土具有显著的依时特性，这种情况下与加固隧道周围岩体的锚杆结合使用将产生很好的效果。第二层衬砌的施作要推迟到变形稳定后进行。不过，在最坏情况下，这可能还不够。衬砌中还要留有切槽，以容许发生大的收敛变形而又不大规模破坏喷射混凝土衬砌。如前所述（见第 3.2.3 节），这些切槽可以是敞开的，也可以插入可屈服支护以帮助控制变形。在数值模拟中，切槽或可屈服支护可以通过衬砌中的间隙或低刚度单元来模拟，例如可参见 John（1978）著作中的 Arlberg 隧道以及 Henke 与 Fabbri 2004 著作中的圣哥达山底隧道（Gotthard Base Tunnel）Sedrun 段的断层带。

6.8.3 膨胀性围岩

膨胀与泥灰岩、硬石膏、某些玄武岩以及黏土矿物（如绿泥石和蒙脱石）有关。膨胀是一个与应力相关的过程。通过限制围岩与水的接触和保持围压，能够最大限度地减少膨胀。例如，硬石膏的膨胀是由吸水引起的，隧道周围的应力释放将导致裂隙张开以及岩体渗透性增加，从而使水进入硬石膏。Huder-Amberg 试验可用于确定围岩的应力-应变关系，而这种关系又可用于估算衬砌上的膨胀荷载。不过，最好还是用真实隧道的测量结果来验证这些估算结果，因为特性可能会有所不同。例如，有一些证据表明，膨胀可能引起"自我修复"，因为膨胀降低了岩体的渗透性，从而也减少了水的渗透。W. Wittke 教授的网站（www.wbionline.de）是一个有用的信息和参考文献来源。膨胀性围岩隧道的例子包括里昂-都灵山底隧道（Lyon-Turin Base Tunnel）（Triclot 等人，2007）和 Freudenstein 试验廊（www.wbionline.de）。

与挤压性围岩的情况一样，膨胀性围岩中第二层衬砌的施作也通常要推迟到变形稳定后进行。相关收敛变形可达 1m 或 2m，这就导致必须重塑隧道（Triclot，2007）。即使如此，也仍可能需要相对较厚且大幅加固的第二层衬砌来抵抗残余膨胀压力。此外，在更极端的情况下，也可以安装可屈服支护。除了深层锚杆加固外，可屈服支护可能还包括第一层衬砌中的可屈服拱架（Triclot，2007）或第二层衬砌中的可压缩仰拱（Wittke，2007）。同时，研究发现，用一圈掌子面锚杆加固前方围岩也是有益的（Triclot 等人，2007）。

6.8.4 徐变性围岩

岩盐、白垩、煤以及泥灰岩等岩石可能表现出徐变特性，这就会导致随时间推移围岩将持续变形，并给隧道衬砌增加荷载。围岩徐变的程度也主要取决于围岩中的应力。

在设计计算中应考虑此类特性。许多商业数值模拟程序都提供了徐变特性的本构模型。与所有先进的数值模拟一样，在可能的情况下，模型的各个组成部分都应得到验证。例如，可通过反分析实验室徐变试验或现场数据，并将预测结果与试验结果进行比较，从而检查岩石徐变模型的适用性（例如 Watson 等人，1999）。围岩的徐变将与喷射混凝土衬砌的徐变相互作用。Alkhaimi（1995）指出，在这种情况下，喷射混凝土的徐变有可能致使情况恶化，而不是有利于改善情况。Hellmich 等人（1999c）发现，当围岩内徐变的速率相对于水化速度有所降低时，衬砌上的荷载就会增加，这是因为衬砌越硬，后期增加到衬砌上的荷载就越多。

与挤压性围岩的情况一样，徐变性围岩中第二层衬砌的施作也要推迟到变形稳定后进行。不过，徐变可能持续很长一段时间，因此可能需要相对较厚且大幅加固的第二层衬砌来抵抗残余压力。英吉利海峡隧道双渡线段就是在徐变性围岩中修建喷射混凝土衬砌隧道的一个例子（Hawley 与 Pöttler，1991）。

6.8.5 岩爆

岩爆是指岩石因应力超限而发生的突然破坏。岩爆往往发生在开挖后不久，但也可能持续很长一段时间。岩爆可能非常危险，这不仅是因为所导致的剥落十分剧烈，还因为岩爆极其难以预测。Grimstad（1999）认为，岩爆在坚硬、强度较高的岩石中最为严重，因为这类岩石往往比相对软弱的岩石表现得更具脆性。一些文献对这种现象以及应对措施进行了详细描述（例如 Hoek 与 Brown，1980；Kaiser 与 Cai，2012）。Kaiser 与 Cai（2012）列出了在岩爆情况下岩石支护的三种功能：加固岩体；挡住破碎的岩石；将断裂的岩块重新固定在稳定围岩上。鉴于这种现象的复杂性，很难给出简单的建议。Kaiser 和 Cai（2012）很生动地介绍了针对这些情况的设计过程。岩爆会对支护施加动态荷载，可能就需要采用所谓的"动态"锚杆，而非普通锚杆。喷射混凝土可能会因爆破中常见的那类动态效应而受损（参见第 3.3.2 节），因此，仅把喷射混凝土作为支护可能还不足以满足支护需求。

挪威洛达尔隧道（Laerdal Tunnel）正是一条在掘进期间遭遇过岩爆的隧道（Grimstad，1999）。在此工程中，人们发现最好是在首次喷射完混凝土后就安装锚杆。研究发现，在这种极端情况下，无论是钢纤维喷射混凝土还是合成纤维喷射混凝土，如果与锚杆结合使用，都将产生良好效果（Bernard 等人，2014）。这是因为纤维喷射混凝土在变形期间吸收能量的能力很强，并且与单独使用或者嵌入喷射混凝土中使用的标准钢筋网相比，纤维喷射混凝土能够承受更大变形［参见 ITA 2006（来自南非的报告）以了解更多信息］。其他研究已表明，喷射混凝土如果使用钢筋网（尤其是高抗拉强度钢筋网）（ITA，2010）或薄喷支护/衬砌，则可能比仅仅使用纤维加固的效果要好（Archibald 与 Dirige，2006）。

6.8.6 补偿注浆

在敏感的城市环境中进行隧道施工时，利用补偿注浆来减轻隧道掘进引起的围岩移动所产生的影响，正在成为越来越普遍的现象。补偿注浆需在高压下将水泥浆泵入围岩内，迫使围岩向上移动并扭转沉降。在隧道附近应用时，补偿注浆会对隧道衬砌施加相当大的荷载，甚至已被列为至少是一处隧道坍塌的促成因素（HSE，2000）。在离隧道不到半个隧道直径的位置注浆时，荷载的增幅特别高，但其影响的大小取决于地质和注浆压力等多种其他因素。

为保护隧道最脆弱的部分（未形成完整环的掌子面）免受荷载影响，既可将衬砌设计为能够承受额外荷载（在这种临时情况下），也可采用禁区系统，还可将这两种措施结合起来。

例如，在伦敦的 Crossrail 项目中就广泛使用了补偿注浆。设计团队为了探究补偿注浆对衬砌荷载和变形的影响，进行了一系列数值模拟。根据从伦敦以往项目中获得的一些数据，还对敏感性研究做了校准。并且绘制了设计图表，用于评估对荷载的影响以及确定变形的触发级别。针对这种情况的典型指导建议是，不在开敞面附近进行注浆（图 6.10）。虽然这项工作目前尚未公布，但它清楚显示了数值模型在为复杂工程情况创建简单设计方法方面的强大功用，并且该项目现已顺利完工。

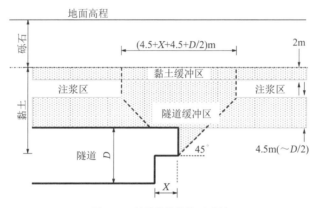

图 6.10　补偿注浆的禁区示例

6.8.7　压缩空气隧道施工

在压缩空气条件下的隧道施工中，有时也会使用喷射混凝土［例如 20 世纪 80 年代的慕尼黑和维也纳地铁，Strobl（1991）］。这种施工方法本身并不会真正影响到喷射混凝土衬砌的设计。在实际应用中，经由喷射混凝土损失的空气是施工团队所关注的问题。压缩空气通常用于富水的颗粒材料，因此在这种情况下更普遍的关于喷射混凝土适用性的各类问题也同样适用。压缩空气可将地下水阻挡在外，但衬砌的有效性将取决于在围岩表面喷射的难易程度。

总的来说，由于系统不具备"故障-安全"特性，因此隧道的风险可能增加。如果有大量的空气损失，例如，空气通过松散围岩区域而有所损失，那么压力就会下降并且水也会流入，这将进一步削弱围岩。以至于在掌子面上喷射混凝土，也可能无法稳定松散的围岩。

空气通过围岩和衬砌流失,将增加压缩空气隧道施工的成本。此类成本可通过处理围岩(例如渗透注浆或在掌子面喷射混凝土密封层)或提高喷射混凝土质量(例如加入硅灰、增加早期强度、进行养护以及降低水灰比)来减少(Bertsch,1992)。

压缩空气条件下隧道内部的空气往往相当潮湿,这可能会给干喷混凝土造成问题,因为混凝土有可能在喷射之前就开始水化(ÖBV,1998)。

6.8.8 冻结围岩和寒冷天气

寒冷的环境会减缓水化反应,但只要混凝土在水化时不冻结,其最终强度通常不会降低太多。一种相对简单的补救方法是加热隧道和岩石表面,使混凝土迅速获得足够的强度。例如,在挪威,喷射时岩石温度应高于+2℃,混凝土混合料本身的温度应高于+20℃(NCA,2011)。图6.11显示了养护期间加热器和塑料板的使用情况。在养护期间,不应让喷射混凝土的温度降至接近冰点,因为这会阻碍水化过程,并且冰的形成还会破坏早龄期混凝土的结构。❶一旦混凝土强度达到5MPa左右,就可以停止使用上述保护措施。ACI 506R-16(2016)设置了一个3.4MPa的下限阈值。

除非采用围岩冻结来稳定围岩,通常隧道中的喷射混凝土并不会暴露在

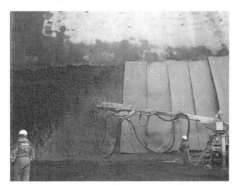

图6.11 结冰条件下的耐风雨措施

低温下。而在进行围岩冻结时,由于冻结有助于支护围岩,因此混凝土的早期强度在结构上就变得不很重要,但还需加快混凝土的凝结,从而加速水化并降低在此敏感期的冻结风险。有时也有必要对掺合料进行预热,或使用热水。Klados(2002)详细介绍了一个案例研究,其介绍包括配合比设计以及衬砌中的温度分布。

在较冷的气候下,在距离洞口200~400m范围内的隧道衬砌可能会暴露在冻融循环中(ITA,1993),这取决于具体的气候以及隧道类型。喷射过程既能截留空气,也能夹带空气,而冲击压实还会迫使部分空气排出。只要混凝土内有足够的大小合适的孔隙,混凝土内水的冻结就不会造成损坏。ACI 506R-16

---

❶ 一些有限的证据表明,由于水在钙矾石内部的特殊结合方式,速凝喷射混凝土不太容易因冻结而损坏(Beck 与 Brusletto,2018)。

（2016）建议混合料的水灰比小于 0.45，混凝土含气量大于 3%，最大气泡间距系数（Air-void Spacing Factor）为 0.254mm。为此，泵送前的含气量通常必须大于 6%。

6.8.9　高温围岩和高温天气

围岩温度随深度增加而升高，深度每增加 1000m，温度将升高约 20℃。因此，在极端情况下，岩石本身会具有很高的温度。例如，在圣哥达山底隧道项目中所遇到的岩石温度就高达 45℃（Greeman，2000）。这将导致喷射混凝土强度降低。第 2.2.1 节给出了预测高温所致强度折减的方程式。尽管浅埋隧道衬砌中的温度在水化反应期间会升高至 40℃以上，但这种温升是短暂的。这比深埋隧道中高温下的持久养护要容易应对一些。因此，除在围岩温度非常高的极端情况下，喷射混凝土衬砌隧道中的热损伤可忽略不计。

显然，除了洞口的外露区域，炎热天气不太可能影响隧道施工。在炎热的气候带，应采用标准程序，以避免混凝土因过度收缩而损坏。在混凝土拌和以及输送期间应特别注意，要确保混凝土在到达隧道前不会开始水化。最后，在天气炎热的国家，通常可供使用的水泥中可能降低了铝酸三钙的比例或减小了布莱因（Blaine）值，从而得以减缓在室外应用时的水化过程。而这将导致喷射混凝土凝结缓慢，并且可能造成早期强度较低的问题。不过，正常的施工前试验应能识别出任何潜在问题（参见第 7.2.1 节）。

6.8.10　耐火性

隧道衬砌的耐火性已成为一个广泛且不断发展的课题，这是由过去隧道中一些重大火灾的后果所促使而成的。这一课题还与针对隧道整体运营的消防-生命-安全策略紧密联系。国际隧道协会（2004，2017）已就该主题编制了相关指南，不过目前仅适用于公路隧道。此处仅提供简要评述，以作为对该课题的介绍。而类似的方法也适用于其他类型的隧道。

耐火性设计背后的原则首先要求隧道衬砌要能够经受住一定时间（通常为 60~120min）的火灾，以便疏散隧道中的人员。此外，如果隧道下穿铁路线等高风险结构物，或者是位于海底/水体之下或不稳定围岩中，而在这些位置衬砌坍塌的后果是无法承受的，那么衬砌还必须能够经受住火灾且无重大损坏。据笔者所知，还没有任何公共隧道因火灾而导致坍塌的例子，尽管有矿井火灾导致局部坍塌的例子。国际隧道协会的指南根据隧道类型和隧道内的交通情况提出了一系列设计准则。在设计分析时，可以假设喷射混凝土的特性与普通混凝土相同。Winterberg 和 Dietze（2004）介绍了火灾期间导致衬砌损坏的机理，并回顾了设计中可使用的假设火灾曲线。

通常，如果是由喷射混凝土形成永久衬砌，那么就会添加细聚丙烯纤维（通常为 1~2kg/m³）以提高其耐火性［例如希斯罗机场 5 号航站楼，Hilar 与 Thomas（2005）］。在发生火灾时，纤维将会熔化，这就会使衬砌内因火灾热量产生的蒸汽逸出，从而不会造成爆炸性剥落（ITA，2004；Winterberg 与 Dietze，2004）。该方法最初用于隧道衬砌管片，并在火灾试验中表现良好（ITAtech，2016），可另行参见第 2.2.8 节。而粗聚丙烯纤维或结构性合成纤维则不会产生这种有益效果。

6.9 规范

喷射混凝土工程的规范相对简明，因为有多个已发布的指南（表 6.1）可用作项目规范的基础。一个好的规范不仅应全面，还应简洁明确。通常，规范限定了所需的投入（即材料和关键人员资质）、方法（包括如何构建结构和管理流程）以及最终产品的质量（例如强度、几何公差或防水性）。由于喷混凝土衬砌是在现场形成，而不是在工厂的受控环境中形成，因此规范中往往会包含更多细节。规范的形式和细节取决于每个项目的特殊需求。不过，下面也列出了一些一般性意见。

表 6.1 常用规范

规范	来源
EN 14487（2006）和 EN 14488（2006）以及《欧洲标准》	欧盟
ACI 506.2（2013）和 ACI 506R-16（2016）	美国
英国隧道协会（BTS）隧道规范（2000）	英国
EFNARC（2002）	欧洲
ÖBV（2013）	奥地利
挪威混凝土协会（2011）	挪威

对于较早龄期（即 $t < 24h$），应始终规定目标强度，例如采用 EN 14487-1 中的 J 曲线［最初由 ÖBV（1998）发布，见图 6.12］。在有些国家，混凝土需达到特定的强度阈值后，工人才可进入新喷射混凝土下方的区域［例如，Crossrail

项目中规定的强度阈值为 0.5MPa（King 等人，2016），澳大利亚矿山中规定的强度阈值为 1.0MPa（Gibson 与 Bernard，2011；Rispin 等人，2017）］，或者也可使用禁区制度（CLRL，2014）。J2 曲线是结构喷射混凝土的最低标准。J1 曲线指的是在最初 24h 内没有特殊承重要求的混凝土，而 J3 曲线则指的是需要混凝土非常快速凝固的一些特殊情况（例如，为了控制强涌水）。至关重要的是，

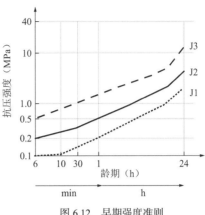

图 6.12　早期强度准则

喷射混凝土必须获得足够的强度来承受所有龄期的预期荷载。

在 EN 14487（2005）以及来自 ACI 506.2-13（2013）、ÖBV（2013）和 EFNARC（1996）的指南中均详细阐述了纤维增强。

除工程师和工长外，喷射混凝土衬砌隧道的关键人员还包括喷射作业人员（以及泵操作员，但其重要程度要低得多），因此应明确对喷射作业人员能力资质的要求（例如，请参阅 ACI 506R-16 2016）。目前有几个针对喷射作业人员的认证计划，其中最著名的是 EFNARC 湿拌机械化喷射计划 ［Lehto 与 Harbron（2011），www.efnarc.org ］。对现有相关计划的综述可参阅 Larive 与 Gremillon（2007）的论著。工程技术人员的能力资质也很重要，因为决策的有效性（无论是在掌子面还是在日常的总结会上）取决于工程技术人员的判断。许多喷射混凝土衬砌隧道的破坏，部分源于工程技术人员缺乏经验或判断失误。对喷射混凝土衬砌隧道而言，重要的是现场团队要理解所采用的方法、设计的限制以及隧道的预期特性。通过设置现场团队能力资质标准，在某种程度上可实现这一目标，但设计人员和现场团队之间还必须保持良好沟通。在现场派驻设计代表可在很大程度上有助于实现良好沟通（参见第 7.4 节）。

规范中规定的质量控制试验方案应与工程规模相适应（参见第 7.2 节），尤其是在小项目上更应如此（Kavanagh 与 Haig，2012）。为使规范更便于用户使用，可在规范中添加列出所需试验和试验频率的表格，以及一份关于提交资料和提交时间安排的表格（如 EN 14487-1，2005）。

此外，试验列表应与设计保持一致。不应采用"拼凑式"方法，从不同规范中选择各种片段，因为这些片段可能导致试验方案不连贯。需要注意的是，一些美国规范更多的是针对地面上的应用而不是隧道工程。

6.10 细节设计

6.10.1 钢筋加固

为减少"阴影"风险,钢筋之间的最小间距通常为 100mm。钢筋应靠近围岩基面布置,但与基底的距离不得小于 10mm,以便在钢筋后面喷射混凝土。有些指南对所用钢筋的最大直径设置了限制[例如 14mm(ÖBV, 1998), 12mm(Holmgren, 2004)],而 Fischer 和 Hofmann(2015)则建议钢筋最大直径为 16mm(另见第 3.4.4 节)。虽然已能将混凝土成功地喷射在直径达 40mm 的钢筋中,但这实际上很难做到,尤其是在钢筋搭接或交叉处。此外,钢筋越粗,就越难将钢筋布置在隧道中,因为粗钢筋更重也更难弯曲。

6.10.2 施工缝处的结构连续性

针对钢筋结构连续性的一般规则均适用于此,而搭接长度则可根据现浇混凝土相关标准计算。通常,会使用更多非正式的规则。例如,钢筋网的重叠部分通常表示为网格的"格子数"(一般为两个格子)。对于矿工而言,这是一条易于记住的经验法则。

在某些施工缝处(如导坑的拱脚处),无法直接搭接两层网格。传统的做法是在施工缝处使用 L 形钢筋来提供搭接(图 6.13)。在开挖新的隧道断面时,L 形钢筋就会暴露出来并被拉直。这种系统的缺点是,单根钢筋的布置非常耗时,且后期很难确定钢筋位置。为克服这一点,可采用 KWIK-A-STRIP 等预制条,参见图 6.14。预制条使用起来简便快捷,因此施工缝处的质量会更好。

施工缝处混凝土的黏结对于结构连续性也很重要。施工缝的几何形状设计应做到既易于喷射,又不会给衬砌带来潜在弱面。在某重大项目中所设定的一个宏伟目标,就是钢纤维喷射混凝土衬砌中的施工缝应具有与衬砌任何其他部分相同的抗拉能力。试验证明这是可以实现的(Hilar 等

图 6.13 拱脚施工缝处的连接钢筋

人,2005)。同样,Trottier 等人(2002)发现,施工缝不会对素喷射混凝土、合成纤维或钢纤维喷射混凝土试验样板的抗弯承载力产生不利影响。但与此相反的是,带施工缝的钢筋网加固板的初始承载能力(即初现裂缝时的荷载)

会比无施工缝板的更低。

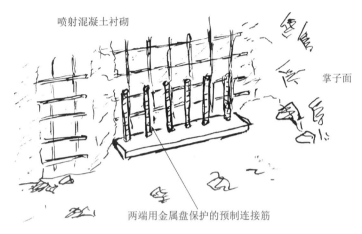

图 6.14 衬砌施工缝处的 KWIK-A-STRIP

6.10.3 施工缝处的防水

防水本身就是一个很大的课题。第 4.2.3 节已对此进行了部分探讨。本节仅涉及喷射混凝土中施工缝处的防水细节。

近年来，可重复注浆管作为主要施工缝处（如交叉段，见图 4.12）的施工缝密封措施已获得广泛应用。其一大优点是可重复使用，但前提是每次注浆后都需将注浆管冲洗干净。这在可能出现长期差异运动的地方非常有用。

主要施工缝处有时也采用遇水膨胀止水条。理论上，由于遇水膨胀止水条被限制在混凝土中，因此在遇水时将会膨胀并密封水路。吸水条在被覆盖于混凝土中之前，必须保持干燥，以防过早膨胀。

以上两种方法均可与诱导缝一起使用，以提高其有效性。用于现浇混凝土的传统止水条并不适用于喷射混凝土，因为很难在传统止水条周围喷射混凝土。

在某些情况下，衬砌已被设计为完全依赖于喷射混凝土的防水性［如希斯罗机场 5 号航站楼的隧道，参见 Hilar 与 Thomas（2005）］。但这仅适用于围岩本身基本上不透水的情况（参见第 4.3.4 节）。而在喷射混凝土衬砌中，很难确保不存在裂缝，也很难确保在大量的施工缝处总能实现良好黏结。不过，任何残余渗漏都可用封堵混凝土渗漏点时采用的常规注浆技术来解决。或者，也可在隧道内安装滴水棚，以防止隧道运行部分出现积水。这是斯堪的纳维亚隧道常用的方法（图 6.15）。

图 6.15　喷射混凝土衬砌隧道内的滴水棚

第 7 章

施工管理

由于喷射混凝土衬砌是在隧道内施作而成,且有可能改变设计元素,因此严格的施工管理在喷射混凝土衬砌隧道中比在其他类型的隧道中更为重要。比如,采用管片衬砌的 TBM 隧道,其管片是在工厂中制造,并在 TBM 护盾的安全范围内安装。施工管理包括质量控制和监测,以验证喷射混凝土衬砌隧道的表现是否符合设计人员的预期。下面将探讨这些问题。如前所述(参见第 6.9 节),相关人员的能力对质量有重大影响,应规定相应的最低能力要求。

7.1 安全、职业健康与环境

喷射混凝土的使用带来了许多新的危害,并影响了隧道施工中一些已经存在的危险因素。常规的隧道安全评估方法同样也可用于喷射混凝土衬砌隧道工程。风险评估是评估隧道工程各方面安全性的最佳方法,这不仅是针对施工阶段,而且还贯穿整个隧道生命周期(另见第 4.1.1 节)。在本节中,将着重介绍一些重大危险。任何参与实际隧道项目建设的人员,都应确保已了解相关地方安全法规对其所参与的特定项目的具体要求。

7.1.1 喷射混凝土衬砌隧道施工概览

主要风险涉及隧道在主要围岩条件下和地下水中的稳定性,以及与其他结构和施工活动的相互作用。第 3 章介绍了常用的喷射混凝土衬砌施工方法。如果结合 ICE 关于喷射混凝土衬砌隧道的报告(ICE,1996),这就为了解该技术的局限性和潜在危险提供了一个很好的起点。喷射混凝土衬砌隧道法是一种敞开式隧道施工方法,因此相关隧道更易受不稳定围岩(例如流砂)或涌水所致不稳定性的影响。此外,在这类围岩上喷射混凝土并不能解决不稳定性问题。

所以需采取不同措施，例如围岩处理和超前管棚支护。与其他任何隧道施工方法一样，邻近的结构物（即桩等已知结构物或废井等未知结构物）以及邻近的作业（例如补偿注浆），都会给隧道施加额外的荷载并影响隧道稳定性。

7.1.2 材料

喷射混凝土中相关材料引起的危险可按常规方式处理。材料供应商提供的安全数据表以及各种规范（例如 EFNARC，2002；BTS，2010）是了解这些危险的良好起点。大多数相关的安全防范措施都与通常用于传统混凝土的安全防范措施相同。

一般而言，完成的衬砌具有惰性和安全性。不过，在某些情况下，例如使用钢纤维增强时，可能需要采取进一步措施。锋利的钢纤维往往会突出衬砌表面。在相关人员可能与这种粗糙面接触的地方，通常要喷射一层薄薄的素混凝土找平层以防人员受伤。

除了正常的施工风险外，与喷射混凝土相关的重大职业健康危害均源于所添加的化学品以及喷射期间产生的粉尘（参见第 3.4.1 节）。低碱速凝剂的应用以及湿喷工艺已大大降低了这两种健康风险，而机械化喷射则显著减少了应用过程中的人工操作。

7.1.3 应用与设备

在喷射混凝土衬砌隧道中，混凝土利用压缩空气以高速喷射至围岩上。这就带来了与压缩空气设备和回弹有关的危害，以及与混凝土处理和地下作业相关的常规危害。关于喷射期间安全的更多信息，可参阅 EFNARC（1996）、ITA（2008）以及 Lehto 和 Harbron（2011）等已发布的指南。类似地，设备供应商也提供了设备安全操作的相关信息。根据其他的支护措施（例如锚杆支护或格栅拱架），可能还会出现大量安全危害（参见 ITA，2004；ITA，2008），这些安全危害应在风险评估中予以解决。

如前所述，混凝土是以流体形式喷射至围岩表面，并且随着水化反应，其强度会增加。在喷射后的前几个小时，由此引起的一个风险是，来自围岩的荷载与混凝土的自重可能导致局部坍塌，有时还将造成致命后果。良好的工艺对于相关区域的安全而言至关重要。一项缓解这种风险的措施是，暂时限制工人进入喷射混凝土隧道衬砌风险区域。这些区域一般被称为"禁区"（CLRL，2014）。通常，在隧道开挖和初始或首次衬砌施作时，靠近掌子面的区域需设置禁区，尤其是在上导洞和台阶（隧道轴线以上）处。此外，这可能也适用于最终或额外喷射混凝土衬砌的上拱部正在施工的隧道任何区域。在"禁区"附近通常还会指定"限制区",仅限具有施工和质量检查方面职责的人员进入,禁止非必要人员进入。在每种情况下,应根据围岩和衬砌的具体情况确定再次进入前所需达到的强度。通常,该强度值约为 1.0MPa(Rispin 等人,2017)。

随着喷射混凝土衬砌隧道施工自动化程度的提升以及相关设备的应用,其安全性已得到提高,例如采用机械化喷射,甚至是借助远程方法来测量轮廓、收敛和强度。

7.1.4 环境影响

关于环境保护,建议读者根据相关地方性法规和国际最佳实践指南,审核其优先选取的喷射混凝土使用方法。喷射混凝土衬砌隧道施工一般不会在隧道施工期间通常需处理的环境危害(例如危险化学品的储存和搬运)基础上,增加任何重大环境危害。目前,也有喷射混凝土衬砌隧道造成环境污染的个别案例(Crehan 等人,2018)。关于可持续性的问题已在第 2.1.9 节做过探讨。

7.2 质量控制

隧道的质量控制体系在相关规范中有明确的界定。不少国家已制定了喷射混凝土衬砌隧道规范(参见第 6.9 节),这些规范可以像其他任何土木工程规范那样使用。其中有些规范提供了试验方法的全部细节(例如 EN 14487,2006;ACI 506.2,2013)。EN 14487 是目前最全面也最便于使用的规范之一,因此该规范被用作以下许多相关意见的依据。喷射混凝土衬砌隧道的一大特点是,有两个不同的质量试验阶段,即施工前试验和施工期间试验。

7.2.1 施工前试验和人员资质

施工前试验的目的仅是为了在实际隧道中使用相关配合比和设备前,验证配合比和设备的适用性。典型试验在 EN 14487(2006)和表 7.1 中有详细介绍。相关情况下,还应包括抗渗或冻融等耐久性试验。

表 7.1 施工前试验(EN 14487,2006)

试验类型	第 2 类 临时支护	第 3 类 永久支护
湿混合料的稠度	是	是
早期强度发展	是	是

续上表

试验类型	第2类 临时支护	第3类 永久支护
抗压强度	是	是
弹性模量	任选	
与围岩的黏结力	任选	
最大氯化物含量	任选	
如果使用纤维		
残余强度或能量吸收能力	是	是
极限弯曲强度	否	是
第一峰值弯曲强度	否	是

这些试验应至少在隧道施工前一个月完成，以便可以确认 28d 龄期的结果符合规定的要求。如果在生产过程中计划对配合比进行重大变更，则有必要重复施工前试验。需注意的是，混合料在室内试验和足尺喷射试验中的性能表现可能不同（例如 Rudberg 与 Beck，2014），因此这两类试验都有必要开展。

施工前试验还提供了检验施工队伍能力资质的机会。尽管自动化程度越来越高，但喷射混凝土衬砌隧道施工仍主要依赖于喷射作业人员等关键工人的操作技术。目前有多个用于评价喷射作业人员能力资质的国际标准 [例如，针对干喷法的 ACI-C660（2002）；针对湿喷法的 EFNARC 计划]。虽然传统上重点关注的一直是喷射作业人员，但泵的操作员也十分重要，因为操作员可以影响喷射效率和最终成品的质量。Goransson 等人（2014）详细介绍了一项针对喷射作业人员的培训计划，以及虚拟现实（VR）培训模拟器的使用情况。

这一阶段也提供了识别并消除缺陷的宝贵时机。施工前试验的价值再怎么强调也不为过。这项工作可节省施工期间大量浪费的时间及成本。

7.2.2 施工期间试验

本节对常见试验做简要评述。有关每个试验的全部详细信息可参见列出的参考文献。试验频率应与工程规模相称（例如 EFNARC，1996；或也可参见 ÖBV 1998 中的表 111 和 11/2，即附录 G 中的缩减版，或还可参见 EN 14487-1 中的表 9~表 12）。欧洲标准 EN 14487 给出了在隧道施工正常生产期内第 2 类或第

3 类检测的最低建议试验频率（表 7.2）。

表 7.2 喷射混凝土性能控制（EN 14487，2006）

试验类型	方法	第 2 类 临时支护	第 3 类 永久支护
新拌混凝土控制			
（1）水灰比	通过计算或试验方法	每天	
（2）速凝剂	根据添加的量计算	每天	
（3）纤维含量	EN 14488-7	$1/200m^3$ 或 $1/1000m^2$	$1/100m^3$ 或 $1/500m^2$
硬化混凝土控制			
（4）早期强度	EN 14488-2	$1/2500m^2$ 或每月一次	$1/1250m^2$ 或每月两次
（5）抗压强度	EN 12504-1	$1/500m^3$ 或 $1/2500m^2$	$1/250m^3$ 或 $1/1250m^2$
（6）密度	EN 12390-7	测试抗压强度时	
（7）黏结强度	EN 14488-7	$1/2500m^2$	$1/1250m^2$
纤维混凝土控制			
（8）残余强度或能量吸收能力	EN 14488-3 或 EN 14488-5	$1/400m^3$ 或 $1/2000m^2$	$1/100m^3$ 或 $1/500m^2$
（9）极限弯曲强度	EN 14488-3	测试残余强度时	
（10）第一峰值弯曲强度	EN 14488-3	测试残余强度时	
如果尚未测量纤维含量，则可在进行残余强度试验时测量			

上述质量控制体系可能需要改进的一点是，让现场团队在试验结果始终高于要求值的情况下可以选择减少试验频率。Hauck（2014）介绍了 NCA（2011）中对相关方法成功应用的具体说明。而如果试验结果数值下降，则可再次增加试验频率。实际上，EN 14487 建议在工程开始时或在关键段的试验频率取上述最低频率的 4 倍。

1）坍落度

这一关于坍落度的简单试验可立即反映出混凝土是太干还是太稀。如果混凝土太干，可能无法泵送，因此需要较大的流动性。而如果太稀，则可能表明含水量过高，混凝土在喷射时可能无法黏附。在喷射过程中，需要具有黏附力和"黏性"。对于较稀的混合料，可用扩展度代替。典型的坍落度范围为 180~220mm，而扩展度的分布范围则为 500~550mm。然而，值得注意的是，这些简单试验并不能完全捕捉流变情况的复杂性，开展更复杂的试验可能是有益的，特别是在配合比设计期间（例如 Thumann 与 Kusterle，2018；Yurdakul 与 Rieder，2018）。

2）抗压强度-早期

通常，喷射混凝土的早期强度会每隔一定时间（例如 1h 后、6h 后和 24h 后）进行试验检测。表 7.3 列出了适合的试验方法，更多信息参见 EN 14487（2006）。

表 7.3　喷射混凝土试验方法（ÖBV，1998）

强度（MPa）	试验方法	参考文献
0～1.2	Meyco 或 Proctor 贯入针	ASTM C403
1.0～8.0	德国喜利得 Hilti 射钉枪贯入试验	ÖBV，1998
3.0～16.0	锚杆拉拔试验	ÖBV，1998
16.0～56.0	锚杆拉拔试验	ÖBV，1998
>10.0	钻芯	ÖBV，1998

Clements（2004）强调切勿使用标准土壤贯入仪进行早期强度试验，因为这种仪器容易高估强度。探针的横截面积应小于 $10mm^2$。带有 SMUTI 系统的热成像摄像机可用于以水化成熟度为估算基础的强度估算（参见第 5.7.1 节），更多详细信息请参见 Jones 等人（2014）的著作。早期强度也可通过利用超声波测量剪切刚度来进行间接测量（Gibson 与 Bernard，2011；Lootens 等人，2014），因为剪切刚度可以与强度相关［例如式(5.1)］。

3）抗压强度-成熟期

这些试验通常在衬砌本身或试验大板上进行取芯。可能有必要采用不收缩的砂浆修复衬砌中的取芯钻孔。如果存在刺穿防水板的风险，就不宜在第二层衬砌中钻取芯样。一般情况下，一旦喷射混凝土的强度达到 10MPa，就可钻孔取芯（ÖBV，1998），不过也有可能在强度低至 5MPa 时钻孔取芯。

如有必要，可以使用既定换算系数，把从圆柱体芯样上测得的强度换算为立方体强度。通常，圆柱体强度约为立方体强度的 80%。此外，有人已提出一个校正系数，用以考虑钻孔导致的扰动。挪威混凝土协会（NCA，1993）建议，与预制立方体相比，圆柱体的强度按 0.8 的系数折减。

4）抗拉强度

对于喷射混凝土直接抗拉强度试验的相关规定较少。

5）抗弯强度

目前有各种使用梁、圆板或正方形板的试验方法可用于测量抗弯强度（参见 ITAtech 2016 中的相关概述）。Bjontegaard 与 Myren（2011）的著作中包含了对圆板试验和正方形板试验的综述。不同于大多数其他试验，这些试验要求使用特殊试样进行喷射（而不是使用来自衬砌的试样），并且试样尺寸相当大。而这就增加了试验成本。已有人表示担心同一批梁的试验结果存在过大的差异性（例如 Collis 与 Mueller，2004）。开口梁（例如 EN 14561）虽能取得更一致的试验结果，但也可能产生相对较高的结果数值，因为裂缝位置是预先确定的（ITAtech，2016）。而圆板试验则作为更具一致性的替代方法得到了推广（Bernard，2004c）。

6）黏结强度

相关试验可根据 EN 14488-4 进行。

7）回弹

最简单的回弹测量方法是在围岩上铺一块塑料板，用于收集掉落的回弹物。在知道喷射混凝土用量的情况下，就可计算出回弹率。通常，湿喷的回弹率为 10%～16%，而干喷的回弹率则为 21%～37%（Lukas 等人，1998）。

8）厚度

传统上使用厚度销钉等标记物或通过在衬砌中钻孔来检查厚度。现在也开始使用各种无损方法，如 DIBIT 系统（拍摄表面的三维摄影图像）、Bever 系统（采用三维激光扫描）和 TunnelBeamer（采用激光测距仪进行光点读数），参见图 7.1。目前，光点测量系统（Spot Measurement System）是唯一能在混凝土喷射过程中实时使用的测量系统，这是控制厚度的最佳方法。不过，表面扫描系统可向喷射作业人员提供反馈，因此也能用于提高性能。Wetlesen 与 Krutrok（2014）称，这节省了多达 20% 的喷射混凝土量。上述两个系统的另一大优势是，它们能提供电子格式的竣工测量结果，相关结果可集成到隧道 BIM 模型中。

图 7.1 激光导向轮廓控制

在采用薄衬砌的地方，可能无法从衬砌中钻孔取芯。在这类情况下，可对某一区域进行超量喷射，使其达到足够的取芯厚度（一般超过 100mm 厚），或者也可从试验样大板上钻孔取芯。

9）耐久性

根据喷射混凝土的用途，可能还需进行各种耐久性试验，例如透水性（EN 12390-8）或抗渗试验，以及抗冻融试验等。

有些作者更喜欢利用沸水吸收试验或可渗透孔隙体积试验来评估耐久性。尽管这些试验可能是有用的参考，例如在针对抗冻融性的情况下，但这些试验通常并不适合作为耐久性衡量标准（Jolin 等人，2011）。就反映混凝土的原位耐久性而言，混凝土强度和密度是更好的间接指标。

在进行试验时，很重要的一点是要使用具有代表性的试样。人们总是很想在容易做试验的地方（如在边墙上）进行试验。然而，试验需要针对的应该是那些质量风险最大的区域（如喷射更为困难的拱顶处，或回弹物可能被卡住的施工缝处）。

虽然进行质量控制试验很重要，但设计人员应谨，防止制定过度严苛的方案。随着施工的推进和喷射作业脱离初始阶段，如果始终能满足规范要求，则可减小试验频率。例如，由于现代拌和站能够提供非常详细的配合比记录，且原位试验能够证明混凝土已达到要求的抗压强度，因此可以说，除非配合比改变，否则施工期间只需要较少的耐久性试验或者完全不需要此类试验。

7.3 监控量测

喷射混凝土衬砌隧道施工期间，通常会对隧道围岩及隧道衬砌的状态进行监测，以确保隧道状态符合预期。对监测数据的审核，是将不断推进的施工与相应设计连接起来的"脐带"。在某些情况下，洞内外观察辅以少量简单的监测断面可能就已足够（如无人居住区下方简单的硬岩隧道）。而在其他情况下，则需要在围岩和隧道中安装大量的量测仪器系统（如城市下方软弱围岩中的地铁车站）。交叉段等关键区段应始终仔细监测，且设计人员应参与对监测的审核。

在确定监测方案时，监测频率及控制基准应与隧道规模和重要度相匹配。不过，设计人员还应在系统中加入冗余，因为有些仪器必然会受损或变得无法使用。所有仪器均应提供相关的信息。监测的触发值应根据设计来确定。图 7.2 包含了一条浅埋城市隧道（这类项目处在监测要求较高的一端）的监测方案示例。

与掌子面的距离	频率	与掌子面的距离	频率
地面沉降点		测斜仪和位移计	
−30～0m	每天	−30～−15m	每周2次
0～+30m	每天	−15～0m	每天
+30～+60m	每周2次	0～+30m	每天
>+60m	每周	+30～+60m	每周
		>+60m	每周
衬砌收敛点		水压计	
0～+30m	每天	一般情况	每周
+30～+60m	每周2次	−15～0m	每天
>+60m	每周	0～+30m	每天
		>+30m	每周

图 7.2 浅埋城市隧道的监测方案

对于某些仪器，在监测对象受隧道影响前获得一组初始读数非常重要。这就意味着隧道的影响可与季节性影响或其他影响明确区分开来。

7.3.1 量测工具

本节将重点介绍针对喷射混凝土衬砌本身的监测。围岩监测工具的概述可参阅英国隧道协会《衬砌设计指南》（BTS Lining Design Guide，2004）、van der Berg（1999）、BTS（2011）和 Chapman 等人（2017）。这是一个不断发展的领域，有新的仪器不断涌现。例如，光纤已被试用于喷射混凝土衬砌的应变测量中（参见 de Battista 等人，2015）。关于邻近结构物监测的详细介绍，可参阅伦敦朱比利线延长线项目相关论文摘要（Burland 等人，2001）。表 7.4 和表 7.5 列出了隧道施工项目中常用的一些监测仪器。

表 7.4 围岩状态监测仪器

沉降钉（地表）	测斜仪	土压力计	沉降钉（深部）
挠度计	水压计	电子水平仪	位移计

表 7.5 衬砌状态监测仪器

仪器	典型范围和精度
收敛针	采用卷尺收敛计：小于或等于 30m；精度为±0.003～0.5mm；采用三维光学测量：约为 100m；精度为±0.5～2.0mm
径向（土）压力计	0.35～5MPa；精度为±0.1%

续上表

仪器	典型范围和精度
径向（土）压力计	参阅 Geokon 网站
切向（喷射混凝土）压力计	2~20MPa；精度为±0.1%~2.0%*
振弦式应变计	小于或等于 3000με；精度为±1~4με

注：*这只是制造商标明的仪器精度；嵌入衬砌时的精度将有所不同，参见 Jones（2007）。

正常的监测等级是：隧道收敛，地表沉降，地下仪器（如测斜仪、位移计和水压计），隧道内应力应变测量。换言之，最大的权重放在衬砌变形的测量上，然后是地表位移，并依次类推。

下文对相关仪器及其用途进行了简要概述。

1）收敛监测

卷尺收敛计（Tape Extensometer）比光学测量方法更为精确，但用卷尺测量会造成更大扰动，因为这在测量期间会阻塞隧道内交通。为此，光学测量已基本取代卷尺收敛计。

在判释通过三维光学测量取得的监测结果时，很重要的一点是要注意读数会受到隧道内大气变化和监测目标意外扰动的影响。因此，读数的突然变化实际上并不一定表示产生了变形变化，可能仅仅因为有人敲击了其中的一根销钉而引起。

传统上，收敛监测的重点是衬砌的向内位移。不过，最近的研究表明，纵向位移也能提供有用信息，而且能用于预测岩石条件的变化（Steindorfer, 1997）。

2）应力监测

压力计是测量喷射混凝土衬砌隧道中应力的传统方法，不过也有其他方法，如开槽法和套孔应力解除法，参见 Jones（2007）中的完整综述。许多作者已对喷射混凝土中压力计的可靠性提出质疑（例如 Golser 等人，1989；Golser 与 Kienberger，1997；Mair, 1998；Kuwajima, 1999；Clayton 等人，2000），理由如下：

- 压力计的物理尺寸（宽 100mm）可能导致阴影。不完全包裹将导致应力读数偏低。
- 在快速水化期间，压力计可能膨胀，且在冷却时压力计和混凝土之间将留下间隙，这就会再次导致读数偏低（Golser 等人，1989）。
- 热效应会导致切向压力计的读数增加，经计算，水银压力计的读数增量为 0.10MPa/°C，充油压力计的读数增量为 0.15MPa/°C（Clayton 等人，2000）。❶

---

❶ 压力计制造商引用的温度校正通常仅针对传感器，而不是整个压力计。所记录的压力中的峰值通常与混凝土温度的峰值一致（Clayton 等人，2000）。

- 热效应会导致径向压力计读数增加,经计算,充油压力计的读数增量约为 0.06MPa/°C(Jones,2007)。
- 收缩也会致使压力计产生应力(Clayton 等人,2000)。
- 压力计的刚度与周围衬砌的刚度存在差异。如果没有差异,则压力计作用系数(CAF)❶为 1.0。压力计作用系数虽然通常接近 1,但始终小于 1(Clayton 等人,2000;Jones,2005),这将导致轻微的读数偏低。

监测结果也可能随测量系统而发生变化。在某案例中,据估计,采用液压测量系统的压力计得出的读数比振弦式压力计的读数高出约 80kPa(Bonapace,1997)。Clayton 等人(2000)以及 Aldrian 与 Kattinger(1997)认为切向压力计可以准确记录应力变化,但不应假设这种压力计所记录的是正确的绝对值。读数的标准差通常与平均读数本身几乎一样大。对于朱比利线项目(JLE),三个月后的平均切向应力为 2.0MPa[相当于全覆土压力(FOB)的 25%左右],但其范围为 0.0~7.0MPa(Bonapace,1997)。

由于径向(土)压力计更易于安装,且压力计刚度和喷射混凝土特性对读数的影响较小,因此通常认为径向(土)压力计更为可靠(Clayton 等人,2000)。然而,与切向压力计一样,即使查看了从大量的压力计中获取的监测结果,径向压力计的结果通常也存在相当大的离散性(Bonapace,1997)。

不过,Jones(2007)已介绍了如何量化并消除压力计读数存在的上述误差。关键步骤如下:

- 开挖后尽快安装压力计,并尽量减少压力计周围的阴影。
- 同时喷射试验板内的两个切向压力计作为主阵列,并将试验大板留在隧道内(即在相同环境中)养护。
- 在水化过程早期用数据记录仪以极高频率的时间间隔记录读数(如在最初 7d 每 10min 记录一次,之后则每小时记录一次)。
- 压紧以确保压力计与混凝土保持接触。

压紧不仅可以确保压力计与混凝土保持接触,而且还可以反映安装质量。温度灵敏度也可作此用途。读数的后处理需要以下流程。

对于切向压力计:

---

❶ 压力计作用系数(CAF)是记录压力与实际压力之比。

- 调整振弦式传感器的温度灵敏度（使用制造商的刻度）。
- 去除所有零偏移。
- 去除所有压紧偏移。
- 当压力计与喷射混凝土不接触时，应检查是否有压力损失。
- 根据试验样板数据估计压力计约束温度灵敏度，并估计其早期随时间的变化。并对此进行校正。
- 根据试验板数据估计收缩压力随时间的发展并从读数中减去该数据。

对于径向压力计：

- 调整振弦式传感器的温度灵敏度（使用制造商的刻度）。
- 去除所有零偏移。
- 去除所有压紧偏移。
- 当压力计与喷射混凝土或围岩不接触时，应检查是否有压力损失。对于径向压力计，这种情况不大可能出现。

对于切向压力计，哪怕是微小的环境温度变化也会导致应力改变，因此嵌入式压力计整体温度灵敏度的校正尤其重要。这种灵敏度可以解释压力计读数的一些波动。热膨胀系数随混凝土龄期的变化而变化，这一事实使温度灵敏度的校正变得复杂（Jones 等人，2005）。径向压力计明显具有更高的可靠性，这可能仅仅是因为此类压力计不那么容易受到温度和收缩的影响。

这项研究似乎提供了重要的保证，即如果采取适当的措施，压力计就可持续且可靠地测量喷射混凝土衬砌隧道中的应力。这样就能直接计算安全系数。

最后，关于应力测量，最近的一个创新方向是使用软件通过衬砌变形来估算衬砌应变或应力（例如 Rokahr 与 Zachow，1997；Ullah 等人，2011）。这虽然很有意思，但需注意的是，此类方法存在一些基本的理论局限（例如，这些方法是基于一维本构模型，或需假设衬砌不存在弯曲）。这也许可以解释为什么此类方法的一些相关报告会显示出奇怪的结果，例如零或轴向拉力（Hellmich 等人，2000；Ullah 等人，2011）。同时，这些计算很少按照衬砌应变或应力的实际测量结果进行校正。此外，Stark 等人（2002）指出，在很少进行变形测量的情况下，考虑衬砌上部的估计应力强度并不能提供仰拱破坏的预警。Clayton 等人（2006）提出了类似担忧。最后，衬砌变形读数的差异性（通常为±2mm 或±3mm）和相对较低的测量频率也阻碍了此类方法的应用（Jones 等人，2005）。因此，可以说，尽管这些系统的应用越来越广泛，但尚未得到充分验证。

7.3.2 触发值

隧道状况评估采用的是触发值系统。本节将介绍一种常用的方法。

通常，设定有三个触发值，即绿色极限、橙色极限和红色极限，见图7.3。绿色极限标示出了正常特性的边界。超出橙色极限就表示有明确理由产生担忧，而超出红色触发值则表示应停止隧道施工。红色触发值应设置为刚好低于衬砌的极限能力。承包商的实施方案应包括在超过触发值时可采取的预先计划好的应急措施中，另见Powell等人（1997）和BTS衬砌设计指南（BTS，2004）。

级别	区域	安全系数
	正常特性	
触发/绿色	未预料的特性	2.1
行动/橙色	确定的问题	1.5
疏散/红色	隧道不稳定	1.1

图7.3 触发值

触发值的推导可总结为以下程序（图7.4）。在设置较小且接近仪器读数正常变化大小的触发值时，或触发值之间的差值也是此等大小时，应小心处理。当读数的正常波动导致突破触发值时，上面这两种情况都有引起许多误报警的风险。

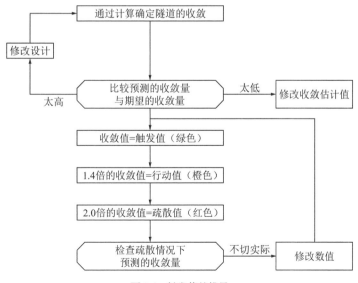

图7.4 触发值的推导

虽然也有一些设置触发值的替代方法，但这些方法背后的原理却很少得到充分说明。例如,一个项目将橙色触发值设置为预测沉降量的 75%,红色触发值设置为预测沉降量的 125%。但这些数值与安全系数之间的关系却并未说明。上面详细介绍的方法已成功应用于许多重大项目。

有时,为监测结果的判释规定了层次体系(例如第 7.3.1 节)。表 7.6 显示了等级顶端为衬砌变形的典型层次体系。等级排序应反映每个项目的关键关注点以及仪器的可靠性。例如,如果一个项目正在隧道衬砌中安装压力计,且认为可从这些压力计中取得较好的结果,则压力计应该在排序中占据较高位置,因为压力计提供了衬砌安全系数的直接信息。

表 7.6 监测层次体系

等级	仪器/参数
1	隧道内衬砌变形
2	地表沉降
3	邻近结构监测(例如电子水平仪、裂纹探测仪)
4	围岩位移(例如测斜仪、位移计)
5	压力计(隧道和围岩)
6	应变计

由于仪器的精度问题,读数可能会出现波动。因此,如果个别读数达到触发值,只要总体趋势稳定,就不必担心;在确定是否真正超过触发值时,总体趋势比个别读数更为重要。

在审核监测数据时,考虑数据趋势与考虑绝对值本身同等重要。对于隧道内变形的读数,当收敛速率已降低至小于 2mm/月时,隧道就可被认为是稳定的。在高应力环境中,有时将收敛速率用于判断施作最终现浇衬砌的最佳时间。

监测频率的变化取决于掌子面离监测仪器有多近以及何时进行隧道施工。所谓的"影响区"(ZoI)是被用来划定需要最频繁监测的区域(图 7.2 和表 7.7)。在浅埋软弱围岩隧道中,通常影响区从距掌子面前方三或四个隧道直径的位置,延伸至距已完成的封闭环后方三或四个隧道直径的位置。

表 7.7 监测频率

阶段	掌子面位置/时间	频率
隧道掘进前	进入影响区(ZoI)之前至少 3 个月	每周
隧道掘进期间	影响区内的掌子面	每天

续上表

阶段	掌子面位置/时间	频率
隧道掘进后	影响区外的掌子面	每周
直至监测结束	离开影响区后不少于3个月	3个月或者监理团队指示的其他时间

影响区也从隧道中心线横向延伸。横向延伸范围可根据预测的沉降等值线确定，例如设在等于1mm等值线的距离处。

7.4 现场设计代表

派驻设计代表（DR）在现场能保证整个施工阶段设计的连续性。通常，设计代表将与监理团队一起工作，以促进单一团队法为目标。确切的关系取决于项目的契约环境。设计代表可协助开展以下任务：

- 审查和批准承包商的实施方案（其中需明确监测方案、应急措施和实施支护变更的标准）。
- 每日审查和判释监测数据。
- 审查和批准支护和开挖工序的变更。
- 就施工质量问题的影响提供建议。

必要时，监理团队可根据设计代表的建议给承包商发布指令。

在单一团队法中，关键工程决策是通过对施工期间的定期信息进行评估和评价做出，该方法在降低与安全和质量控制有关的风险方面有显著效果。单一团队法并不意味着责任界限模糊，因为每个组织必须委派经验丰富的员工去了解工程和合同风险。这个要求可以说对喷射混凝土衬砌法至关重要，因为在喷射混凝土衬砌法中，在指定框架范围内修改和调整设计是设计和施工过程的固有部分。

例如，在一个案例中，据估计，设计代表驻现场的效益成本比超过3:1。工程师帮助节省超过300000美元的成本（Thomas等人，2003）。

对于小项目，可能不需要派驻设计代表在现场，但设计人员应定期考察现场，并参与审查监测数据。这很容易通过现代通信手段以远程的方式实现。

此外，另一种传达设计意图的方式则是在工程开始前，在施工团队和设计人员之间举行一次设计交底会。

7.5 每日审查例会

单靠监测起不到任何有益的作用。喷射混凝土衬砌隧道施工是由以下过程控制，首先审核进度及监测数据，然后在变形触发值等标准的指导下根据审核信息采取行动。图7.5说明了输入审查过程的信息类型。每日审查例会（DRM）是标准做法。积极参与隧道建设的各方都应派代表参加每日审查例会。例如，如果在附近进行补偿注浆，那么注浆团队也应参加会议，因为其工程会对隧道造成影响。对于更复杂的项目，可举行每周审查例会和每月审查例会，作为对每日审查例会的补充，以便更高层级的人员能够了解隧道整体工作情况。相关数据应在会议上清晰呈现，最好是以图表形式显示绝对值和趋势。

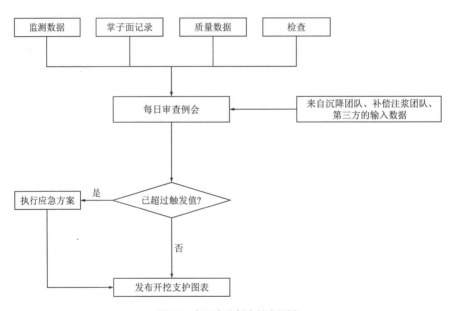

图7.5　每日审查例会的流程图

每日审查例会的输出成果就是关于第二天隧道施工的指示，以及对解决隧道变形不利趋势所需额外措施的指示。开挖和支护图表（Excavation and Support Sheet）是记录这些指示并将其传达给从项目经理到掌子面工长的所有相关人员的简单工具（图7.6）。

如果达到触发值，首先现场团队应检查读数是否正确且是否与其他仪器读数一致。如果确实突破触发值，就需根据预定的实施方案和每日审查例会的指示启动应急措施。设计应急措施是为了纠正异常情况。这些措施包括增加监测和检查频率（以更好了解正在发生的情况）、修改开挖工序、加强支护措施或增加新支护措施以及在最坏情况下回填隧道。不过，让人欣慰的是，只要遵循这些简单的施工管理技术，我们就能轻松避免上述极端情况。

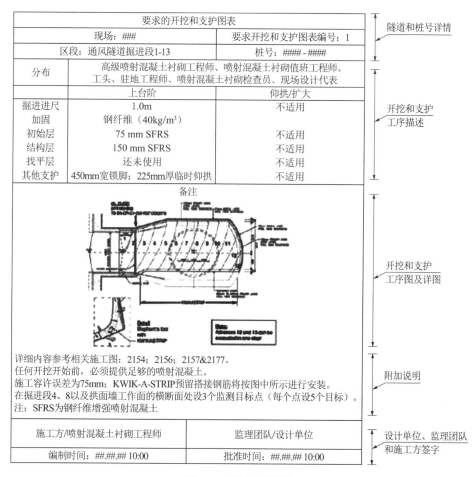

图 7.6　开挖和支护图表

附录

附录A 喷射混凝土力学性能随时间的演化

性能（作者）	方程	常数	应用范围	龄期范围	参考文献
弹性模量（Weber）	$E_b = E_b^{28} \cdot a_e \cdot e^C$ $C = C_e/t^{0.60}$，t为龄期（d）	$a_e = 1.084$；$C_e = -0.596$ $E^{28} = 30\text{GPa}$； $a_e = 1.132$；$C_e = -0.916$ $A = 1.084$；$C_e = -0.916$ $E^{28} = 26\text{GPa} - \text{Yin}$； $a_e = 1.084$；$C_e = -0.196$ （Huang） $a_e = 1.084$；$C_e = -0.596$ （Schropfer, Pottler）	Z35F/45F 水泥 普通混凝土 Z25、35L、45L（Pottler） Yin、Huang、Pottler 和 Schropfer 采用		Alkhiami, 1995； Yin, 1996； Huang, 1991； Schropfer, 1995； Pottler, 1990；
抗压强度（Weber）	$\beta_b = \beta_b^{28} \cdot a_\beta \cdot e^C$ $C = C_\beta/t^{0.55}$，t为龄期（d）	$a_\beta = 1.27$ $C_\beta = -1.49$	Z35F/45F 水泥 普通混凝土（Yin）		Alkhiami, 1995； Yin, 1996
弹性模量（Chang）	$E = E^{28} \cdot a \cdot e^C$ $C = c/t^{0.70}$，t为龄期（d）	$a = 1.062$ $c = -0.446$ $E = 3.86\sigma_c^{0.60}$	基于文献综述	$0 \sim 7\text{d}$ 时 E-σ_c 有效； $4\text{h} \sim 28\text{d}$ 时 E 有效； $\alpha < 0.70$	Chang 与 Stille, 1993； Chang, 1994
抗压强度（Chang）	$\sigma_c = \sigma_c^{28} \cdot a \cdot e^C$ $C = c/t^{0.70}$，t为龄期（d）	$a = 1.105$ $c = -0.743$ $\sigma_c = 0.105 E^{1.667}$	基于文献综述	$0 \sim 7\text{d}$ 时 E-σ_c 有效； $4\text{h} \sim 28\text{d}$ 时 E 有效；$\alpha < 0.70$	Chang 与 Stille, 1993； Chang, 1994
抗压强度（修正Byfors）	$f_{cc}^t = 0.01 \times (A_1 t^{B_1/X}) \cdot f_{cc}^{28}$（单位：%） $X = 1 + (A_1/A_2) \cdot t^{A_1 - B_2}$	圆柱体强度（MPa）； t为龄期； 当 $w/c = 0.4 \sim 0.5$ 时： $A_1 = 0.300\%$；$A_2 = 29.446\%$ $B_1 = 2.676$；$B_2 = 0.188$ $f_{cc}^{28} = 29.022\text{MPa}$	从现场喷射混凝土板钻取芯样的反算值		Kuwajima, 1999

续上表

性能（作者）	方程	常数	应用范围	龄期范围	参考文献
弹性模量 （修正 Byfors）	$E_c = c_1 f_{cc}^{d1} / X$ (GPa) $X = 1 + (c_1/c_2) \cdot f_{cc}^{d1+d2}$	$C_1 = 1306;$ $C_2 = 7194;$ $D_1 = 1.920; \ D_2 = 0.363$	当 $t < 10h$ 时，离散性很大		Kuwajima, 1999
弹性模量 （修正 Byfors）	$E_{cc} = 7.194 f_{cc}^{0.363}$		强度 > 1MPa		Kuwajima, 1999
泊松比 ν	$\nu_{cc} = a f_{cc}^b$	$a = 0.128, \ b = 0.192;$ $r = 0.847, \ n = 52$ 且 $\dfrac{f_{cc}}{f_{cc}^{28d}} = at^b$	强度 > 1MPa		Byfors, 1980
弹性模量 （Golser）	$E_t = E_{28} \cdot [(a+bt)/t]^{-0.5}$	$a = 4.2; \ b = 0.85;$ t 的单位为 d			Yin, 1996
抗压强度 （Aldrian）	$\beta_t = \beta_{28} \cdot 0.03t$ $\beta_t = \beta_{28} \cdot [(t-5)/(45+0.975t)]^{0.5}$	$t \leqslant 8h$ $t > 8h$	适用于棱柱体， 对于 Aldrian 采用的尺寸， $\beta_{cube} = 1.07 \cdot \beta_{prism}$		Aldrian, 1991
弹性模量 （Aydan）	$E_t = A(1 - e^{Bt})$	$A = 5000; \ B = -0.42$	湿拌法，在与喷射方向成 直角的方向加载	龄期为 3h~28d	Yin, 1996; Aydan 等人, 1992a
泊松比 ν （Sezaki）	$\nu_t = a + b \cdot e^{ct}$	$a = 0.18, \ b = 0.32;$ $c = -5.6$	湿拌法，在与喷射方向成 直角的方向加载	龄期为 3h~28d	Yin, 1996; Aydan 等人, 1992
抗压强度 （Meschke）	$f_{cu(t)} = f_{cu(t)} [(t+0.12)/24]^{0.72453}$ $f_{cu(t)} = a_c e^{(-b_c/t)}$ $b_c = 17.80$	适用于 $t < 24h;$ 适用于 $t > 24h;$ 式中，$K = 0.489 = f_{cu}/f_{cu}^{28};$ a_c 和 b_c 均为 K 的函数	关于 $t < 24h$ 的奥地利喷 射混凝土指南		Meschke, 1996; Kropik, 1994
弹性模量 （Meschke）	$E_t = \beta_{Et} \cdot E_{28}$ $\beta_{Et} = 0.0468t - 0.00211t^2$ $\beta_{Et} = [0.9506 + 32.89/(t-6)]^{-0.5}$	$t < 8h$ $8h < t < 672h$	修正的 CEB-FIP	龄期为 0~28d	Meschke, 1996; Kropik, 1994
抗压强度 （Pottier）	$\beta_t = \beta_1 \cdot t^{0.72453}$ 或 $\beta_t = \beta_1 \cdot (1 + 4t)/5$	$\beta_1 = 1d$ 强度	根据立方体试验	龄期 > 1d	Pottier, 1993; Pottier, 1990

续上表

性能（作者）	方程	常数	应用范围	龄期范围	参考文献
抗压强度（Eierle 与 Schikora）	$f_{cc}(\alpha)/f_{cc,\alpha=1} = [(\alpha - \alpha_0)/(1-\alpha_0)]^{3/2}$	$f_{cc,\alpha=1}$ 为完全水化时的抗压强度；α 为水化程度，$\alpha_0 = 1.8$（估算值）	适用于素混凝土，对于抗拉强度，$f_{ct}(\alpha)/f_{ct,\alpha=1} = (\alpha-\alpha_0)/(1-\alpha_0)$		Eierle 与 Schikora, 1999
弹性模量（Eierle 与 Schikora）	$E(\alpha)/E_{\alpha=1} = [(\alpha-\alpha_0)/(1-\alpha_0)]^{2/3}$	$E_{\alpha=1}$ 为完全水化时的模量；α 为水化程度			
抗压强度（Kusterle）	棱柱体 $Y = 1.8171X^{0.8285}$；圆柱体 $Y = 0.0521X^2 + 0.3132X + 0.9213$；梁 $Y = 0.9208X^{0.9729}$	Y 为棱柱体、圆柱体或梁；X 为立方体强度（MPa）；立方体为 20cm × 20cm × 20cm；棱柱体为 4cm × 4cm × 16cm；圆柱体为 10cm（直径）× 10cm；梁为 10cm × 10cm × 50cm	强度范围为 1~12MPa		Testor 与 Kusterle, 1998

注：关于抗拉强度，参见附录 C 第 3 部分。

附录B 喷射混凝土的非线弹性本构模型

（依据Kostovos与Newman，1978）

$$G_{\tan} = \frac{G_0}{1 + C \cdot d \cdot \left(\dfrac{\tau_0}{f_{\text{cyl}}}\right)^{d-1}} \tag{B.1}$$

$$K_{\tan} = \frac{K_0}{1 + A \cdot b \cdot \left(\dfrac{\sigma_0}{f_{\text{cyl}}}\right)^{b-1} - k \cdot l \cdot m \cdot e\left(\dfrac{\tau_0}{f_{\text{cyl}}}\right)^{n}} \tag{B.2}$$

式中，

$$e = \frac{\left(\dfrac{\sigma_0}{f_{\text{cyl}}}\right)^{m-1}}{\left[1 + l \cdot \left(\dfrac{\sigma_0}{f_{\text{cyl}}}\right)^{m}\right]^2} (s_0 > 0.00 \text{ 时})；\text{否则 } e = 1.0 \tag{B.3}$$

且

f_{cyl} 为圆柱体单轴抗压强度（MPa）；$G_{\tan}$ 为切向剪切刚度（MPa）；G_0 为初始剪切刚度（MPa）；$K_{\tan}$ 为切向体积刚度（MPa）；K_0 为初始体积刚度（MPa）；σ_0 为八面体平均应力（MPa），$\sigma_0 = (\sigma_1 + \sigma_2 + \sigma_3)/3$；$\tau_0$ 为八面体剪应力（MPa），$\tau_0 = \left\{\sqrt{[(\sigma_1 - \sigma_2)^2 + (\sigma_2 - \sigma_3)^2 + (\sigma_3 - \sigma_1)^2]}\right\}/3$。

若 $f_{\text{cyl}} \leqslant 31.7\text{MPa}$，则 $A = 0.516$；否则，$A = \dfrac{0.516}{1+0.0027 \cdot (f_{\text{cyl}}-31.7)^{2.397}}$，$b = 2.0 + 1.81 \times 10^{-8} \cdot (f_{\text{cyl}}^{4.461})$。

若 $f_{\text{cyl}} \leqslant 31.7\text{MPa}$，则 $C = 3.573$；否则，$C = \dfrac{3.573}{\left[1+0.0134 \cdot (f_{\text{cyl}}-31.7)^{1.414}\right]}$。

若 $f_{\text{cyl}} \leqslant 31.7\text{MPa}$，则 $d = 2.12 + (0.0183 \cdot f_{\text{cyl}})$；否则，$d = 2.70$。

若 $f_{\text{cyl}} \geqslant 15.0\text{MPa}$，则 $k = \dfrac{4.000}{\left[1+1.087 \cdot (f_{\text{cyl}}-15.0)^{0.23}\right]}$；否则，$k = 4.000$，$l = 0.22 + (0.01086 \cdot f_{\text{cyl}}) - (0.000122 \cdot f_{\text{cyl}}^2)$。

若 $f_{\text{cyl}} \leqslant 31.7\text{MPa}$，则 $m = -2.415$；否则，$m = -3.531 + (0.0352 \cdot f_{\text{cyl}})$。

若 $f_{\text{cyl}} \leqslant 31.7\text{MPa}$，则 $n = 1.0$；否则，$n = 0.3124 + (0.0217 \cdot f_{\text{cyl}})$。

其他注意事项：Kotsovos 与 Newman 的模型是从八面体应力角度建立的，通过除以混凝土圆柱体单轴强度进行归一化。高径比为 2.0～2.5 时，圆柱体单轴强度约等于立方体单轴强度（Neville，1995）；尚未使用 Kotsovos 与 Newman 提供的用于预测初始体积模量和剪切模量的关系，因为这些关系仅对硬化混凝土有效。该模型也已扩展应用于强度低于 15MPa 的混凝土。

附录C 喷射混凝土的塑性模型

第1部分 压应力区的塑性（和非线弹性）模型

作者	2D/3D	弹性区	屈服准则	屈服后	注释	黏塑性	收缩
Meschke, Kropik	3D	与时间相关的弹性模量	德鲁克-普拉格	应变硬化，极限应变取决于寿龄期	取决于时间的极限强度；恒定屈服/极限强度比；双轴；各向同性	是（Duvaut-Lions公式）	—
Hellmich	2D	超弹性	德鲁克-普拉格	应变硬化	评估的潜在破坏等级；各向同性	否	否
Lackner	2D	—	德鲁克-普拉格	应变硬化	各向同性	否	否
Hafez	3D	线弹性	三参数Chen-Chen模型	应变硬化	可能包括峰值后应变软化；多个喷射混凝土衬砌层；各向同性	否	否
Haugeneder	3D	与时间相关的弹性模量	Buyukozurk模型	—	对元件进行加固但假设为各向同性	否	否
Moussa, Aydan	2D	非线弹性模型（隐式），采用与时间相关的弹性模量	应变历史模型	应变硬化	包括损伤效应；可能包括峰值后应变软化；各向同性；用有效区域考虑加固作用	否	否
Hellmich 等人	2D	旨在考虑老化的热-化-力耦合	德鲁克-普拉格	应变硬化	关联流动法则	否	是（但仅限自收缩）
Watson 等人	2D	线弹性；$t<10$d 时，$E=7.5$GPa，然后$E=15$GPa	—	理想塑性	$t<10$d 时，屈服应力$=5$MPa，然后屈服应力$=f_{cu}/1.5$；使用Rokahr & Lux的开尔文流变模型计算极限应变	否	否

第 2 部分 拉应力区的塑性（和非线性弹性）模型

作者	2D/3D	屈服准则	屈服后	裂缝模型类型	注
Meschke, Kropik	3D	Rankine	线性软化	转动裂缝	指数软化也是可能的
Lackner	2D	Rankine	线性软化，指数软化或两者都有	研究的固定裂缝模型和转动裂缝模型	各向异性；损伤模型
Hafez	3D	Chen-Chen	应变硬化、脆性破坏	—	压缩模型的延伸
Haugeneder	3D	复合模型	为匹配加固的拉伸硬化效应而拟合的曲线	—	对元件进行的加固；各向同性
Moussa	2D	扩展压缩模型	线性软化	弥散裂缝	非线弹性模型
Hellmich 等人	2D	拉伸截断	—	—	德鲁克-普拉格屈服面直到截断

第 3 部分 塑性模型参数

作者	龄期	压缩屈服/极限强度	压缩屈服应变（%）	极限压应变（%）	极限抗拉强度	拉伸屈服应变（%）	极限拉应变（%）
Meschke/Kropik[①]	$t < 8\text{h}$ $8\text{h} < t < 16\text{h}$ $t > 16\text{h}$	—	—	$6 \sim 0.25$ $0.25 \sim 0.17$ $0.17 \sim 0.20$	$0.0067 \cdot f_{cu}^{1.09}$ (f_{cu} 单位：kN/cm²)	—	—
Meschke (ACI)	28d	$0.1 \sim 0.25$	—	—	$0.32 \cdot f_{cu}^{0.5}$	—	软化梯度，$D_t = E_t/100$
Lackner	—	0.4	—	—	$0.3 \cdot f_{cu}^{0.67}$	—	—
Hafez	28d	0.3	—	—	$0.1 \cdot f_{cu}$	小于或等于 $0.6 f_{cu}$ 时为线性	—

续上表

作者	龄期	压缩屈服/极限强度	压缩屈服应变（%）	极限压应变（%）	极限抗拉强度	拉伸屈服应变（%）	极限拉应变（%）
Moussa/Swoboda	28d	0.3	峰值应力时的应变ε_1 为 0.3, 0.5, 1.0	0.5~1.0	$0.21\sim0.3 \cdot f_{cu}^{0.67}$	$\varepsilon_{cr} = \varepsilon_1\{1-v[1-(f_t/f_c)]\}$	0.03
Aydan 等人	12h	—	—	3	—	—	—
BS 8110 第 1 部分 1997	—	—	$0.24(f_{cu})^{0.5}$（峰值处）	0.35	—	—	—

注：①压缩破坏时的应变公式：当 $t < 8h$ 时，$\varepsilon = 0.06 - 0.0575 \cdot t/8$；当 $8h < t < 16h$ 时，$\varepsilon = 0.0025 - 0.0008 \cdot (t-8)/8$；当 $t > 16h$ 时，$\varepsilon = 0.0017 + 0.003 \cdot (t-16)/634$。

附录D 喷射混凝土徐变模型

作者	方程	常数	应用范围与注释	类型	参考文献
		流变模型			
Rokahr 与 Lux	$\Delta \varepsilon_v / \Delta t = [(1/2\eta_{k\sigma v t a}) \cdot 1 - (\varepsilon_v^{v,tr} \cdot 3G_{k(\sigma v)/\sigma v})] \cdot M \cdot \sigma$; $t_a = $ 累积的瞬间非弹性变形（有效应变）； $\varepsilon_v^{v,tr} = $ 累积的瞬间非弹性变形（有效应变）； $\varepsilon_v^v = (2^{0.5}/3) \cdot [(\varepsilon_{1v} - \varepsilon_{2v})^2 + (\varepsilon_{2v} - \varepsilon_{3v})^2 + (\varepsilon_{3v} - \varepsilon_{1v})^2]^{0.5}$； $\sigma_v = $ 有效应力 $= (3J_2)^{0.5}$； $M = $ 凝聚矩阵； $\varepsilon_v = $ 黏性应变率随时间变化的积分； $\Delta \varepsilon_v / \Delta t = $ 黏性应变速率	$3G_k = G_k^* \cdot e^{k1\sigma v}$ $3\eta_k = \eta_k^* \cdot t_a^n \cdot e^{k2\sigma v}$ 在 8h 龄期时： $G_k^* = 8450$MPa； $\eta_k^* = 6900$d · MPa； $k_1 = -0.459$Mpa^{-1}； $k_2 = -0.642$MPa^{-1}； $n = 0.74$	8h～10d； 应力 < 10MPa。 在 24h 龄期时： $G_k^* = 52500$MPa； $\eta_k^* = 17000$d · MPa； $k_1 = -0.0932$MPa^{-1}； $k_2 = -0.100$MPa^{-1}； $n = 0.73$ （Berwanger 的参数）	黏弹性 开尔文修正	Rokahr 与 Lux, 1987；Watson 等人, 1999
Schropfer	参见 Rokahr 与 Lux	在 30h 龄期时： $G_k^* = 1312$MPa； $\eta_k^* = 17315$d · MPa； $k_1 = -0.0309$MPa^{-1}； $k_2 = -0.2786$MPa^{-1}； $n = 0.70$	时间 = 0～30h， 假设徐变期同体积恒定， 假设静水应力对徐变没有影响；B35 喷射混凝土	黏弹性 开尔文修正	Schropfer, 1995
Mertz	参见 Schropfer	未给出	—	黏弹性 开尔文修正	Schropfer, 1995
Kuwajima	$\varepsilon_c(t') / \sigma_0 = 1/E_t (1 - e^{-\lambda t'})$ $\lambda = E_t / \eta$	$E = 15$GPa； $1/E_t = 0.03$GPa^{-1}； $\lambda = 0.003$min^{-1}； 注意：平均值	龄期 = 10～100h； 时间 = 10～100h； 注意，增加时间相关性可能会克服由于使用平均值而导致的一些不准确性	黏弹性 广义开尔文单元	Kuwajima, 1999

续上表

作者	方程	常数	应用范围与注释	类型	参考文献
Swoboda	$\varepsilon_c(t')/\sigma = 1/E_{bta} \cdot (1 - e^{-\lambda t'})$ $\lambda = E_{bta}/\eta$; $\varepsilon = \sigma/E_b + \varepsilon_c$	$t < 2d$: $E_b = 15\text{GPa}$; $E_{bta} = 6\text{GPa}$; $\eta = 6 \times 10^8 \text{d} \cdot \text{kPa}$; $t > 2d$: $E_b = 25\text{GPa}$; $E_{bta} = 10\text{GPa}$; $\eta = 10 \times 10^8 \text{d} \cdot \text{kPa}$	—	黏弹性 广义开尔文单元	Swoboda 与 Wagner
Petersen	$\Delta\varepsilon_{ij}^v/\Delta t = (1/3\eta_k \sigma_{vt}) \cdot (e^{At}) \cdot (3/2) \cdot M_2 \cdot \sigma_{ij}$ $A = -3G_{k(\sigma v)}/3\eta_{k(\sigma v,t)}$	$3G_k = G_k^* \cdot e^{k1v}$; $3\eta_k = \eta_k^* \cdot t^n \cdot e^{k2v}$; $\Delta\varepsilon_v/\Delta t = $ 黏性应变速率	龄期为 30h~10d 且 $\sigma_v < 12\text{MPa}$; $G_k^* = 1312\text{MPa}$; $\eta_k^* = 173312\text{d} \cdot \text{MPa}$; $k_1 = -0.0309$; $k_2 = -0.2786, n = 0.70$	基于修正的伯格斯模型	Yin, 1996; Pottler, 1990
Pottier	$\Delta\varepsilon_{ij}^v/\Delta t = [\alpha_t \cdot \sigma_v^2 + \beta_t \cdot \sigma_v^3] \cdot (3/2) \cdot M_2 \cdot \sigma_{ij}$ $\alpha_t = (0.02302 - 0.01803t + 0.00501t^2) \cdot 10^{-3}$ $\beta_t = (0.03729 - 0.06656t + 0.02396t^2) \cdot 10^{-3}$	(参见 Petersen 模型) $v = 0.167$;		Petersen 模型的多项式形式	Yin, 1996; Pottler, 1990
Yin	$\Delta\varepsilon_{ij}^v/\Delta t = [a_t \cdot \sigma_v^{(b-1)}] \cdot (3/2) \cdot M_2 \cdot \sigma_{ij}$ $a_t = A_1 \cdot e^{A_2/(A_3+t)}$; $b_t = B_1 \cdot e^{B_2/(B_3+t)}$ 另见弹黏塑性岩石模型 (采用 DP 和应变软化)	$v = 0.2$; $A_1 = 0.20167 \times 10^{-5}$; $A_2 = 3.9444$; $A_3 = 0.758$; $B_1 = 1.4791$; $B_2 = 0.15983$; $B_3 = 0.602$	应力达到 20MPa 以上, 持续时间达到 20d 以上	基于 Petersen 模型,但采用与龄期相关的徐变	Yin, 1996
Huang	$\Delta\varepsilon_{ij} = \Delta\varepsilon_{ij}^E + \Delta\varepsilon_{ij}^I + \Delta\varepsilon_i^\mu$ $\Delta\varepsilon_{ij}^E = E_{ijkl}(t + \Delta t)\Delta\sigma_{kl} + \Delta E_{ijkl}^{-1} \cdot \sigma_{kl}$; $\Delta\varepsilon_{ij}^I/\Delta t = S_{ij}/\eta_{nt,(\sigma v)}$; $\Delta\varepsilon_i^{II} = \Sigma_\mu \Delta\varepsilon_{ij}^\mu$; $\Delta\varepsilon_{ij}^\mu = S_{ijkl} \cdot \sigma_{kl} \cdot (t + \Delta t)/E_\mu - \varepsilon_{ij}^\mu (1 - e^{A\Delta t})$, $A = -E_\mu/\eta_\mu$	弹簧 $E_{b28} = 34\text{GPa}$; 另见下文; 利用 8h 的 Berwanger 值计算黏壶; 开尔文单元 1 和 2 $E_1 = 1.0 \times 10^6 \text{MPa}$	关于 Rokahr 与 Lux 的模型	黏弹性 (串联弹簧与黏壶和 2 个开尔文单元) 与时间相关的弹性模量 E	Huang, 1991

续上表

作者	方程	常数	应用范围与注释	类型	参考文献
Huang	$\varepsilon_{ij}^{\mu}=$ 从 $t=\tau_0$ 至 t 的应变总和; $v=0.2$; $\tau_0=0.3\mathrm{d}$	$\eta_1=1.0\times10^6\mathrm{MPa\cdot d}$; $E_2=1.4\times10^4\mathrm{MPa}$; $\eta_2=1.4\times10^6\mathrm{MPa\cdot d}$			
Zheng	参见 Yin	参见 Yin	限于低应力	串联弹簧与黏壶和2个开尔文单元	Yin, 1996
Brite Euram	应变速率, $\varepsilon_{ij}'=\varepsilon_{ij}^{e}+\varepsilon_{ij}^{\prime\nu p}$ $\varepsilon_{ij}'=-(v/E)\sigma_{kk}'\delta_{ij}+(1+v)\sigma_{ij}'/E$; $\varepsilon_{ij}^{\prime\nu p}=(F/2\eta)\sigma_{ij}''$ $F=$ 屈服函数 $=1-K/(0.5\sigma_{ij}'',\sigma_{ij}'')^{0.5}$ $\sigma_{ij}''=$ 偏应力 $=\sigma_{ij}-(1/3)\sigma_{kk}\delta_{kk}$; $K=A\sigma_{\mathrm{h}}+B$; $\sigma_{\mathrm{h}}=$ 静水应力	龄期为 4h 时, $E=255\mathrm{MPa}$, $\eta=2145\mathrm{MPa\cdot s}$; $K=2.06\mathrm{MPa}$ ($K=9.1\mathrm{MPa}$ 时, $A=-14$, $B=0.7$)	龄期 $t=1\sim72\mathrm{h}$ 时, E、K、η 才可用 应力范围 $0\sim30\mathrm{MPa}$; 龄期为 72h 时, $E=4865.24\mathrm{MPa}$ $\eta=2966.7\mathrm{MPa/s}$ $K=18.34\mathrm{MPa}$	弹黏塑性(剪切)宾汉姆模型	Brite Euram C1, 1997
Alkhiami	幂律徐变模型 $\Delta\varepsilon/\Delta t=A\cdot\sigma_{\mathrm{eff}}^{n}\cdot t^{m}$ $\varepsilon^{\mathrm{kr}}=k\cdot\sigma_{\mathrm{eff}}^{n}\cdot t^{m}$; σ_{eff} 为有效应力	$m=0.252$; $n=2.574$; $k=1.88\times10^{-5}$; —	大开挖断面; m 的范围适用于应力为 $5\sim9\mathrm{MPa}$ 时, n 的范围适用于 $0.1\sim168\mathrm{h}$; Abaqus 中的徐变经验	Straub 1931	Alkhiami, 1995
Rathmair	$\varepsilon=\varepsilon^{\mathrm{el}}+\varepsilon^{\mathrm{kr}}$ (这个公式正确吗? 参见 Alkhiami) 另见 Schubert 的流速法	$m=-0.252$; $n=2.574$; $A=1.88\times10^{-5}$	不能很好地解决弹性应变问题; 横向应变吻合得不好; Abaqus 中的徐变定律		Rathmair, 1997; Golser, 1999;
Probst	$\varepsilon=A\cdot\sigma_{\mathrm{eff}}^{n}\cdot t^{m}$	$m=0.36$; $n=0.75$; $A=1.12\times10^{-4}$	应力范围 $=2.5\sim10\mathrm{MPa}$; 龄期范围 $=1\sim100\mathrm{h}$		Probst, 1999

附录　205

续上表

作者	方程	常数	应用范围与注释	类型	参考文献
Aldrian-修正的 Schubert 模型	$\varepsilon_2 - \varepsilon_1 = (\sigma_1 - \sigma_2)/(E_{28} \cdot V^* \cdot f) + \sigma_2 \Delta C \cdot (e^{8\alpha^{-6}} + 1) + \Delta \varepsilon_d + \Delta \varepsilon_{sh} + \Delta \varepsilon_t$ $V^* = (1/22.5) \cdot \{25 \cdot (1-\alpha)[t/(25+1.2t)]^{0.5} + 3\alpha[t/(100+0.9t)]^{0.5}\}$; 黏性变形 $\Delta C = A(t - t_1)^x$; $X = 0.25 \cdot \alpha^{0.2}$（或者仅是 $X = 0.25$）; 延迟的弹性增量 $\Delta \varepsilon_d = (\sigma_2 C_{d00} - \varepsilon_d)(1 - e^C)$, $C = -\Delta C/\theta$; $\varepsilon_{sh} = \varepsilon_{sh,00} \cdot t/(B + t)$; 温度变形 $\varepsilon_t = 30[1 - \cos(250 t^{0.25})]$	流速 ε 的单位为 10^{-6}；t 的单位为 d，但 ε_t 除外； V^* = 相对变形模量； α = 利用系数； f 的常数 $f = 1.0$； A = 常数，其中 $A = 0.25 \times 10^{-3}$, $t = 0$； $A = 0.04 \times 10^{-3}$, $t = 500$h； C_{d00} = 可恢复徐变的极限值 = 0.0001； $A/\theta = 10$； $\varepsilon_{sh,00}$ = 收缩的极限值 = 1200με， $B = 35$h（ACI, 1978）～ 70h（Probst）；	龄期 = 1~14d 及以上； 干拌；适用于 $0 < \alpha < 1.0$，不过 $\alpha > 0.8$ 时的特性可能有所不同； Aldrian 取代了 Schubert 模型； 温度变形仅适用于 $0 < t < 4$d 时， 卸载常数可能在 1.1 和 1.5 之间变化（Probst, 1999）		Golser 等人, 1989；Golser, 1999；Schubert, 1988；Aldrian, 1991；Probst, 1999
Schubert 原始模型	塑性变形 $\alpha > 0.5$ 时，$C_t = At^{0.33} \cdot e^{k\sigma}$； $\alpha < 0.5$ 时，$C_t = At^{0.33}$		幂律		Schubert, 1988；

附录E　Thomas（2003）论文中的符号说明

第1部分　数值研究中的喷射混凝土本构模型

缩写	描述（另见第5章*）
E-	线弹性，常刚度 = 28d 的值
Et	线弹性，与龄期相关的刚度，见第5.1节
HME	假想弹性模量，见第5.2节
MCSS	应变-硬化塑性模型（莫尔-库仑），见第5.3.2节
NLE	非线弹性模型（Kotsovos 与 Newman, 1978），见第5.3.1节
VE 1	黏弹性开尔文徐变模型，与应力无关，见第5.6.2节
VE 2	黏弹性开尔文徐变模型，与应力相关，见第5.6.2节
VE 3	基于 Yin（1996）的黏弹性开尔文徐变模型，见第5.6.2节

注：*交叉引用是指原论文中的章节。

第2部分　隧道开挖运行的数值模型

运行	关键特点（另见第4章和第6章*）
H 系列	HEX 站台隧道的准确几何尺寸
H_Et_4	基本案例-线弹性，对于衬砌，采用与龄期相关的刚度；围岩模型4为应变-硬化塑性
H_E-_4	线弹性，与龄期无关的刚度
H_HME_4	假想弹性模量
H_MCSS_4	应变-硬化塑性模型（莫尔-库仑）
H_NLE_4	基于 Kotsovos 与 Newman（1978）的非线弹性模型
H_VE1_4	黏弹性开尔文徐变模型，与应力无关
H_VE2_4	黏弹性开尔文徐变模型，与应力相关
H_MC_4_JR	MCSS 模型，但在径向施工缝上强度折减50%
H_MC_4_JL	MCSS 模型，但在纵向施工缝上强度折减50%
H_MC_4_J	MCSS 模型，但在径向和纵向施工缝上强度折减50%
H_Et_4_A_0.5	基本案例，掘进进尺为0.5m
H_Et_4_A_2.0	基本案例，掘进进尺为2.0m
H_MC_4_A_2.0	H_MC_4，掘进进尺为2.0m

续上表

运行	关键特点（另见第 4 章和第 6 章*）
H_Et_4_X_6.0	基本案例，平均环向封闭距离为 6.0m
H_Et_4_X_8.0	基本案例，平均环向封闭距离为 8.0m
H_Et_0	围岩模型 0 = 线弹性
H_Et_1	围岩模型 1 = 线弹性理想塑性-软弱
H_Et_2	围岩模型 2 = 各向异性线弹性
H_Et_3	围岩模型 3 = 非线性各向异性弹性
H_HME_3	按照采用 HME 衬砌模型的 H_Et_3
H_Et_5	围岩模型 5 = 线弹性理想塑性-坚硬
H_Et_4_K_1.5	常数 $K_0 = 1.50$
H_Et_5_K_1.5	常数 $K_0 = 1.50$
N 系列	圆形隧道，其工作面面积与 HEX 站台隧道相等
N_Et_4	基本案例-参见 H_Et_4
N_E-_4	线弹性，与龄期无关的刚度
N_HME_4	假想弹性模量
N_MCSS_4	应变-硬化塑性模型（莫尔-库仑）
N_VE2_4	黏弹性开尔文徐变模型——与应力相关
N*系列	圆形隧道，其工作面面积与 HEX 广场隧道相等
	注意：K_0、掘进速度、掘进进尺和环向封闭距离与 H_Et_4 不同
N*_Et_4	基本案例，参见 H_Et_4
N*_E-_4	线弹性，与龄期无关的刚度
N*_HME_4	假想弹性模量
N*_MCSS_4	应变-硬化塑性模型（莫尔-库仑）
N*_VE1_4	黏弹性开尔文徐变模型，与应力无关
N*_VE3_4	黏弹性开尔文徐变模型，基于 Yin（1996）
N*_Et_4_S_1.2	基本案例，掘进速度为 1.2m/d
N*_Et_4_S_0.5	基本案例，掘进速度为 0.5m/d
N*_Et_4_X_4.5	基本案例，平均环向封闭距离为 4.5m
N*_Et_0	围岩模型 0 = 线弹性
N*_Et_1	围岩模型 1 = 线弹性理想塑性-软弱

续上表

运行	关键特点（另见第 4 章和第 6 章*）
N*_Et_2	围岩模型 2 = 各向异性线弹性
N*_Et_3	围岩模型 3 = 非线性各向异性弹性
N*_Et_5	围岩模型 5 = 线弹性理想塑性-坚硬
N*_Et_4_K	K_0 剖面图随深度变化

注：*交叉引用是指原论文中的章节。

第 3 部分 岩土模型❶

模型 0 线弹性各向同性模型

$C_u = 0.67 \times [50 + (8 \times 地表以下深度)]$（kPa）
（0.67 的系数是将室内试验的数值转化为岩体性质）
$E = 600 \times C_u$（kPa）
相当于偏应变为 0.1% 时的刚度
$\upsilon = 0.49$
$K = 100 \times G$（适用于不排水的情况）
来源：Mott MacDonald，1990。

模型 1 线弹性理想塑性各向同性模型

C_u、E、υ、K-按照模型 0，适用于不排水的情况
莫尔-库仑（特雷斯卡）屈服准则
塑性模型的拉伸极限、膨胀和摩擦都设为零

模型 2 线弹性横向各向异性模型

C_u-按照模型 0，适用于不排水的情况
$E_{vu} = 600 \times C_u$（垂直刚度）（kPa）
$E_{hu} = 1.6 \times E_{vu}$（水平面内的刚度）（kPa）
$G_{vh} = 0.433 \times E_{vu}$（kPa）
$\upsilon_{hh} = 0.20$
$\upsilon_{vh} = 0.48$［按照 Lee 与 Rowe（1989），适用于不排水的情况］
来源：Van der Berg，1999；Lee 与 Rowe，1989。

---

❶ 交叉引用是指原论文中的章节。

模型 3　非线弹性横向各向异性模型

C_u、E_{hu}/E_{vu}、G_{vh}/E_{vu}、υ_{hh}、υ_{vh}——按照模型 2，适用于不排水的情况

超固结比（OCR）随深度变化

若 $\varepsilon_{dev} < 1.0 \times 10^{-0.5}$，则

$G_{vh} = 0.828 \cdot (OCR)^{0.2} \cdot p' \cdot (0.00001^{-0.501})$（kPa）

若 $0.01 > \varepsilon_{dev} > 1.0 \times 10^{-0.5}$，则

$G_{vh} = 0.828 \cdot (OCR)^{0.2} \cdot p' \cdot \varepsilon_{dev}^{-0.501}$（kPa）

若 $0.01 < \varepsilon_{dev}$，则

$G_{vh} = (G_{vhmax})/25$（kPa）

对于加载、卸载和重新加载，应用 Masing 法则（图 2.33）。

来源：Dasari，1996。

模型 4　应变-硬化塑性各向同性模型

C_u、υ、K 按照模型 0（适用于不排水的情况）

$E = 1500 \times C_u$（kPa）

黏聚力 $= 0.01 \times C_u$（kPa）

由于 $K_0 \neq 1.0$，所以其最初增加至 $(\sigma_v - \sigma_h)/2$

黏聚力 $= C_u \times (1.0 - A/B)$（关于应变-硬化关系）（kPa）

$A = 0.99 \times \{1.0 - [(\sigma_v - \sigma_h)/2]/C_u\}$

$B = 1.0 + (190.0 \times \varepsilon_{dev})^2 + (145.0 \times \varepsilon_{dev})^{0.56}$

塑性模型应用的区域为地表至隧道轴线高程以下 22m，X 方向隧道中心线 22m 范围内，以及 Y 方向离隧道起点 64m 处（图 6.3）。在这个区域外，模型呈线弹性，具有一定刚度，$E = 1500 \times C_u$（kPa）。

来源：Pound，1999。

模型 5　线弹性理想塑性各向同性模型（高刚度）

依据模型 4，除了在塑性区，屈服准则基于 C_u 且屈服前特性为线弹性，$E = 1500 \times C_u$。

附录F　喷射混凝土的热-化-力本构模型

化学亲和势的定义为：

$$\frac{d\xi}{dt} = (1-\xi_0) \cdot \left(\frac{df_c/dt}{f_{c,\infty}}\right) = A_{(\xi)} \cdot e^{-E_A/RT_t} \tag{F.1}$$

$$A_{(\xi)} = a_A \cdot \frac{1 - e^{-b_A \cdot \xi}}{1 + c_A \cdot \zeta^{d_A}} \tag{F.2}$$

式中，ξ_0 为"逾渗阈值"，等于 0.05，或者按式(5.23)计算；$a_A = 5.98$；$b_A = 18.02$；$c_A = 85.89$；$d_A = 7.377$；$E_A/R = 4200$，其中 R 是通用气体常数，E_A 是水泥的活化能；f_c 为抗压强度；t 为时间。

下图所示为用式（5.21）预测的归一化亲和势的增长与水化程度的关系以及实测值。

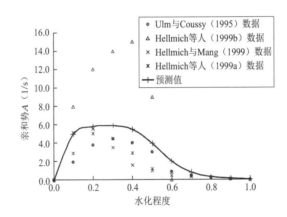

附录G 奥地利指南中的试验频率*

试验类型	试验	根据控制分级确定的最小频率			来源
		I	II	III	
早期强度	在早龄期（15min～24h）进行30针或锚杆试验	1/mth**	1/mth	1次/500m²	ÖBV
抗压强度	在龄期为7d和28d时钻取30个芯样（一般情况下）	1/5000m²和1/mth	1/2500m²和1/mth	1/250m²和2/mth	ÖBV
不透水性	ÖNORM B 3303（在28d时）	—	—	每2mth	ÖBV
抗冻性	ÖNORM B 3303（在56d时）	—	1	5000m²和每3mth	ÖBV
抗硫酸盐侵蚀	ÖBV（在28d时）	—	1	10000m²和每6mth	ÖBV
弹性模量	ÖNORM B 3303（在56d时）	—	1	10000m²和每6mth	ÖBV
骨料	级配曲线	1/mth	2/mth	4/mth	ÖBV
骨料	水分含量	—	持续地	持续地	ÖBV
水泥	比表面积、凝固、强度、需水量	—	每2mth	1/mth	ÖBV
特殊水泥	（根据特殊要求）				ÖBV
添加剂（如PFA）	比表面积				ÖBV
速凝剂	鉴定试验、对加固没有影响等	每2mth	每2mth	1/mth	ÖBV
干喷法配合比	组成	1/mth	2/mth	4/mth	ÖBV
干喷法配合比	含水率	1/mth	2/mth	4/mth	ÖBV
基础混凝土	抗压强度和强度折减	1	每2mth	每2mth	ÖBV

注：*这是对《ÖBV喷射混凝土指南》（1998）中表11/1和11/2的缩减复制。

**mth = 月。

参 考 文 献

ACI 209R (1992) "Prediction of Creep, Shrinkage and Temperature Effects in Concrete Structures", American Concrete Institute.

ACI 318-14 (2014) "Building Code Requirements for Structural Concrete and Commentary", American Concrete Institute.

ACI 506R-16 (2016) "Guide to Shotcrete", American Concrete Institute.

ACI 506.2 (2013) "Specification for Shotcrete", American Concrete Institute.

ACI-C660 (2002) "Certification for Shotcrete Nozzlemen", American Concrete Institute.

ACI 544.5R-10 (2010) "Report on the Physical Properties and Durability of Fiber Reinforced Concrete", American Concrete Institute.

ASTM C403M-06 (2006) "Standard Test Method for Time of Setting of Concrete Mixtures by Penetration Resistance", ASTM International.

Abler, P. (1992) "Einflusse auf das Verformungsverhalten von jungem Spritzbeton im Tunnelbau", Diplomarbeit, University of Innsbruck.

Abu-Krisha, A.A.M. (1998) "Numerical modelling of TBM tunnelling in consolidated clay", PhD Thesis, University of Innsbruck.

Addenbrooke, T.I. (1996) "Numerical analysis of tunnelling in stiff clay", PhD Thesis, Imperial College London.

AFTES (2013) "Design, dimensioning and execution of precast steel fibre reinforced concrete arch segments", recommendations of AFTES No.GT38R1A1, *Tunnels et espaces souterrain*, No.238, July/August 2013.

Aggistalis, G., Georganopoulos, C., Kazilis, N. & Game, R.C. (2004) "Problems and solutions in squeezing ground: Cases from Egnatia motorway tunnels", *Shotcrete: More Engineering Developments*, Bernard, E.S. (ed.), A. A. Balkema, Leiden, pp.1-13.

Aggoun, S. & Torrenti, J.-M. (1996) "Effect of heat on the mechanical behaviour of concrete linings for tunnel", *Concrete for Infrastructure and Utilities*, Dhir & Henderson (eds.), E & F N Spon, London, pp.161-170.

Aldrian, W. (1991) "Beitrag zum Materialverhalten von fruh belastetem Spritzbeton", Diplomarbeit, Montanuniversitat Leoben.

Aldrian, W. & Kattinger, A. (1997) "Monitoring of performance of primary support of NATM station at Heathrow Terminal 4", *Tunnels for People*, Hinkel, Golser & Schubert (eds.), Taylor & Francis, London, pp.71-77.

Alkhiami, H. (1995) "Ein Naherungsverfahren zur Abschatzung der Belastung einer Spritzbetonkalottenschale auf der Grundlage von in-situ-Messungen", PhD Thesis, Hannover University.

Annett, M., Earnshaw, G. & Leggett, M. (1997) "Permanent sprayed concrete tunnel linings at Heathrow Airport", *Tunnelling '97*, IMM, pp.517-534.

Ansell, A. (2004) "A finite element model for dynamic analysis of shotcrete on rock subjected to blast induced vibrations", *Shotcrete: More Engineering Developments*, Bernard, E.S. (ed.), A. A. Balkema, Leiden, pp.15-25.

Ansell, A. (2011) "Shrinkage cracking in sprayed concrete on soft drains in traffic tunnels", *6th International Symposium on Sprayed Concrete*, Tromso, pp.27-38.

Ansell, A., Bryne, L.E. & Holmgren, J. (2014) "Testing and evaluation of shrinkage cracking in sprayed concrete on soft drains", *7th International Symposium on Sprayed Concrete*, Sandefjord, pp.20-32.

Archibald, J.F. & Dirige, P.A. (2006) "Development of thin, spray-on liner and composite superliner area supports for damage mitigation in blastand rockburst-induced rock failure events", *Structures Under Shock and Impact IX, WIT Transactions on The Built Environment*, Vol.87, WIT Press, pp.237-246.

Arnold, J. & Neumann, C. (1995) "Umsetzung eines innovativen NOT-Konzeptes im Zuge eines "Know-how-Transfers"", *Felsbau*, Vol.13, No.6, pp.459-463.

Asche, H.R. & Bernard, E.S. (2004) "Shotcrete design and specification for the Cross City Tunnel, Sydney", *Shotcrete: More Engineering Developments*, Bernard (ed.), A. A. Balkema, Leiden, pp.27-38.

Atzwanger, R. (1999) "Die Sulfatbestandigkeit alkalifrei beschleunigter Spritzbetone", Diplomarbeit, University of Innsbruck.

Audsley, R.C., Favaloro, G. & Powell, D.B. (1999) "Design and implementation of the Heathrow Express Headshunt", *Tunnel Construction & Piling '99*, IMM, pp.382-398.

Austin, S.A. & Robins, P.J. (1995) *Sprayed Concrete: Properties, Design and Application*, Whittles Publishing, Latheronwheel.

Austin, S.A., Robins, P.J. & Goodier, C.I. (2000) "Construction and repair with wet-process sprayed concrete and mortar", *The Concrete Society Technical Report 56*.

Austin, S.A., Robins, P.J. & Peaston, C.H. (1998) "Effects of silica fume on dryprocess sprayed concrete", *Magazine of Concrete Research*, Vol.58, No.1, pp.25-36.

Aydan, O., Sezaki, M. & Kawamoto, T. (1992a) "Mechanical and numerical modelling of shotcrete", *Numerical Models in Geomechanics*, Pande & Pietruszczak (eds.), Taylor & Francis, London, pp.757-764.

Aydan, O., Sezaki, M., Kawata, T., Swoboda, G. & Moussa, A. (1992b) "Numerical modelling for the representation of shotcrete hardening and face advance of tunnels excavated by bench excavation method", *Numerical Models in Geomechanics*, Pande & Pietruszczak (eds.), Taylor & Francis, London, pp.707-716.

BASF (2012) *Sprayed Concrete for Ground Support*, BASF Construction Chemicals Europe Ltd, Zurich.

BS8110 Part 1 (1997) "Structural use of concrete-Code of practice for design and construction", British Standards Institution, London.

BS8110 Part 2 (1985) "Structural use of concrete-Code of practice for special circumstances", British Standards Institution, London.

BTS (2004) *Tunnel Lining Design Guide*, British Tunnelling Society, Thomas Telford, London.

BTS (2010) *Specification for Tunnelling*: *Third Edition*, British Tunnelling Society, Thomas Telford, London.

BTS (2011) *Monitoring Underground Construction*: *A Best Practice Guide*, British Tunnelling Society, Thomas Telford, London.

BTS/ABI (2003) *Joint Code of Practice for Risk Management of Tunnel Works in the UK*, British Tunnelling Society/Association of British Insurers, London.

Banton, C., Diederichs, M.S., Hutchinson, D.J. & Espley, S. (2004) "Mechanisms of shotcrete roof support", *Shotcrete*: *More Engineering Developments*, Bernard (ed.), A. A. Balkema, Leiden, pp.39-45.

Barratt, D.A., O'Reilly, M.P. & Temporal, J. (1994) "Long-term measurements of loads on tunnel linings in overconsolidated clay", *Tunnelling '94*, IMM, pp.469-481.

Barrett, S.V.L. & McCreath, D.R. (1995) "Shotcrete support design in blocky ground: Towards a deterministic approach", *Tunnelling and Underground Space Technology*, Vol.10, No.1, pp.79-89.

Barton, N. (2000) *TBM Tunnelling in Jointed and Faulted Rock*, Balkema, Rotterdam.

Barton, N., Lien, R. & Lunde J. (1975) "Estimation of support requirements for underground excavations", *ASCE Proceedings of 16th Symposium on Design Methods in Rock Mechanics*, Minnesota, MN, pp.163-177.

Basso Trujilllo, P. & Jolin, M. (2018) "Encapsulation quality of reinforcement: From laboratory tests to structural design guidelines", *8th International Symposium on Sprayed Concrete*, Trondheim, pp.54-68.

Beck, T. & Brusletto, K. (2018) "Sprayed concrete as avalanche securing of a road in the open day during freezing conditions", *8th International Symposium on Sprayed Concrete*, Trondheim, pp.69-77.

Bernard, E.S. (2004a) "Creep of cracked fibre reinforced shotcrete panels", *Shotcrete*: *More*

Engineering Developments, Bernard (ed.), A. A. Balkema, Leiden, pp.47-57.

Bernard, E.S. (2004b) "Durability of cracked fibre reinforced shotcrete panels", *Shotcrete: More Engineering Developments*, Bernard (ed.), A. A. Balkema, Leiden, pp.59-66.

Bernard, E.S. (2004c) "Design performance requirements for fibre-reinforced shotcrete using ASTM C-1550", *Shotcrete: More Engineering Developments*, Bernard (ed.), A. A. Balkema, Leiden, pp.66-80.

Bernard, E.S. (2009) "Design of fibre reinforced shotcrete linings with macro-synthetic fibres", *ECI Conference on Shotcrete for Underground Support XI*, Amberg & Garshol (eds.), Davos, Switzerland, 2009.

Bernard, E.S. (2010) "Influence of fiber type on creep deformation of cracked fiberreinforced shotcrete panels", *ACI Materials Journal*, Vol.107, pp. 474-480.

Bernard, E.S. (2014) "The use of macro-synthetic FRS for safe underground hard rock support", *Proceedings of the World Tunnel Congress 2014-Tunnels for a better Life*, Foz do Iguaçu, Brazil.

Bernard, E.S. (2016) "Enhancement of seismic resistance of reinforced concrete members using embossed macro-synthetic fibers", *Proceedings of the World Tunnel Congress 2016*, San Francisco, USA.

Bernard, E.S. & Clements, M.J.K. (2001) "The influence of curing on the performance of fibre reinforced shotcrete panels", *Engineering Developments in Shotcrete*, Bernard, E.S. (ed.), Swets & Zeitlinger, Lisse, pp.59-63.

Bernard, E.S., Clements, M.J.K., Duffield, S.B. & Morgan, D.R. (2014) "Development of macro-synthetic fibre reinforced shotcrete in Australia", *7th International Symposium on Sprayed Concrete*, Sandefjord, pp.67-75.

Bertsch, A. (1992) "Qualitätsbeeinflussung von Spritzbeton durch Druckluftbeaufschlagung", Diplomarbeit, University of Innsbruck.

Bertuzzi, R. & Pells, P.J.N. (2002) "Design of rock bolt and shotcrete support of tunnel roofs in Sydney sandstone", *Australian Geomechanics*, Vol.37, No.3, pp.81-90.

Berwanger, W. (1986) "Dreidimensionale Berechnung von tiefliegenden Felstunneln unter Berucksichtigung des rheologischen Verhaltens von Spritzbeton und des Bauverfahrens", Forschungsergebnisse aus dem Tunnelund Kavernenbau, University of Hannover, Vol.10.

Bezard, D. & Otten, G. (2018) "Metakaolin as a binder for free lime in sprayed concrete", *8th International Symposium on Sprayed Concrete*, Trondheim, pp.78-83.

Bhewa, Y., Rougelot, T., Zghondi, J. & Burlion, N. (2018) "Instant and delayed mechanical behaviour of sprayed concrete used on Andra's URL", *8th International Symposium on Sprayed Concrete*, Trondheim, pp.84-96.

Bieniawski, Z.T. (1984) *Rockmechanics Design in Mining and Tunneling*, Balkema, Rotterdam.

Bjontegaard, O. & Myren, S.A. (2011) "Fibre reinforced sprayed concrete panel tests: Main results from a methodology study performed by the Norwegian Sprayed Concrete Committee", *6th International Symposium on Sprayed Concrete*, Tromso, pp.46-61.

Bjontegaard, O., Myren, S.A. & Beck, T. (2018) "Quality control of fibre reinforced sprayed concrete: Norwegian requirements and experiences from laboratory studies and tunnel projects", *8th International Symposium on Sprayed Concrete*, Trondheim, pp.97-107.

Bjontegaard, O., Myren, S.A., Klemestrud, K., Kompen, R. & Beck, T. (2014) "Fibre reinforced sprayed concrete (FRSC): Energy absorption capacity from 2 days age to one year", *7th International Symposium on Sprayed Concrete*, Sandefjord, pp.88-97.

Blasen, A. (1998) "Bestimmung von Porositätskennwerten am Spritzbeton und deren Einfluss auf betontechnologische Parameter", Diplomarbeit, University of Innsbruck.

Bloodworth, A. & Su, J. (2018) "Numerical analysis and capacity evaluation of composite sprayed concrete lined tunnels", *Underground Space*, Vol.3, No.2, June 2018, pp.87-108.

Bolton, A. (1999) "Mont Blanc: The Aftermath", *New Civil Engineer*, 15 April 1999, pp.18-20.

Bolton, A. & Jones, M. (1999) "Second road tunnel tragedy heightens safety fears", *New Civil Engineer*, 3 June 1999, pp. 3.

Bolton, M.D., Dasari, G.R. & Rawlings, C.G. (1996) "Numerical modelling of a NATM tunnel construction in London Clay", *Geotechnical Aspects of Underground Construction in Soft Ground*, Mair & Taylor (eds.), Taylor & Francis, London, pp.491-496.

Bonapace, P. (1997) "Evaluation of stress measurements in NATM tunnels at the Jubilee Line Extension Project", *Tunnels for People*, Hinkel, Golser & Schubert (eds.), Taylor & Francis, London, pp.325-330.

Boniface, A. & Morgan, D.R. (2009) "Durability and curing of shotcrete", *ITA/SAIMM/SANCOT "Shotcrete for Africa" Conference*, Johannesburg, 2-3 March 2009.

Bonin, K. (2012) "Abdichtung mit spritzbeton in einschaliger bauweise", Spritzbeton-Tagung, 2012.

Brite Euram C1 (1997) "Sub Task C1: Development of time-dependent mathematical model", BRE-CT92-0231, Institute of Mechanics of Materials and Geostructures.

Brite Euram C2 (1997) "Sub Task C2: Collapse limit-state model", BRE-CT92-0231, Imperial College London.

Brite Euram D1 (1997) "Sub-Task D1: Structural design guidelines", BRE-CT92-0231 (MM ref: 06460/D01/A), Mott MacDonald Ltd.

Brite Euram (1998) "New materials, design and construction techniques for underground structures in soft rock and clay media", BRE-CT92-0231 Final Technical Report, Mott MacDonald Ltd.

Brooks, J. (1999) "Shotcrete for ground support as used in the Asia Pacific region", *Rapid Excavation and Tunnelling Conference Proceedings 1999*, Orlando, FL, pp.473-524.

Bryne, L.E., Ansell, A. & Holmgren, J. (2014) "Early age bond strength between hard rock and hardening sprayed concrete", *7th International Symposium on Sprayed Concrete*, Sandefjord, pp.112-123.

Bryne, L.E., Holmgren, J. & Ansell, A. (2011) "Experimental investigation of the bond strength between rock and hardening sprayed concrete", *6th International Symposium on Sprayed Concrete*, Tromso, pp.77-88.

Burd, H.J., Houlsby, G.T., Augarde, C.E. & Liu, G. (2000) "Modelling tunnellinginduced settlement of masonry buildings", *Proceedings Institution of Civil Engineers*, Civil Engineering, Vol.143, January, pp.17-29.

Burland, J.B., Standing, J.R., & Jardine, F.M. (2001) *Building Response to Tunnelling. Case Studies from the Jubilee Line Extension, London*, CIRIA/Thomas Telford, London.

Byfors, J. (1980) *Plain Concrete at Early Ages*, Research Report, Swedish Cement & Concrete Research Institute, Dept. of Building, Royal Institute of Technology, Stockholm.

Celestino, T.B. (2005) "Shotcrete and waterproofing for operational tunnels", *Proceedings of ITA Workshop on Waterproofing*, Sao Paulo, 2005, www.ita-aites.org.

Celestino, T.B., Bortolucci, A.A., Re, G. & Ferreira, A.A. (1999) "Diametral compression tests for the determination of shotcrete anisotropic elastic constants", *Shotcrete for Underground VIII*, Sao Paulo.

Cervera, M., Oliver, J. & Prato, T. (1999a) "Thermo-chemo-mechanical model for concrete. II: Hydration and aging", *ASCE Journal of Engineering Mechanics*, ASCE, Vol.125, No.9, pp.1018-1027.

Cervera, M., Oliver, J. & Prato, T. (1999b) "Thermo-chemo-mechanical model for concrete. II: Damage and creep", *ASCE Journal of Engineering Mechanics*, ASCE, Vol.125, No.9, pp.1028-1039.

Chang, Y. (1994) "Tunnel support with shotcrete in weak rock a rock mechanics study", PhD Thesis, Royal Institute of Technology, Stockholm.

Chang, Y. & Stille, H. (1993) "Influence of early-age properties of shotcrete on tunnel construction sequences", *Shotcrete for Underground Support VI*, American Society of Civil Engineers, Reston, pp.110-117.

Chapman, D.N., Nicole Metje, N. & Stark, A. (2017) *Introduction to Tunnel Construction*, CRC Press, Boca Raton, FL.

Chen, W.F. (1982) *Plasticity in Reinforced Concrete*, McGraw-Hill, Inc., New York.

Chen, W.-P.N. & Vincent, F. (2011) "Single-shell synthetic fiber shotcrete lining for SLAC tunnels", *Rapid Excavation and Tunneling Conference Proceedings 2011*, San Francisco, CA, pp.1336-1355.

Choi, S., Thienel, K.-C. & Shah, S.P. (1996) "Strain softening of concrete in compression under different end conditions", *Magazine of Concrete Research*, Vol.48, No.175, pp.103-115.

Clayton, C.R.I., Hope, V.S., Heyman, G., van der Berg, J.P. & Bica, A.V.D. (2000) "Instrumentation for monitoring sprayed concrete lined soft ground tunnels", *Proceedings Institution of Civil Engineers, Geotechnical Engineering*, Vol.143, pp.119-130.

Clayton, C.R.I., van der Berg, J.P., Heyman, G., Bica, A.V.D. & Hope, V.S. (2002) "The performance of pressure cells for sprayed concrete tunnel linings", *Geotechnique*, Vol.52, No.2, pp.107-115.

Clayton, C.R.I., van der Berg, J.P. & Thomas, A.H. (2006) "Monitoring and displacements at Heathrow Express Terminal 4 station tunnels", *Geotechnique*, Vol.56, No.5, pp.323-334.

Clements, M.J.K. (2004) "Comparison of methods for early age strength testing of shotcrete", *Shotcrete: More Engineering Developments*, Bernard (ed.), A. A. Balkema, Leiden, pp.81-87.

Clements, M.J.K., Jenkins, P.A. & Malmgren, L. (2004) "Hydro-scaling-An overview of a young technology", *Shotcrete: More Engineering Developments*, Bernard (ed.), A. A. Balkema, Leiden, pp.89-96.

CLRL (2014) "Best Practice Guide SCL Exclusion Zone Management (Crossrail)", CRL1-XRL-C-GUI-CR001-50001, www.britishtunnelling.org.uk.

Collis, A. & Mueller, A.M.O. (2004) "Recommendations for future developments in shotcrete: A contractor's perspective", *Shotcrete: More Engineering Developments*, Bernard (ed.), A. A. Balkema, Leiden, pp.97-101.

Concrete Society (1988) "Permeability testing of site concrete: A review of methods and experience", *Technical Report 31*, The Concrete Society.

Cornejo-Malm, G. (1995) "Schwinden von Spritzbeton", *Internal Report*, ETH Zurich.

Cosciotti, L., Lembo-Fazio, A., Boldini, D. & Graziani, A. (2001) "Simplified behavior models of tunnel faces supported by shotcrete and bolts", *Proceedings of the International Conference on Modern Tunneling Science and Technology (IS-Kyoto 2001)*, T. Adachi, K. Tateyama, & M. Kimura (eds.), Kyoto, Vol.1, pp.407-412.

Crehan, D., Eide, S. & Vlietstra, D. (2018) "Sustainability and the responsible disposal of contaminated waste", *8th International Symposium on Sprayed Concrete*, Trondheim, pp.108-115.

Curtis, D.J. (1976) "Discussions on Muir-Wood, The circular tunnel in elastic ground", *Geotechnique*, Vol.26, No.1, pp.231-237.

DBV (1992) "Design basis for steel fibre reinforced concrete in tunnel construction", Code of Practice, Deutscher Beton Verein.

DIN 1045 (1988) "Structural use of concrete. Design and construction", Deutsches Institut für Normung, e.V.

DIN 1048 (1991) "Testing concrete", Deutsches Institut für Normung, e.V.

DIN 18551 (1992) "Sprayed concrete: Production and inspection", Deutsches Institut für Normung, e.V.

D'Aloia & Clement (1999) "Meeting compressive strength requirements at early age by using numerical tools determination of apparent activation energy of concrete", *Modern Concrete Materials*: *Binders*, *Additions and Admixtures*, Dhir & Dyer (eds.), Thomas Telford, London, pp.637-652.

Darby, A. & Leggett, M. (1997) "Use of shotcrete as the permanent lining of tunnels in soft ground", Mott MacDonald Milne Award submission (unpublished).

Dasari, G.R. (1996) "Modelling the variation of soil stiffness during sequential construction", PhD Thesis, University of Cambridge.

Davik, K. & Markey, I. (1997) "Durability of sprayed concrete in Norwegian road tunnels", *Tunnelling '97*, IMM, pp.251-261.

Deane, A.P. & Bassett, R.H. (1995) "The Heathrow Express trial tunnel", *Proceedings Institution of Civil Engineers*, *Geotechnical Engineering*, Vol.113, pp.144-156.

De Battista, N., Elshafie, M., Soga, K., Williamson, M., Hazelden, G. & Hsu, Y.S. (2015) "Strain monitoring using embedded distributed fibre optic sensors in a sprayed concrete tunnel lining during the excavation of cross-passages", *Proceedings of the 7th International Conference on Structural Health Monitoring of Intelligent Infrastructure*, International Society for Structural Health Monitoring of Intelligent Infrastructure, Winnipeg.

Denney, J.M. & Hagan, P.C. (2004) "A study on the effect of changes in fibre type and dosage rate on Fibre Reinforced Shotcrete performance", *Shotcrete*: *More Engineering Developments*, Bernard (ed.), A. A. Balkema, Leiden, pp.103-108.

Diederichs, M.S. & Kaiser P.K. (1999) "Stability guidelines for excavations in laminated ground the voussoir analogue revisited", *International Journal of Rock Mechanics and Mining Sciences*, Vol.36, pp.97-118.

Dimmock, R. (2011) "SCL in the UK", *Tunnelling Journal*, December 2010/January 2011, pp.20-23.

Ding, Y. (1998) "Technologische Eigenschaften von jungem Stahlfaserbeton und Stahlfaserspritzbeton", PhD Thesis, University of Innsbruck.

DiNoia, T.P. & Rieder, K.-A. (2004) "Toughness of fibre-reinforced shotcrete as a function of time, strength development and fiber type according to ASTM C1550-02", *Shotcrete*: *More Engineering Developments*, Bernard (ed.), A. A. Balkema, Leiden, pp.127-135.

DiNoia, T.P. & Sandberg, P.J. (2004) "Alkali-free shotcrete accelerator interactions with cement and admixtures", *Shotcrete*: *More Engineering Developments*, Bernard (ed.), A. A. Balkema, Leiden, pp.137-144.

EFNARC (1996) "European Specification for Sprayed Concrete", European Federation of Producers and Applicators of Specialist Products for Structures. www.efnarc.org.

EFNARC (1999) "Execution of spraying", European Federation of Producers and Applicators of Specialist Products for Structures. www.efnarc.org.

EFNARC (2002) "European specification for sprayed concrete", European Federation of Producers and Applicators of Specialist Products for Structures. www.efnarc.org.

EN 14487 (2006) "Sprayed concrete", British Standards Institution, London.

EN 14488 (2006) "Testing Sprayed Concrete", British Standards Institution, London.

EN 14889-1 (2006) "Fibres for concrete Part 1: Steel fibres Definitions, specifications and conformity", British Standards Institution, London.

EN 14889-2 (2006) "Fibres for concrete Part 2: Polymer fibres-Definitions, specifications and conformity", British Standards Institution, London.

EN 206-1 (2000) "Concrete. Specification, Performance, Production and Conformity", British Standards Institution, London.

Eberhardsteiner, J., Meschke, G. & Mang, H.A. (1987) "Comparison of constitutive models for triaxially loaded concrete", *Proceedings of the IABSE Colloquium on Computational Mechanics of Concrete Structures in Delft*, IABSE, Zurich, pp.197-208.

Eierle, B. & Schikora, K. (1999) "Computational modelling of concrete at early ages", *Diana World*, Vol.2, pp.99.

Eichler, K. (1994) "Umweltfreundlicher Spritzbeton: Environmentally friendly shotcrete", *Tunnel*, Vol.1, No.94, pp.33-37.

Einstein, H.H. & Schwartz, C.W. (1979) "Simplified analysis for tunnel supports", *ASCE Journal of Geotechnical Engineers Division*, Vol.105 GT4, pp.499-518.

Ellison, T.P., Franzen, T. & Karlsson, B.I. (2002) "Shotcrete use in Southern Link tunnel and some current shotcrete research in Sweden", *Spritzbeton Technologie 2002*, Alpbach, pp.57-65.

England, G.L. & Illston, J.M. (1965) "Methods of computing stress in concrete from a history of measured strain parts 1, 2 & 3", *Civil Engineering and Public Works Review*, Issues April (pp.513-517), May (pp.692-694) & June (pp.846-847).

Eurocode 2 (2004) EN 1992-1-1: 2004 "Design of concrete structures—Part 1-1: General rules and rules for buildings", British Standards Institution, London.

Eurocode 7 (2004) EN 1997-1: 2004 "Geotechnical design—Part 1: General rules", British Standards Institution, London.

Everton, S. (1998) "Under observation", *Ground Engineering*, May, pp.26-29.

Feenstra, P.H. & de Borst, R. (1993) "Aspects of robust computational models for plain and reinforced concrete", *Heron*, Vol.48, No.4, pp.5-73.

fib (2010) "Model Code 2010", CEB-FIP, Lausanne, Switzerland.

Fischer, M. & Hofmann, M. (2015) "Reinforced shotcrete with bar diameters up to 32 mm",

Crossrail Learning Legacy, https://learninglegacy.crossrail.co.uk/.

Fischnaller, G. (1992) "Untersuchungen zum Verformungsverhalten von jungem Sprtizbeton im Tunnelbau: Grundlagen und Versuche", Diplomarbeit, University of Innsbruck.

Franzen, T. (2005) "Waterproofing of tunnels in rock", *Proceedings of ITA Workshop on Waterproofing*, Sao Paulo 2005, www.ita-aites.org.

Franzen, T., Garshol, K.F. & Tomisawa, N. (2001) "Sprayed concrete for final linings: ITA working group report", *Tunnelling and Underground Space Technology*, Vol.16, pp.295-309.

Galan, I., Thumann, M., Briendl, L., Rock, R., Steindl, F., Juhart, J., Mittermayr, F. & Kusterle, W. (2018) "From lab scale spraying to real scale shotcreting and back to the lab", *8th International Symposium on Sprayed Concrete*, Trondheim, pp.129-143.

Galobardes, I., Cavalaro, S.H., Aguado, A., Garcia, T. & Rueda, A. (2014) "Correlation between the compressive strength and the modulus of elasticity of sprayed concrete", *7th International Symposium on Sprayed Concrete*, Sandefjord, pp.148-160.

Garshol, K.F. (2002) "Admixtures and other factors influencing durability of sprayed concrete", *4th International Symposium on Sprayed Concrete*, Sandefjord, pp.123-129.

Gebauer, B. (1990) "The single permanent shotcrete lining method for the construction of galleries and traffic tunnels-the result of practice-oriented research and application", *Proceedings of the 3rd Conference on Shotcrete Technology*, lnnsbruck-Igls: Institut für Baustofflehre und Materialprüfung, Universität Innsbruck, pp.41-58.

Geoguide 4 (1992) *"Guide to Cavern Engineering"*, Geotechnical Engineering Office, Civil Engineering Department, Hong Kong.

Gerstle, K.H. (1981) "Simple formulation of biaxial concrete behaviour", *American Concrete Institute Journal*, Vol.78, No.1, pp.62-68.

Gibson, A. & Bernard, E.S. (2011) "The early-age strength evaluation for FRS using embedded UPV measurement", *6th International Symposium on Sprayed Concrete*, Tromso, pp.151-160.

Goit, C.S., Kovács, A. & Thomas, A.H. (2011) "Advanced numerical modelling in tunnel design-the example of a major project in the UK", *2nd International FLAC/DEM Symposium*, 14-16 February 2011, Melbourne, Australia, pp.117-126.

Golser, J. (1999) "Behaviour of early-age shotcrete", *Shotcrete for Underground VIII*, Sao Paulo.

Golser, J. & Kienberger, G. (1997) "Permanente Tunnelauskleidung in Spritzbeton Beanspruchung und Sicherheitsfragen", *Felsbau*, No.6, pp. 416-421.

Golser, J., Schubert, P. & Rabensteiner, K. (1989) "A new concept for evaluation of loading in shotcrete linings", *Proceedings of International Congress on Progress and Innovation in Tunnelling*, Lo, K.Y. (ed.), Tunnelling Association of Canada, Toronto, pp.79-85.

Goransson, E., Loncaric, A.J. & Singh, U. (2014) "Robotic shotcrete operator training in

Australia", *7th International Symposium on Sprayed Concrete*, Sandefjord, pp.185-197.

Greman, A. (2000) "AlpTransit's first major excavations", *Tunnels & Tunnelling International*, October 2000, pp.22-35.

Grimstad, E. (1999) "Experiences from excavation under high rock stress in the 24,5km long Laerdal Tunnel", *International Congress on Rock Engineering Techniques for Site Characterisation*, Bangalore, India, pp.135-146.

Grimstad, E. & Barton, N. (1993) "Updating the Q-system for NMT", *Proceedings of the International Symposium on Sprayed Concrete*, Norwegian Concrete Association, Oslo, pp.46-66.

Grose, W.J. & Eddie, C.M. (1996) "Geotechnical aspects of the construction of the Heathrow Transfer Baggage System tunnel", *Geotechnical Aspects of Underground Construction in Soft Ground*, Mair & Taylor (eds.), Taylor & Francis, London, pp.269-276.

Grov, E. (2011) "Sprayed concrete as an integrated part of Norwegian tunnelling including some international examples", *6th International Symposium on Sprayed Concrete*, Tromso, pp.8-26.

Guilloux, A., le Bissonnais, H., Robert, J. & Bernardet, A. (1998) "Influence of the K0 coefficient on the design of tunnels in hard soils", *Tunnels and Metropolises*, Negro Jr & Ferreira (eds.), Taylor & Francis, London, pp.387-392.

Gunn, M.J. (1993) "The prediction of surface settlement profiles due to tunnelling", *Predictive Soil Mechanics*, Thomas Telford, London.

HA (2006) "Volume 1 Specification for Highway Works", Highways Agency, Manual of Contract Documents for Highway Works, HMSO, Norwich, UK.

HSE (1996) *Safety of New Austrian Tunnelling Method (NATM) Tunnels*, Health & Safety Executive, HMSO, Norwich, UK.

HSE (2000) *The Collapse of NATM Tunnels at Heathrow Airport*, HSE Books, HMSO, Norwich, UK.

Hafez, N.M. (1995) "Post-failure modelling of three-dimensional shotcrete lining for tunnelling", PhD thesis, University of Innsbruck.

Hagelia, P. (2018) "Durability of sprayed concrete for rock support: A tale from the tunnels", *8th International Symposium on Sprayed Concrete*, Trondheim, pp.172-187.

Han, N. (1995) "Creep of high strength concrete", *Progress in Concrete Research*, Vol.4, pp.107-118.

Hannant, D.J., Branch, J. & Mulheron, M. (1999) "Equipment for tensile testing of fresh concrete", *Magazine of Concrete Research*, Vol.51, No.4 August, pp.263-267.

Hashash, Y.M.A., Hook, J.J., Schmidt, B. & Yao, J.I.-C. (2001) "Seismic design and analysis of underground structures", *Tunnelling and Underground Space Technology*, No.16, 2001, pp.247-293.

Hauck, C. (2014) "Field experiences from two Large Tunnel Projects in Norway", *7th International Symposium on Sprayed Concrete*, Sandefjord, pp.198-207.

Hauck, C., Bathen, L. & Mathisen, A.E. (2011) "The effect of air entraining admixture on sprayed concrete freshand hardened properties", *6th International Symposium on Sprayed Concrete*, Tromso, pp.190-202.

Hauck, C., Mathisen, A.E. & Grimstad, E. (2004) "Macro-synthetic fibre reinforced shotcrete in a Norwegian road tunnel", *Shotcrete: More Engineering Developments*, Bernard (ed.), A. A. Balkema, Leiden, pp.161-168.

Haugeneder, E., Mang, H., Chen, Z.S., Heinrich, R., Hofstetter, G., Li, Z.K., Mehl, M. & Torzicky, P., (1990) "3D Berechnungen von Tunnelschalen aus Stahlbeton", *Strassenforschung Heft 382*, Vienna.

Hawley, J. & Pottler, R. (1991) "The Channel Tunnel: Numerical models used for design of the United Kingdom undersea crossover", *Tunnelling 91*, IMM, 1991.

Hefti, R. (1988) "Einfluss der Nachbehandlung auf die Spritzbetonqualität", Research report from ETH Zurich.

Hellmich, C. & Mang, H.A. (1999) "Influence of the dilatation of soil and shotcrete on the load bearing behaviour of NATM-tunnels", *Felsbau*, Vol.17, No.1, pp.35-43.

Hellmich, C., Mang, H.A., Schon, E. & Friedle, R. (1999a) "Materialmodellierung von Spritzbeton-vom Experiment zum konstitutiven Gesetz", Report of internal seminar, TU Wien.

Hellmich, C., Ulm, F.-J. & Mang, H.A. (1999b) "Multisurface chemoplasticity. I: Material model for shotcrete", *ASCE Journal of Engineering Mechanics*, Vol.125, No.6, pp.692-701.

Hellmich, C., Ulm, F.-J. & Mang, H.A. (1999c) "Multisurface chemoplasticity. II: Numerical studies on NATM tunneling", *ASCE Journal of Engineering Mechanics*, Vol.125, No.6, pp.702-713.

Hellmich, C., Sercombe, J., Ulm, F.-J. & Mang, H. (2000) "Modeling of early-age creep of shotcrete. II: Application to Tunneling", *ASCE Journal of Engineering Mechanics*, Vol.126, No.3, pp.292-299.

Hendron, A.J., Jr & Fernandez, G. (1983) "Dynamic and static design considerations for underground chambers", *Seismic Design of Embankments and Caverns*, ASCE, New York, pp.157-197.

Henke, A. & Fabbri, D. (2004) "The Gotthard base tunnel: Project overview", *Proceedings of 7th International Symposium on Tunnel Construction and Underground Structures*, DzPiGK/University of Ljubljana, Ljubljana, Slovenia, pp.107-116.

Hilar, M. & Thomas, A.H. (2005) "Tunnels construction under the Heathrow airport", *Tunnel*, Vol.3, 2005, pp.17-23.

Hilar, M., Thomas, A.H. & Falkner, L. (2005) "The latest innovation in sprayed concrete lining-the Lasershell Method", *Tunnel*, Vol.4, 2005, pp.11-19.

Hirschbock, U. (1997) "2D FE Untersuchungen zur Neuen Österreichischen Tunnelbaumethode",

Diplomarbeit, TU Wien.

Hoek, E. & Brown, E.T. (1980) *Underground Excavations in Rock*, Institution of Mining and Metallurgy, London.

Hoek, E., Kaiser, P.K. & Bawden, W.F. (1998) *Support of Underground Excavations in Hard Rock*, Balkema, Rotterdam.

Hoek, E. & Marinos, P. (2000) "Deformation: Estimating rock mass strength", *Tunnels & Tunnelling International*, November 2000, pp.45-51.

Hofstetter, G., Oettl, G. & Stark, R. (1999) "Development of a three-phase soil model for the simulation of tunnelling under compressed air", *Felsbau*, Vol.17, No.1, pp.26-31.

Holmgren, J.B. (2004) "Experiences from shotcrete works in Swedish hard rock tunnels", *Shotcrete: More Engineering Developments*, Bernard (ed.), A. A. Balkema, Leiden, pp.169-173.

Holter, K.-G. (2015a) "Properties of waterproof sprayed concrete tunnel linings. A study of EVA-based sprayed membranes for waterproofing of rail and road tunnels in hard rock and cold climate", PhD Thesis, Norwegian University of Science & Technology.

Holter, K.-G. (2015b) "Performance of EVA-based membranes for SCL in hard rock", *Rock Mechanics and Rock Engineering*, April 2016, Vol.49, No.4, pp.1329-1358.

Holter, K.-G. & Geving, S. (2016) "Moisture transport through sprayed concrete tunnel linings", *Rock Mechanics and Rock Engineering*, January 2016, Vol.49, No.1, pp.243-272.

Hrstka, O., Cerny, R. & Rovnanikova, P. (1999) "Hygrothermal stress induced problems in large scale sprayed concrete structures", *Specialist Techniques & Materials for Concrete Construction*, Dhir & Henderson (eds.), Thomas Telford, London, pp.103-109.

Huang, Z. (1991) "Beanspruchungen des Tunnelbaus bei zeitabhängigem Materialverhalten von Beton und Gebirge", Inst. Für Statik Report No.91 68, TU Braunschweig.

Huber, H.G. (1991) "Untersuchungen zum Verformungsverhalten von jungem Spritzbeton im Tunnelbau", Diplomarbeit, University of Innsbruck.

Hughes, T.G. (1996) "Flat Jack Investigation of Heathrow Terminal 4 Concourse Tunnel", Report for the University of Surrey by University of Wales, Cardiff.

ICE (1996) *Sprayed Concrete Linings (NATM) for Tunnels in Soft Ground*, Institution of Civil Engineers design and practice guides, Thomas Telford, London.

ITA (1991) "Water leakages in subsurface facilities: Required watertightness, contractual methods and methods of redevelopment", *Tunnelling and Underground Space Technology*, Hauck, A. (ed.), Vol.6, No.3, pp.273-282.

ITA (1993) "Shotcrete for rock support: A summary report on the state of the art in 15 countries", Malmberg, B. (ed.), *Tunnelling and Underground Space Technology*, Vol.8, No.4, pp.441-470.

ITA (2004) "Guidelines for Structural Fire Resistance for Road Tunnels", Report of Working Group

6 Maintenance and Repair, www.ita-aites.org.

ITA (2006) "Shotcrete for rock support: A summary report on state-of-the-art", Report of Working Group 12-Shotcrete Use, www.ita-aites.org.

ITA (2008) "Guidelines for good occupational health and safety practice in tunnel construction", Report of Working Group 5-Health and Safety in Works, www.ita-aites.org.

ITA (2010) "Shotcrete for rock support: A summary report on state-of-the-art", Report of Working Group 12-Sprayed Concrete Use, www.ita-aites.org.

ITA (2017) "Structural fire protection for road tunnels", Report of Working Group 6-Maintenance and Repair, www.ita-aites.org.

ITAtech (2013) "Design guideline for spray applied waterproofing membranes", ITAtech Report No.2-April 2013, ISBN: 978-2-9700858-1-2.

ITAtech (2016) "ITAtech guidance for precast fibre reinforced concrete segments-vol.1: Design aspects", ITAtech Report No.7-April 2016, ISBN: 978-2-9701013-2-1.

ITC (2006) "Mucking Tunnel Taglesberg", *ITC SA News* 30, 2006, http://www. itcsa.com/images/ Stories/pdf/News_30_Taglesberg_AN.pdf.

Jager, J. (2016) "Structural design of composite shell linings", *Proceedings of the World Tunnel Congress 2016*, San Francisco, CA.

Jaeger, J.C. & Cook, N.G.W. (1979) *Fundamentals of Rock Mechanics*, Chapman and Hall, London.

Jahn, M. (2011) "Sprayed concrete application directly onto polymer waterproofing membranes: Example of Lungern Bypass (Switzerland)", *6th International Symposium on Sprayed Concrete*, Tromso, pp.203-211.

John, M. (1978) "Design of the Arlberg expressway tunnel and the Pfandertunnel", *Shotcrete For Underground Support III*, ASCE, St. Anton am Arlberg, Austria, 1978, pp.27-43.

John, M. & Mattle, B. (2003) "Factors of shotcrete lining design", *Tunnels & Tunnelling International*, October 2003, pp.42-44.

Jolin, M., Bolduc, L.-S., Bissonnette, B. & Power, P. (2011) "Long-term durability of sprayed concrete", *6th International Symposium on Sprayed Concrete*, Tromso, pp.212-225.

Jolin, M., Gagnon, F. & Beaupré, D. (2004) "Determination of criteria for the acceptance of shotcrete for certification", *Shotcrete: More Engineering Developments*, Bernard (ed.), A. A. Balkema, Leiden, pp.175-181.

Jones, B.D. (2005) "Measurements of ground pressure on sprayed concrete tunnel linngs using radial pressure cells", *Underground Construction 2005*, Brintex, London.

Jones, B.D. (2007) "Stresses in sprayed concrete tunnel junctions", EngD Thesis, University of Southampton.

Jones, B.D. (2018) "A 20 year history of stress and strain in a shotcrete primary lining", *8th International*

Symposium on Sprayed Concrete, Trondheim, pp.206-222.

Jones, B.D., Li, S. & Ahuja, V. (2014) "Early strength monitoring of shotcrete using thermal imaging", *7th International Symposium on Sprayed Concrete*, Sandefjord, pp.245-254.

Jones, B.D., Staerk, A. & Thomas, A.H. (2005) "The importance of stress measurement in a holistic sprayed concrete tunnel design process", *Conference on Tunnelling for a sustainable Europe in Chambery*, L'Association Française des Travaux en Souterrain (AFTES), Paris, pp.433-440.

Jung, H.-I., Pillai, A., Wilson, C., Clement, F. & Traldi, D. (2017a) "Sprayed concrete composite shell lining-Part 1", *Tunnelling Journal*, September 2017, pp.18-27.

Jung, H.-I., Pillai, A., Wilson, C., Clement, F. & Traldi, D. (2017b) "Sprayed concrete composite shell lining-Part 2", *Tunnelling Journal*, October/November 2017, pp.33-39.

Kaiser, P.K. & Cai, M. (2012) "Design of rock support system under rockburst condition", *Journal of Rock Mechanics and Geotechnical Engineering*. 2012, Vol.4, No.3, pp.215-227.

Kammerer, G. & Semprich, S. (1999) "The prediction of the air loss in tunnelling under compressed air", *Felsbau*, Vol.17, No.1, pp.32-35.

Kaufmann, J., Bader, R. & Manser, M. (2012) "Untersuchungen zum Biege-Kriechverhalten von Faserbeton mit Makro-Synthetischen Bikomponentenfasern", *Spritzbeton-Tagung*, 2012.

Kaufmann, J. & Frech, K. (2011) "Rebound of plastic fibers in sprayed concrete applications", *6th International Symposium on Sprayed Concrete*, Tromso, pp.232-241.

Kaufmann, J. & Manser, M. (2013) "Durability performance of bi-component polymer fibres under creep and in aggressive environments", *Ground Support 2013*, Brady & Potvin (eds.), Perth, Australia, pp.585-596.

Kaufmann, J., Loser, R., Winnefeld, F. & Leemann, A. (2018) "Sulfate resistance and phase composition of modern shotcrete", *World Tunnel Congress 2018*, Dubai.

Kavanagh, T. & Haig, B. (2012) "Small scale SCL projects: Trials and Tribulations", *Tunnelling Journal*, February/March 2012, pp.30-32.

Kimmance, J.P. & Allen, R. (1996) "NATM and compensation grouting trial at Redcross Way", *Geotechnical Aspects of Underground Construction in Soft Ground*, Mair & Taylor (eds.), Taylor & Francis, London, pp.385-390.

King, M., St. John, A., Brown, D. & Comins, J. (2016) "Sprayed concrete lining falls and exclusion zone management", https://learninglegacy.crossrail.co.uk/documents/sprayed-concrete-lining-falls-exclusion-zone-management/.

Klados, G. (2002) "Sprayed concrete lining as temporary support in frozen soil", *4th International Symposium on Sprayed Concrete*, Davos, 2002, pp.198-207.

Kodymova, J., Thomas, A.H. & Will, M. (2017) "Life-cycle assessments of rock bolts", *Tunnelling Journal*, June/July 2017, pp.47-49.

Kompen, R. (1990) "Wet process steel fibre reinforced shotcrete for rock support and fire protection, Norwegian practice and experiences", *Spritzbeton Technologie '90*, pp.87-92.

Kotsovos, M.D. & Newman, J.B. (1978) "Generalized stress-strain relations for concrete", *ASCE Journal of Engineering Mechanics Division*, Vol.104, EM4, pp.845-856.

Kovari, K. (1994) "On the existence of the NATM: Erroneous concepts behind the New Austrian Tunnelling Method", *Tunnels & Tunnelling*, November, pp.38-42.

Krenn, F. (1999) "Small strain stiffness and its influence on the pattern of ground behaviour around a tunnel", Diplomarbeit, TU Graz.

Kropik, C. (1994) "Three-dimensional elasto-viscoplastic finite element analysis of deformations and stresses resulting from the excavation of shallow tunnels", PhD Thesis, TU Wien.

Kullaa, J. (1997) "Finite element modelling fibre-reinforced brittle materials", *Heron*, Vol.42, No.2, pp.75-95.

Kupfer, H. & Kupfer, H. (1990) "Statical behaviour and bond performance of the layers of a single permanent shotcrete tunnel lining", *Proceedings 3rd Conference on Shotcrete Technology*, lnnsbruck-Igls: Institut für Baustofflehre und Materialprufung, Universität Innsbruck, pp.11-18.

Kusterle, W. (1992) "Qualitatsverbesserungen beim Spritzbeton durch technologische Massnahmen, durch den Einsatz neuer Materialien und auf Grund der Erfassung von Spritzbetoneigenschaften", Habilationsschrift, Vol.1 & 2, University of Innsbruck.

Kuwajima, F.M. (1999) "Early age properties of the shotcrete", *Shotcrete for Underground VIII*, Sao Paulo.

Lackner, R. (1995) "Ein anisotropes Werkstoffmodell für Beton auf der Grundlage der Plastitatstheorie und der Schadigungstheorie", Diplomarbeit, TU Wien.

Lamis, A. (2018) "Vulnerability of shotcrete on tunnel walls during construction blasting", *World Tunnel Congress 2018*, Dubai.

Lamis, A. & Ansell, A. (2014) "Behaviour of sprayed concrete on hard rock exposed to vibrations from blasting operations", *7th International Symposium on Sprayed Concrete*, Sandefjord, pp.7-19.

Laplante, P. & Boulay, C. (1994) "Evolution du coefficient de dilatation thermique du beton en fonction de sa maturite aux tout premiers ages", *Materials and Structures*, Vol.27, pp.596-605.

Larive, C. & Gremillon, K. (2007) "Certification of shotcrete nozzlemen around the world", *Underground Space-the 4th Dimension of Metropolises*, Bartak, Hrdina, Romancov & Zlamal (eds.), Taylor & Francis, London, pp.1395-1400.

Larive, C., Rogat, D., Chamoley, D., Regnard, A. & Pannetier, T. (2016) "Influence of fibres on the creep behaviour of reinforced sprayed concrete", *Proceedings of the World Tunnel Congress 2016*, San Francisco, CA.

Leca, E. & Dormieux, L. (1990) "Face stability of tunnels in frictional soils", *Geotechnique*, Vol.40, No.4, pp.581-606.

Lee, K.M. & Rowe, R.K. (1989) "Deformations caused by surface loading and tunnelling: The role of elastic anisotropy", *Geotechnique*, Vol.39, No.1, pp.125-140.

Lehto, J. & Harbron, R. (2011) "Achieving the highest standards-through the EFNARC Nozzleman Certification Scheme", *6th International Symposium on Sprayed Concrete*, Tromso, pp.246-256.

Lootens, D., Oblak, L., Lindlar, B. & Hansson, M. (2014) "Ultrasonic Wave Propagation for Strength Measurements: Application in Shotcrete", *7th International Symposium on Sprayed Concrete*, Sandefjord, pp. 287-293.

Lukas, W., Huber, H., Kusterle, W., Pichler, W., Testor, M. & Saxer, A. (1998) "Bewertung von neuentwickelten Spritzbetonverfahrenstechniken", *Strassenforschung*, Heft 474, Vienna.

MacDonald, M. (1990) "Heathrow Express Rail Link-Geotechnical Design Parameter Report", MMC/01/23/R/1508, December 1990.

MacKay, J. & Trottier, J.-F. (2004) "Post-crack creep behaviour of steel and synthetic FRC under flexural loading", *Shotcrete: More Engineering Developments*, Bernard (ed.), A. A. Balkema, Leiden, pp.183-192.

Mair, R.J. (1993) "Unwin Memorial Lecture 1992: Developments in geotechnical engineering research: Application to tunnels and deep excavations", *Proceedings Institution of Civil Engineers, Civil Engineering*, 1993, Vol.93, February, pp.27-41.

Mair, R.J. (1998) "Geotechnical aspects of design criteria for bored tunnelling in soft ground", *Tunnels & Metropolises*, Negro Jr & Ferreira (eds.), Taylor & Francis, London, pp.183-199.

Melbye, T.A. (2005) *Sprayed Concrete for Rock Support*, UGC International, Degussa, Zurich.

Meschke, G. (1996) "Elasto-viskoplastische Stoffmodelle für numerische Simulationen mittels der Methode der Finiten Elemente", Habilitationsschrift, TU Wien.

Michelis, P. (1987) "True triaxial cyclic behaviour of concrete and rock in compression", *International Journal of Plasticity*, Vol.3, pp.249-270.

Mills, P., Tadolini, S. & Thomas, A.H. (2018) "Ultra fast rapid hardening sprayed concrete", *8th International Symposium on Sprayed Concrete*, Trondheim, pp.238-248.

Minh, N.A. (1999) "The investigation of geotechnical behaviour near excavated tunnel face by means of three-dimensional stress-flow coupled analysis", MEng Dissertation, Asian Institute of Technology, Bangkok.

Morgan, D.R., Zhang, L. & Pildysh, M. (2017) "New Hemp-based Fiber Enhances Wet Mix Shotcrete Performance", *Shotcrete*, Spring 2017, pp.36-45.

Moussa, A.M. (1993) "Finite element modelling of shotcrete in tunnelling", PhD thesis, University of Innsbruck.

Mosser, A. (1993) "Numerische Implementierung eines zeitabhangigen Materialgesetzes für jungen Spritzbeton in Abaqus", Diplomarbeit, Montanuniversitat Leoben.

Muir Wood, A.M. (1975) "The circular tunnel in elastic ground", *Geotechnique*, Vol.25, No.1, pp.115-127.

Myrdal, R. (2011) "Chemical reflections on accelerators for sprayed concrete: Past, present and future challenges", *6th International Symposium on Sprayed Concrete*, Tromso, pp.304-316.

Myrdal, R. & Tong, S. (2018) "Sprayed concrete without Portland Cement", *8th International Symposium on Sprayed Concrete*, Trondheim, pp.249-256.

Myren, S.A. & Bjontegaard, O. (2014) "Fibre reinforced sprayed concrete (FRSC): Mechanical properties and pore structure characteristics", *7th International Symposium on Sprayed Concrete*, Sandefjord, pp.305-313.

NCA (1993) Sprayed concrete for rock support, Publication No.7, Norwegian Concrete Association.

NCA (2011) Sprayed concrete for rock support, Publication No.7, Norwegian Concrete Association.

Negro, A., Kochen, R., Goncalves, G.G., Martins, R.M. & Pinto, G.M.P. (1998) "Prediction and measurement of stresses in sprayed concrete lining (Brasilia South Wing tunnels)", *Tunnels and Metropolises*, Negro Jr & Ferreira (eds.), Taylor & Francis, London, pp.405-410.

Neville, A.M. (1995) *"Properties of Concrete"*, Addison Wesley Longman Ltd, Harlow.

Neville, A.M., Dilger, W.H. & Brooks, J.J. (1983) *Creep of Plain & Structural Concrete*, Construction Press (Longman), Harlow.

NFF (2011) "Rock mass grouting in Norwegian tunnelling", Norwegian Tunnelling Society (NFF) Publication No.20, 2011.

Niederegger, C. & Thomaseth, D. (2006) "Strength properties of shotcrete: Influence of stickiness of the wet mix", *Tunnel*, Vol.1, 2006, pp.14-25, 2006.

Nordström, E. (2001) "Durability of steel fibre reinforced shotcrete with regard to corrosion", *Shotcrete*: *Engineering Developments*, Bernard (ed.), Swets & Zeitlinger, Lisse, pp.213-217.

Nordström, E. (2016) "Evaluation after 17 years with field exposures of cracked steel fibre reinforced shotcrete", BeFo Report 153, Rock Engineering Research Foundation, ISSN: 1104-1773.

Norris, P. (1999) "Setting the ground rules for wet-mix sprayed concrete", *Concrete*, May 1999, pp.16-20.

Norris, P. & Powell, D. (1999) "Towards quantification of the engineering properties of steel fibre reinforced sprayed concrete", *3rd International Symposium on Sprayed Concrete*, Gol, Norway, pp.393-402.

Oberdörfer, W. (1996) "Auswirkung von unterschiedlichen Betonnachbehandlungsmassnahmen auf die Qualitat des Nassspritzbetons", Diplomarbeit, University of Innsbruck.

ÖBV (1998) "Guideline on shotcrete", Österreichischer Beton Verein.

ÖBV (2013) "Guideline on shotcrete", Österreichischer Beton Verein. http://www. bautechnik.pro.

Oliveira, D.A.F. & Paramaguru, L. (2016) "Laminated rock beam design for tunnel support", *Australian Geomechanics*, Vol.51, No.3, September 2016.

Owen, D.J.R. & Hinton, E. (1980) *"Finite Elements in Plasticity: Theory and Practice"*, Pineridge Press Ltd, Swansea.

Palermo, G. & Helene, P.R.d.L. (1998) "Shotcrete as a final lining for tunnels", *Tunnels and Metropolises*, Negro Jr & Ferreira (eds.), Taylor & Francis, London, pp.349-354.

Panet, M. & Guenot, A. (1982) "Analysis of convergence behind the face of a tunnel", *Tunnelling '82*, IMM, pp.197-204.

Papanikolaou, I., Davies, A., Jin, F., Litina, C. & Al-Tabbaa, A. (2018) "Graphene oxide/cement composites for sprayed concrete tunnel linings", *World Tunnel Congress 2018*, Dubai.

Penny, C., Stewart, J., Jobling, P.W. & John, M. (1991) "Castle Hill NATM tunnels: Design and construction", *Tunnelling '91*, IMM, pp.285-297.

Pichler, P. (1994) "Untersuchungen zum Materialverhalten und Überprüfungen vom Rechenmodellen für die Simulation des Spritzbetons in Finite-ElementeBerechnungen", Diplomarbeit, Montanuniversitat Leoben.

Plizzari, G. & Serna, P. (2018) "Structural effects of FRC creep", *Materials and Structures*, 2018, pp.51-167.

Podjadtke, R. (1998) "Bearing capacity and sprayed-in-behaviour of the star profile compared to other lining profiles", *Tunnel*, Vol.2, 1998, pp.46-51.

Pöttler, R. (1985) "Evaluating the stresses acting on the shotcrete in rock cavity constructions with the Hypothetical Modulus of Elasticity", *Felsbau*, Vol.3, No.3, pp.136-139.

Pöttler, R. (1990) "Green shotcrete in tunnelling: Stiffness-strength-deformation", *Shotcrete for Underground Support VI*, pp.83-91.

Pöttler, R. (1993) "To the limits of shotcrete linings", *Spritzbeton Technologie 3rd International Conference*, pp.117-128.

Pöttler, R. & Rock, T.A. (1991) "Time Dependent Behaviour of Shotcrete and Chalk Mark, Development of a Numerical Model", *ASCE* Geotechnical Congress Engineering in Boulder, Colorado, ASCE, Reston, pp.1319-1330.

Pound, C. (2002)-personal communication.

Powell, D.B., Sigl, O. & Beveridge, J.P. (1997) "Heathrow Express-design and performance of platform tunnels at Terminal 4", *Tunnelling '97*, IMM, pp.565-593.

Powers, T.C. (1959) "Causes and control of volume change", *Journal of the PCA Research & Development Laboratories*, Vol.1, January 1959, pp.30-39.

Probst, B. (1999) "Entwicklung einer Langzeitdruckversuchsanlage für den Baustellenbetrieb zur Bestimmung des Materialverhaltens von jungem Spritzbeton", Diplomarbeit, Montanuniversitat Leoben.

Purrer, W. (1990) "Spritzbeton in den NOT-Abschnitten des Kanaltunnels", *Spritzbeton Technologie '90*, Universität pp.67-78.

Rabcewicz, L.V. (1969) "Stability of tunnels under rock load Parts 1-3", *Water Power*, Vol.21 Nos. 6-8, pp.225-229, 266-273, 297-304.

Rathmair, F. (1997) "Numerische Simulation des Langzeitverhaltens von Spritzbeton und Salzgestein mit der im FE Program Abaqus implementierten Routine", Diplomarbeit, Montanuniversitat Leoben.

RILEM (2003) "TC 162-TDF, Test and design methods for SFRC", *Materials and Structures*, Vol.36, 2003.

Rispin, M., Kleven, O.B., Dimmock, R. & Myrdal, R. (2017) "Shotcrete: Early strength and re-entry revisited-practices and technology", *Proceedings of the First International Conference on Underground Mining Technology*, Hudyma & Potvin (eds.), Australian Centre for Geomechanics, Perth, pp.55-70.

Rokahr, R.B. & Lux, K.H. (1987) "Einfluss des rheologischen Verhaltens des Spritzbetons auf den Ausbauwiderstand", *Felsbau*, Vol.5, No.1, pp.11-18.

Rokahr, R.B. & Zachow, R. (1997) "Ein neues Verfahren zur täglichen Kontrolle der Auslastung einer Spritzbetonschale", *Felsbau*, Vol.15, No.6, pp.430-434.

Rose, D. (1999) "Steel-fiber-reinforced-shotcrete for tunnels: An international update", *Rapid Excavation and Tunnelling Conference Proceedings 1999*, Orlando, FL, pp.525-536.

Röthlisberger, B. (1996) "Practical experience with the single-shell shotcrete method using wet-mix shotcrete during the construction of the Vereina Tunnel", *Spritzbeton Technologie '96*, pp.49-56.

Rowe, R.K. & Lee, M.K. (1992) "An evaluation of simplified techniques for estimating three-dimensional undrained ground movements due to tunnelling in soft soils", *Canadian Geotechnical Journal*, Vol.29, pp.31-59.

Rudberg, E. & Beck, T. (2014) "Pozzolanic material activator", *7th International Symposium on Sprayed Concrete*, Sandefjord, pp.336-341.

Ruzicka, J., Kochanek, M. & Vales, V. (2007) "Experiences from driving dualrail tunnels on Prague metro's IV C2 route", *Underground Space-the 4th Dimension of Metropolises*, Bartak, Hrdina, Romancov & Zlamal (eds.), Taylor & Francis, London, pp.1055-1062.

Sandbakk, S., Miller, L.W. & Standal, P.C. (2018) "MiniBars-A new durable composite mineral macro fiber for shotcrete, meeting the energy absorption criteria for the industry", *8th International Symposium on Sprayed Concrete*, Trondheim, pp.272-282.

Schiesser, K. (1997) "Untersuchung des Langzeitverhaltens permanenter Spritzbetonauskleidung im Tunnelbau mittels numerischer Simulation", Diplomarbeit, Montanuniversitat Leoben.

Schorn, H. (2004) "Strengthening of reinforced concrete structures using shotcrete", *Shotcrete: More Engineering Developments*, Bernard (ed.), A. A. Balkema, Leiden, pp.225-232.

Schmidt, A., Bracher, G. & Bachli, R. (1987) "Erfahrungen mit Nassspritzbeton", *Schweizer Baublatt*, Vol.59, No.60, pp.54-60.

Schröpfer, T. (1995) "Numerischer Analyse des Tragverhaltens von Gebirgsstrecken mit Spritzbetonausbau im Ruhrkarbon", PhD Thesis, TU Clausthal.

Schubert, P. (1988) "Beitrag zum rheologischen Verhalten von Spritzbeton", *Felsbau*, Vol.6, No.3, pp.150-153.

Seith, O. (1995) "Spritzbeton bei hohen Temperaturen", *Internal Report*, ETH Zurich.

Sercombe, J., Hellmich, C., Ulm, F.-J. & Mang, H. (2000) "Modeling of early-age creep of shotcrete. I: Model and model parameters", *Journal of Engineering Mechanics*, Vol.126, No.3, pp.284-291.

Sharma, J.S., Zhao, J. & Hefny, A.M. (2000) "NATM-Effect of shotcrete setting time and excavation sequence on surface settlements", *Tunnels and Underground Structures*, Zhao, Shirlaw & Krishnan (eds.), Taylor & Francis, London, pp.535-540.

Matya, E.S., Suarez Diaz, J., Vivier, R., Marchand, E. & Ahmad, S. (2018) "Design and Construction of Inclined Escalator Shafts and Stair Adit at Liverpool St and Whitechapel Stations", Crossrail Learning Legacy, https://learningle-gacy.crossrail.co.uk/.

Sjolander, A., Hellgren, R. & Ansell, A. (2018) "Modelling aspects to predict failure of a bolt-anchored fibre reinforced shotcrete lining", *8th International Symposium on Sprayed Concrete*, Trondheim, pp.283-297.

Smith, K. (2016) "Where next for SCL?", *Tunnelling Journal*, September 2016, pp.28-33.

Smith, K. (2018) "Stemming the flow", *Tunnelling Journal*, February/March 2018, pp.30-34.

Soliman, E., Duddeck, H. & Ahrens, H. (1994) "Effects of development of stiffness on stresses and displacements of single and double tunnels", *Tunnelling and Ground Conditions*, Abdel Salam (ed.), A. A. Balkema, Rotterdam, pp.549-556.

Spirig, C. (2004) "Sprayed concrete systems in the Gotthard base tunnel", *Shotcrete: More Engineering Developments*, Bernard (ed.), A. A. Balkema, Leiden, pp.245-249.

Springenschmid, R., Schmiedmayer, R. & Schöggler, G. (1998) "Comparative examination of shotcrete with gravel or chippings as aggregate", *Tunnel*, Vol.2, 1998, pp.38-45.

Stärk, A. (2002) "Standsicherheitsanalyse von Sohlsicherungen aus Spritzbeton", *Forschungsergebnisse aus dem Tunnelund Kavernenbau*, Heft 22, Universität Hannover, Institut für Unterirdisches Bauen, Hannover.

Stärk, A., Rokahr, R.B. & Zachow, R. (2002) "What do we measure: Displacements or safety?", *Proceedings of the 5th North American Rock Mechanics Symposium and the 17th Tunnelling Association of Canada Conference*: NARMS-TAC 2002 "Mining and Tunnelling Innovation and Opportunity", Toronto, University of Toronto Press.

Steindorfer, A.F. (1997) "Short-term prediction of rock mass behaviour in tunnelling by advanced analysis of displacement monitoring data", PhD Thesis, TU Graz.

Stelzer, G. & Golser, J. (2002) "Untersuchungen zu geometrischen Imperfektionen von Spritzbetonschalen-Ergebnisse aus Modellversuchen und numerischen Berechnungen", *Spritzbeton Technologie 2002*, Alpbach, pp.105-111.

Strobl, B. (1991) "Die NATM im Boden in Kombination mit Druckluft", Diplomarbeit, Universität für Boden Kultur (BOKU), Vienna.

Strubreiter, A. (1998) "Wirtschaftlichkeitsvergleich von verschiedenen Spritzbetonverfahren im Tunnelbau", Diplomarbeit, University of Innsbruck.

Su, J. & Bloodworth, A.G. (2014) "Experimental and numerical investigation of composite action in composite shell linings", *7th International Symposium on Sprayed Concrete*, Sandefjord, pp.375-386.

Su, J. & Bloodworth, A.G. (2016) "Utilizing composite action to achieve lining thickness efficiency for Sprayed Concrete Lined (SCL) tunnels", *Proceedings of the World Tunnel Congress 2016*, San Francisco, CA.

Su, J. & Bloodworth, A. (2018) "Numerical calibration of mechanical behaviour of composite shell tunnel linings", *Tunnelling and Underground Space Technology*, Vol.76, pp.107-120.

Su, J. & Uhrin, M. (2016) "Interactions in sprayed waterproof membranes". *Tunnelling Journal*, October/November 2016, pp.20-27.

Swoboda, G. & Moussa, A.M. (1992) "Numerical modeling of shotcrete in tunnelling", *Numerical Models in Geomechanics*, Pande & Pietruszczak (eds.), Taylor & Francis, London, pp.717-727.

Swoboda, G. & Moussa, A.M. (1994) "Numerical modeling of shotcrete and concrete tunnel linings", *Tunnelling and Ground Conditions*, Abdel Salam (ed.), A. A. Balkema, Rotterdam, pp.427-436.

Swoboda, G., Moussa, A.M., Lukas, W. & Kusterle, W. (1993) "On constitutive modelling of shotcrete", *International Symposium on Sprayed Concrete*, Kompen, Opsahl & Berg (eds.), Norwegian Concrete Institute, Fagernes, Norway, pp.133-141.

Swoboda, G. & Wagner, H. (1993) "Design based on numerical modelling. A requirement for an economical tunnel construction", *Rapid Excavation and Tunnelling Conference Proceedings 1993*, pp.367-379.

Szechy, K. (1973) *The Art of Tunnelling*, Akademiai Kiado, Budapest.

Tatnall, P.C. & Brooks, J. (2001) "Developments and applications of high performance polymer fibres in shotcrete", *Shotcrete: Engineering Developments*, Bernard (ed), Swets & Zeitlinger, Lisse, pp.231-235.

Testor, M. (1997) "Alkaliarme Spritzbetontechnologie Verfahrenstechnik; Druckfestigkeits, Ruckprallund Staubuntersuchungen", PhD Thesis, University of Innsbruck.

Testor, M. & Kusterle, W. (1998) "Ermittlung der Spritzbetondruckfestigkeiten-Modifiziertes Setzbolzenverfahren und Abhängigkeit der Druckfestigkeit von der Probekörpergeometrie", *Zement und Beton 3* Vol.98, Vereinigung der Österreichischen Zementindustrie, Vienna, pp.20-23.

Testor, M. & Pfeuffer, M. (1999) "Staubund Rückprallreduktion beim Auftrag von Trockenspritzbeton", *Spritzbeton-Technologie '99*, Innsbruck-Igls, pp.137-149.

Thomas, A.H. (2003) "Numerical modelling of sprayed concrete lined (SCL) tunnels", PhD Thesis, University of Southampton.

Thomas, A.H. (2014) "Design methods for fibre reinforced concrete", *Tunnelling Journal*, June/July, pp.44-48.

Thomas, A.H., Casson, E.M. & Powell, D.P. (2003) "Common ground-the integration of the design and construction of a sprayed concrete lined (SCL) tunnel in San Diego, USA", *Underground Construction 2003*, IMMM/BTS, pp.71-82.

Thomas, A.H. & Dimmock, R. (2018) "Design philosophy for permanent sprayed concrete linings", *8th International Symposium on Sprayed Concrete*, Trondheim, pp.298-312.

Thomas, A.H. & Pickett, A.P. (2012) "Where are we now with sprayed concrete lining in tunnels?", *Tunnelling Journal*, April/May, pp.30-39.

Thomas, A.H., Powell, D.B. & Savill, M. (1998) "Controlling deformations during the construction of NATM tunnels in urban areas", *Underground Construction in Modern Infrastructure*, Franzen, Bergdahl & Nordmark (eds.), A. A. Balkema, Rotterdam, pp.207-212.

Thring, L., Jung, H.-I. & Green, C. (2018) "Developing a simple spring interface modelling technique for a composite lining bond interface", *World Tunnel Congress 2018*, Dubai.

Thumann, M. & Kusterle, W. (2018) "Pumpability of wet mix sprayed concrete with reduced clinker content", *8th International Symposium on Sprayed Concrete*, Trondheim, pp.313-324.

Thumann, M., Saxer, A. & Kusterle, W. (2014) "Precipitations in the tunnel drainage system-the influence of sprayed concrete and other cement bound materials", *7th International Symposium on Sprayed Concrete*, Sandefjord, pp.375-386.

Triclot, J., Rettighieri, M. & Barla, G. (2007) "Large deformations in squeezing ground in the Saint-Martin La Porte gallery along the Lyon-Turin Base Tunnel", *Underground Space-the 4th Dimension of Metropolises*, Bartak, Hrdina, Romancov & Zlamal (eds.), Taylor & Francis, London, pp.1093-1097.

Trottier, J.-F., Forgeron, D. & Mahoney, M. (2002) "Influence of construction joints on the flexural performance of fibre and welded wire mesh reinforced wet mix shotcrete panels", *4th*

International Symposium on Sprayed Concrete, Davos, pp.11-25.

Tyler, D. & Clements, M.J.K. (2004) "High toughness shotcrete for large deformation control at Perseverance Mine", *Shotcrete: More Engineering Developments*, Bernard (ed.), A. A. Balkema, Leiden, pp.259-266.

Ullah, S., Pichler, B., Scheiner, S. & Hellmich, C. (2011) "Composition-related sensitivity analysis of displacement loaded sprayed concrete tunnel shell, employing micromechanics and thin shell theory", *6th International Symposium on Sprayed Concrete*, Tromso, pp.203-211.

Ulm, J. & Coussy, O. (1995) "Modeling of thermochemomechanical couplings of concrete at early ages", *Journal of Engineering Mechanics*, Vol.121, No.7, July 1995, pp.785-794.

Ulm, J. & Coussy, O. (1996) "Strength growth as chemo-plastic hardening in early-age concrete", *Journal of Engineering Mechanics*, Vol.122, No.12, December 1996, pp.1123-1133.

Van der Berg, J.P. (1999) "Measurement and prediction of ground movements around three NATM tunnels", PhD Thesis, University of Surrey.

Vandewalle, M. (1996) *Dramix: Tunnelling the World*, Zwevegem, Belgium, N. V. Bekaert SA.

Vandewalle, M., Rock, T., Earnshaw, G. & Eddie, C. (1998) "Concrete reinforcement with steel fibres", *Tunnels & Tunnelling International*, April, pp.39-41.

Varley, N. & Both, C. (1999) "Fire protection of concrete linings in tunnels", *Concrete*, May, pp.27-30.

Vogel, F., Sovjak, R. & Peskova, S. (2017) "Static response of double shell concrete lining with a spray-applied waterproofing membrane", *Tunnelling and Underground Space Technology*, Vol.68, pp.106-112.

Ward, W.H., Tedd, P. & Berry, N.S.M. (1983) "The Kielder experimental tunnel: Final results", *Geotechnique*, Vol.33, No.3, pp. 275-291.

Watson, P.C., Warren, C.D., Eddie, C. & Jager, J. (1999) "CTRL North Downs Tunnel", *Tunnel Construction & Piling '99*, IMM, pp.301-323.

Weber, J.W. (1979) "Empirische Formeln zur Beschreibung der Festigkeitsentwicklung und der Entwicklung des E-Moduls von Beton", *Betonwerk & Fertigteiltechnik*, Vol.12, pp.753-756.

Wetlesen, T. & Krutrok, B. (2014) "Measurement of shotcrete thickness in tunnel with Bever 3D laser scanner operated from the robot", *7th International Symposium on Sprayed Concrete*, Sandefjord, pp.401-417.

Winterberg, R. & Dietze, R. (2004) "Efficient passive fire protection systems for high performance shotcrete", *Shotcrete: More Engineering Developments*, Bernard (ed.), A. A. Balkema, Leiden, pp.275-290.

Wittke, W. (2007) "New high-speed railway lines Stuttgart 21 and WendlingenUlmapproximately 100km of tunnels", *Underground Space-the 4th Dimension of Metropolises*, Bartak, Hrdina,

Romancov & Zlamal (eds.), Taylor & Francis, London, pp.771-778.

Wittke-Gattermann, P. (1998) "*Verfahren zur Berechnung von Tunnels in quellfähigem Gebirge und Kalibrierung an einem Versuchsbauwerk*", Verlag Glückauf, Essen, 1998.

Wong, R.C.K. & Kaiser, P.F. (1988) "Design and performance evaluation of vertical shafts: Rational shaft design method and verification of design method", *Canadian Geotechnical Journal*, Vol.25, pp.320-337.

Wong, R.C.K. & Kaiser, P.F. (1989) "Design and performance of vertical shafts", *Canadian Tunnelling 1989*, pp.73-87.

Woods, R.I. & Clayton, C.R.I. (1993) "The application of the CRISP finite element program to practical retaining wall problems", *Proceedings of the ICE conference on Retaining Structures*, Thomas Telford, London, pp.102-111.

Yin, J. (1996) "Untersuchungen zum zeitabhangigen Tragverhalten von tiefliegenden Hohlraumen im Fels mit Spritzbetonausbau", PhD thesis, TU Clausthal.

DYun, K.-K., Eum, Y.-D. & Kim, Y.-G. (2011) "Effect of crushed sand gradation on the rheology properties of high performance wet-mix shotcrete", *6th International Symposium on Sprayed Concrete*, Tromso, pp.441-452.

Yun, K.-K., Eum, Y.-D. & Kim, Y.-G. (2014) "Chloride penetration resistance of shotcrete according to mineral admixture type and supplemental ratio", *7th International Symposium on Sprayed Concrete*, Sandefjord, pp.418-428.

Yun, K.-K., Han, S.-Y., Lee, K.-R. & Kim, Y.-G. (2018) "Applications of cellular sprayed concrete at tunnel portals", *8th International Symposium on Sprayed Concrete*, Trondheim, pp.325-334.

Yurdakul, E. & Rieder, K.-A. (2018) "The importance of rheology on shotcrete performance", *8th International Symposium on Sprayed Concrete*, Trondheim, pp.335-345.

Zangerle, D. (1998) "The use of wet mix sprayed concrete", *Tunnels and Metropolises*, Negro Jr & Ferreira (eds.), Taylor & Francis, London, pp.861-867.